가치중심의 리더십

Susan S. Kuczmarski · Thomas D. Kuczmarski 공저

홍기원 역

학지사

VALUE-BASED LEADERSHIP
by Susan S. Kuczmarski & Thomas D. Kuczmarski

저자서문

　얼마 전까지만 해도 종교, 학교, 지역사회, 그리고 가족은 조직 생활에서 쓰일 보편적 가치와 규범을 제공하였었다. 이제는 이들 기관들은 상대적으로 힘을 잃었고 우리의 가치들은 쇠퇴하거나 바뀌었다. 이러한 가치의 쇠퇴는 우리의 직장 생활에서도 일어났다. 미국 기업들은 각종 규정, 정책, 그리고 절차로 숨이 막힐 지경이지만 정작 근로자들에게 직장에서의 신뢰할 근거를 마련할 규범과 가치면에서는 공백 상태로 운용되고 있는 실정이다.

　감량경영, 인수합병으로 야기된 엄청난 소용돌이는 많은 기업들을 혼란의 와중으로 몰아가고 있다. 전 회사적 품질경영으로부터 근로자 역량강화 프로그램에 이르기까지 모든 대책들이 기대에 못 미치고 불만을 낳게 되었다. 더욱더 상태를 악화시키는 것은 경영자들조차도 자기 나름대로의 해결 프로그램에 대해서 전적으로 자신이 없다는 점이다. 실제로 경영자들에게는 경쟁력이 떨어져 가고 있는 회사를 살리기 위한 방법이 없는 것이다. 가치 공백 상태가 존재하고 있고 대부분의 근로자들은 무규범(아노미) 상태에 놓여 있다. 이런 상황은 기업들을 황폐화시키고 있는 것이다. 리더들은 근로자들이 다시 한 번 헌신하고, 높은 수행과 생산성을 보이도록 규범과 가치를 육성할 필요가 있다.

사회에 문제를 일으키는 무규범이 직장 안에서도 작용한다. 가족의 해체와 이에 따른 가치 쇠퇴는 제기능을 발휘하지 못하는 조직과도 유사하다. 이 책은 근로자들에게 가치가 필요하고 그들이 이를 믿어야 한다는 것을 강조하고 있다. 신뢰할 만한 규범과 가치가 조직에 바탕을 두고 있지 않으면 이윤과 생산성은 저하되고 경쟁력은 사라질 것이다.

규범과 가치를 위한 전쟁이 필요하다. 무규범보다는 규범이 충만한 기업이 승리 기업이 될 것이다. 이러한 일은 불가능한 것이 아니며 실현 가능한 증거들을 갖고 있다. 이 책에서는 오늘날 사회와 직장에서 규범과 가치의 결여를 말할 것이다. 그리고 기업들이 경쟁력을 갖출 수 있도록 여러 조직들이 할 수 있는 다양한 처방들을 제시할 것이다. 그리하여 최고 경영자로부터 이제 막 입사한 근로자들에게까지 어떻게 하면 신뢰의 근거를 마련할 수 있는지에 대해서 학습할 수 있도록 할 것이다.

이 책의 내용

19세기가 막 시작되었던 시기에도 지금과 같은 무규범(아노미)의 시기가 있었다. 아노미는 1893년 프랑스의 사회학자인 에밀 뒤르켐에 의해 이름 붙여진 것으로 산업혁명의 후유증으로 노동 분업이 고도화됨에 따라 파생되어 개인들의 고립감이 증폭된 것이다. 인간의 상호작용이 없이는 사람들이 집단의 규범과 가치를 개발하고 육성할 수 없다. 뒤르켐에 의하면, 아노미는 개인적 열망과 집단 행동들을 이끌 명확한 규범과 가치가 결여되어 생긴다. 그는 고립된 근로자들은 보다 큰 집단이나 전체의 일부라는 의식을 잃게 된다고 하였다.

'아노미'란 말은 오늘날 미국 등 선진국의 기업과 조직에서 보이는 불만족의 증가를 설명해 준다. 근로자들에게 열심히 일을 할 동기가 별로

없는 것이다. 각 개인의 중요성이 무시되고 있다. 규범과 가치의 중요성
이 인식되지 않고 리더들은 조직 내 가치 충만한 의식을 개발할 수 없었
다. 최고 경영자로부터 중간 관리자에 이르기까지 대부분의 근로자들은
빈번한 조직의 실패, 위에서 밑으로의 일방적인 지시, 그리고 감량경영하
려는 시도에 지쳤다. 이들은 할 수 없이 '그저 하던 그대로'식의 현상 유
지적 경영을 대안으로 받아들이고 있는 것이다.

가장 중요하고 고위직에 있는 경영자들도 이러한 근로자들의 불만족
을 해결할 수 있는 대책을 갖고 있지 못하다. 이들은 아래로부터의 기획,
새로운 인센티브(유인책), 팀제 운용, 그리고 타스크포스 운동 등을 시도
해 왔다. 그러나 이 기법들 자체만으로는 전체적인 문제를 해결할 수 없
다.

빠져 있는 고리는 모든 근로자들이 수용할 규범과 가치를 어떻게 개발
할 것인지에 관하여 아는 것이다. 이 책은 오늘날의 경영자들이 아노미
문제를 해결하는 데 필요한 가치에 중심을 둔 리더십에 대해 말하려는 것
이다. 고위 경영자들은 공유된 리너십 안에서 어떻게 일해야 하는지를 배
울 필요가 있다. 이는 조직 전반에 걸쳐서 여러 개인들이 정도의 차이는
있더라도 상이한 차원에서 여러 가지 리더십 역할을 담당하게 해본다는
말이다. 이들은 모두 동등한 리더들로서 누가 누구에게 위계적으로 보고
하는 체계가 아니고 자신들에게 또는 서로 '보고'할 뿐이다. 그렇다면 '어
떻게 조직을 통제할 수 있는가'라고 고위 경영자는 걱정할 것이다. 이에
대한 해결책은 회사 내에서의 일상적 행위나 상호간의 상호작용 방법을
하게 할 공유되고, 합의된, 그리고 명확히 의사소통되는 일련의 규범과
가치들을 개발하는 데 있는 것이다. 이 책은 이러한 조직 내 가치 충만한
리더십을 발휘하기 위한 틀을 제공하려는 것이다.

이 책을 쓰게 된 동기

저자들은 근로자로서 10여 개의 다른 조직들에서 일해 본 경험이 있고, 두 개의 사업체를 운영해 봤고, 100여 개 회사로부터의 자문에도 응하였고, 3명의 자녀들도 키워 봤다. 더구나 200여 명의 근로자와 경영자에 대한 연구, 리더십 세미나, 그리고 저자들의 집합적인 체험을 통해서 조직들 속에 규범과 가치가 주입되어야 할 절실한 요구를 알아내게 되었다.

이 책은 다양한 조직체에 근무하는 신입사원·수준, 중간 수준, 그리고 상위직 경영자와 리더들에 대한 자료에 근거하여 집필된 것이다. 우리들은 적게는 두 명의 근로자가 있는 조직으로부터 많게는 20여 만 명의 근로자가 있는 아주 관료적 조직체에서 일하는 사람들을 면접하였다. 이들과 규범, 가치, 그리고 리더십에 대한 주제를 놓고 토의를 하였다.

우리가 면담한 조직들의 종류로는 투신사 및 상업은행, 미 육군, 법률회사, 호텔, 도시·주·연방 정부기관, 비영리 및 종교기관, 소매상, 회계법인, 대학, 의료서비스업체, 식당, 잡지 및 신문배달업체, 부동산 중개업체, 중대형 제조업체, 녹음 스튜디오, 광고회사, 그리고 자금관리 회사 등이 망라되었다.

더구나 Susan의 집단과정에 관한 박사논문은 Tom의 '현장' 사례들에 대한 이론적 틀을 마련해 주었다. 개인들이 작은 소규모 또래 집단과 사회의 성원들이 되는 방법을 배우는 것에 대한 그녀의 연구는 근로자들이 소규모 근로 집단과 대규모 기업에서의 생산적인 성원들이 되는 것을 배우는 것과 아주 유사함을 보여 준다. 이 과정에 규범과 가치가 결정적이다. Tom은 수백 개의 회사들에 대한 연구에서 성장경영, 혁신, 그리고 신제품 개발 컨설팅 과제를 수행하였다. 그의 연구에서 한 가지 중요한 측면은 고객들에게 성장과 혁신전략을 촉진할 적절한 규범과 가치를 세우도록 권고해 온 것이다. 이들 규범과 가치를 수립하는 데 쓰이는 기법들과 이 기법들을 잘 보여 주는 사례사들이 이 책의 한 부분이 될 것이다. 우리들이 이 책을 쓰게 된 3가지 목적을 요약하면 다음과 같다.

① 오늘날 우리 조직들이 갖고 있는 문제들을 더 잘 인식하고 이해하도록 돕기 위해서이고, ② 조직의 리더들이 개인적 규범과 가치를 다시 확인하고 '가치 충만한' 직장 환경을 만드는 리더십 스타일을 개발하기 위해서, ③ 근로자들이 자신들이 일에서 의미를 찾고, 그들의 근로 환경에서 자기 만족을 얻어서, 그들이 속한 조직의 경쟁력과 효율성이 증가되도록 하려는 것이다.

이는 이기적인 과제가 아니다. 앞으로의 국가의 생존력이 조직의 활성화에 달려 있다는 총체적인 신념에 토대를 둔 것이다. 조직에 규범과 가치를 복귀시켜 얻은 영향은 다음 세기의 우리 조직들의 얼굴과 내부를 바꿔 놓을 수 있다. 이것이 없이는 많은 조직들은 그들의 집합된 역량을 발휘하지 못하고, 그저 소멸하고 말 것이므로 기업들에게 규범과 가치를 되찾아 수어야 할 필요성이 있다. 우리는 최소한 조직의 리더들이 이 책에서 제기된 이이디어들을 그들의 근로자들과 터놓고 토의할 것을 요청한다. 규범과 가치는 근로자들과 직장에 새로운 모습을 찾게 하고 내부를 궁극적으로 건강하게 할 바늘과 실의 역할을 할 수 있다.

가치에 중심을 둔 리더십은 많은 논란을 일으킬 수 있는 새로운 개념이지만, 규범과 가치가 아노미를 치료하고 근로자에게 힘을 줄 수 있는 처방인 것이요, 오늘날 사회가 안고 있는 역기능적 조직의 해독제인 것이다.

Susan S. Kuczmarski

Thomas D. Kuczmarski

차 례

제2부 토대 마련하기

제1부

문제의 제기

제1장

신뢰할 만한 근거의 탐색

저자들의 개인적인 규범과 가치

18년 전에 이 책을 쓴 쿠즈마스키 부부는 카톨릭 교회에서 결혼을 했다. 저자들은 각자의 서약서를 써서 이를 350명의 하객들 앞에 제시하여 쿠즈마스키 부부의 결혼 관계가 다른 사람들과는 다르다는 것을 공개적으로 선언한 것이다. 저자들은 믿음, 열린 공간, 상호의 관심, 그리고 상호 친밀한 의사소통 등 일련의 가치들에 토대를 둔 관계를 갖고자 하였다. 많은 사람들이 나중에 있었던 피로연에서 "결혼식에서 신부님이 하신 역할은 무엇이었습니까"라고 물었다. 신부는 아무런 역할을 하지 않았던 것이다.

실제로 결혼식에서 저자들은 카톨릭 교회에 대하여 저항하는 것이 아니고, 결혼이 아주 개인적이며 개인들로서 그리고 배우자로서 저자들의 상호 신뢰의 근거를 표현하고자 하였던 것이다. 저자들은 저자들의 관계를 인도하고, 그들 각자가 성장할 수 있으며, 바람직한 가족 환경을 마련할 수 있는 가치와 규범을 세우기를 원했던 것이다.

실제로 저자들이 결혼식날 제시한 일련의 가치들은 우리가 서로 대우하고 상호작용하는 방식을 밝히는 일련의 규범과 신뢰의 공통된 토대였다. 이러한 신념들, 가치들, 규범들은 우리가 개인으로서, 전문가로서, 그리고 사회의 구성원으로서 성장할 수 있게 도와 왔다. 우리의 핵심적인 개인적 가치들의 일부는 다음과 같다.

- 타인들에 대한 배려
- 다원론에 대한 믿음
- 개방적이고 솔직한 의사소통
- 서로에 대한 믿음
- 다른 사람을 자발적으로 돕기
- 타인의 잠재력을 긍정적으로 보고 좋은 점 찾기
- 힘든 것을 기꺼이 하는 마음
- 우리의 자녀들과 질·양적인 시간 보내기
- 우리 자녀들을 모두 독특하게 다른 개인으로 대우하기
- 모든 사람이 갖고 있는 개인차를 칭찬하기
- 긍정적인 피드백의 필요성을 인정하기
- 영적인 힘과 이를 키울 필요성에 대한 믿음

그런데 어떻게 되었을까? 물론 우리들은 많은 어려움을 겪었고, 여러 가지 기복도 경험했다. 그러나 우리의 약속은 지켜졌다. 저자들의 결혼생활은 거의 매일 서로 돌보고, 격려하며, 중요한 긍정적 피드백을 주어 성공적으로 지속되고 있다.

신뢰할 만한 근거의 탐색

저자들은 관계, 제도, 그리고 직업에 있어서도 공유된 가치가 토대로서 중요함을 보이기 위해서 저자들의 결혼을 예로 들었다. 조직들은 규범들과 가치들을 필요로 한다. 또한 개인들도 규범과 가치들이 필요하다. 그리고 가족, 교회, 학교, 이웃들과 같은 '사회적' 조직들도 규범과 가치들이 요구된다. 그 이유는 분명하다. 우리 사회에서 볼 때 우리의 조직들은 기반을 상실해 가고, 경쟁력이 떨어지고, 비효율적이며, 근로자들에게 주는 보상도 점점 약화되고 있다. 개인들의 자신감, 자아의 가치, 만족감, 안정감은 저하되고, 소외감, 고립감, 그리고 불신이 증가되어 왔다.

〈표 1-1〉 아노미적 딜레마

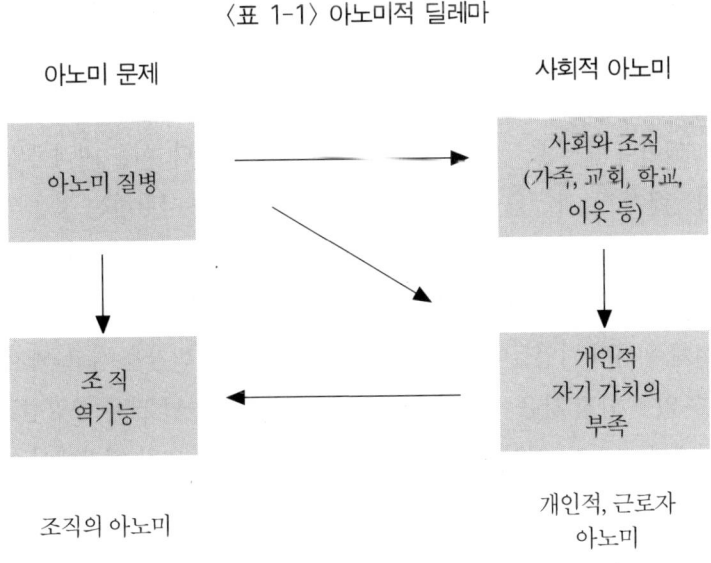

아노미가 자리잡아 날마다 범죄가 증가하고, 교육이 황폐화되고, 가정

이 붕괴되어 우리의 사회는 분명히 쇠퇴하고 있다. 이 현상은 심각하며 그 원인은 아노미 때문이다.

따라서 <표 1-1>에 보인 것처럼 우리의 사회, 조직, 그리고 개인의 가치를 향상시키려면 아노미를 근절해야 한다. 아노미는 이들에 영향을 주고 궁극적으로는 조직을 붕괴시킬 수 있다. 아노미 문제를 해결하면 개인을 건강하게 하고, 이들이 일하는 조직을 강하게 하며, 우리의 사회를 견고하게 할 수 있다.

왜 근로 장면들에서는 근로자들에 대한 대우, 태도, 계약에서 공통의 가치와 규범들을 포용할 수 없는가? 왜 직장이 개인적인 경험의 무대가 되어 줄 수 없는가? 우리는 매 주 40~50시간을 냉정하고, 형식적이고, 감정이 메마른 사람들로 둘러싸인 관계 속에서 지낸다(저자들은 직장 생활 중에 흔히 "대세에 순응하라. 감정을 표현하지 말고, 평지풍파를 일으키지 말아라."라는 훈계를 들어 왔다. 그리하여 대부분의 근로자가 자신들의 직장에서 무감각하고, 무력한 채 기계적이 되는 것은 당연하다). 우리들은 기본적으로 "입 다물고 일이나 해서 봉급이나 받아라."라는 말을 듣는다. 이는 여러분의 배우자들에게 "공과금을 내고, 아이들을 키우고, 나를 사랑하는 것을 잊지 말라"라고 말하는 것과 같을 것이다. 얼마나 메마른 것인가? 그런데도 이 같은 메마름은 조직 내의 수백만 명의 근로자들이 겪는 것이다.

현재 우리의 기업들에서는 대부분의 사람들이 무력감을 겪고, 빠져 나올 수 없는 함정 같은 상태가 영속화되고 있다. 오늘날 많은 종업원들이 직장에서 고립감, 배신감, 그리고 소외감을 느낀다. 또한 직장에서 개인적인 것, 감정적인 것 그리고 의미 있는 것을 찾을 수 없다. 그들은 자신들의 일에서 신뢰를 갖지 못한다. 어떻게 이런 상황이 계속될 수 있는가? 계속될 수는 없을 것이다. 근로자들의 '인내심'이 최고조에 이르렀으며, 근로자들의 동기가 실종되고 질식 상태에 있다. 규범과 가치의 결여와 비효과적인 리더십이 기업의 수행, 국가적 경쟁력에서 부정적인 영향을 미치고 있다.

미국 기업의 문제점

미국 회사의 상징인 IBM, 시어스, 보든, 제너럴 모터스 등과 같은 회사들이 오랫동안의 대량감원과 구조조정으로 전통적인 노동자의 고용안정 규범은 뒷전으로 밀려났다. 노동자들은 배신감, 낙담, 당혹감, 그리고 빠른 변화를 느꼈다. 이전의 성공적인 회사들에서는 그와 같은 감원이 없었다. 회사들은 이윤감소와 시장점유율의 감소, 그리고 근로자들의 사기저하와 자기 회사에 대한 충성심을 잃게 되었다. 이러한 상황들은 대부분의 회사들이 인식하는 것보다 더 악화된 상황이다. 많은 회사들은 이러한 심각성을 인식조차 하지 못했다. 한동안 근로자들은 주어진 조건에 그저 적응하게 되었다. 근로자들은 의문을 갖거나, 도전하거나, 상황을 바꾸려는 시도를 하지 않게 되었다. 대부분의 사람들은 그들이 속한 조직체의 절대적 힘과 지배적인 경영자에 비하여 자신들은 거의 무력함을 느끼게 되었다.

많은 대기업들은 자기 기만에 빠졌고, 그들의 문제들이 비용절감, 생산성 향상, 그리고 구조조정만 하면 해결이 가능하리라고 보았다. "얼마나 순진한 생각들인가!" 이러한 생각들은 단기적 응급처방에 불과한 것이다. 실제로 리더들은 가장 중요한 문제가 존재함에도 불구하고 이 문제를 무시하려 했었다.

여성들은 기업체를 떠나 자신의 회사를 차리게 되었고 감원으로 많은 혼란을 가져왔다. 회사의 구조조정으로 어떤 일은 아주 전문화되었는가하면 다른 분야는 지나치게 일반적인 일이 되었다. 이러한 상태는 일 자체를 무의미하게 만들었고 회사 내 모든 수준의 경영자들도 소외감에 젖어들게 되었으며 이러한 황량함은 만연되고 빠르게 번지고 있다.

많은 사람들이 자신의 사업을 하기 위해 회사를 떠났다. 이들은 자신들이 일하는 회사의 규범과 공동체의 가치가 포함된 가치 체계가 필요하였다. 이들은 가치 기준이 없는 근로 환경 속에서 적응하려고 했으나 역부족이었다. 결과적으로 근로자들은 다니던 직장을 그만두고 자신들의 일터를 만들어서 자신들의 욕구를 만족시킬 바람직한 규범과 가치를 만드는 것만이 유일한 길이라고 인식하게 되었다.

조직 내에 공유된 규범과 가치가 없다면 근로자들의 생산성을 최고의 상태로 올릴 수 없을 것이다. 오늘날의 근로자들을 움직이려면 해고시킨다고 위협을 하거나 금전적 인센티브를 주는 노력 이상이 필요하다. 이것이 기업들의 수익이 감소되고 외국 경쟁사에 밀리는 근본 원인이다. 공유된 가치와 규범이 없이는 근로자들로 하여금 함께 공동의 목표를 달성하게 할 수 없을 것이다.

대부분의 근로자들은 이러한 만연된 소외나 아노미를 꾹 참고 최선을 다하여 대응해 가려고 한다. 그러나 대응해 나갈 길에 초점을 두려면 극적인 변화가 필요하다. 우리는 대응해 나갈 새로운 방법들을 찾는 대신에 희망을 펼칠 수 있는 작업 환경으로 바꾸어야만 한다. 기업의 리더들은 근로자들과 경영자들에게 개인의 자존심, 자기 가치, 자신감을 줄 의미 있고 자기 만족을 주는, 희망을 줄 수 있는 의식과 직장 생활을 도입해야 한다.

우리는 우리의 개인 생활과 직장 생활에 가치와 신념이 다시 자리잡도록 근본적인 변화를 주어야 한다. 우리의 일, 회사, 그리고 조직에 대한 신뢰와 가족, 교회, 지역사회, 그리고 정부에 대한 신뢰를 회복시킬 수 있는 일련의 가치들이 필요하다. 가장 중요한 것은 우리 자신에 대한 믿음을 확고히 가져야 한다는 것이다. 어느 때보다도 우리는 신뢰할 만한 근거가 필요한 시대에 살고 있다. 오늘날 좀더 행복하고, 더욱 자기 만족을 느끼며, 보다 풍성한 삶을 살고 싶지 않은 사람은 없을 것이다.

우리들 대부분은 다차원적이고 복잡한 우리 생활이 더 잘 통합되고 균형잡힌 길을 찾고 있다. 어느 누구의 존재도 간단하거나 용이하지는 않다. 이러한 갈등이 "계속 가 보자, 언젠가는 나아지겠지." 하는 자세를 갖게 만든다. 그러나 이러한 갈등에 종지부를 찍어야 한다. 이런 싸움은 자신에게만 책임을 지는 새로 창업한 사람에게나 수천 명의 근로자를 거느린 리더에게도 어려운 것이다. 오늘날 우리들의 상황에서는 변화가 필요하다. 이 변화는 발전적이라기보다 혁명적이어야 한다. 새로운 프로그램, 접근방법 또는 신(新)경영 스타일만 갖고는 1990년대 우리의 직업, 생활, 조직에 널리 퍼진 전염병적 아노미를 해결할 수 없을 것이다.

여러분은 매일 함께 일하는 사람들이 진심으로 서로에게 관심을 갖고 있는지 생각해 본 적이 있는가? 당신은 타인들을 어떻게 대하는가? 당신은 동료들로부터 존중을 받는가? 당신 조직의 경영자들이 진정으로 당신의 노력과 기여를 평가해 주는가? 당신의 조직에서 매일 함께 일하는 사람들 중에 진심으로 당신이 좋아하는 사람들은 몇이나 되는가?

이런 질문들에 대한 응답들이 대부분 긍정적으로 나오기를 바랄 것이다. 그러나, 우리들은 계속하여 경영자와 근로자들로부터 다른 응답을 들어 오고 있다. 대부분의 근로자들은 동료 근로자들의 의도, 행위, 그리고 동기에 대해서 많은 의심을 갖고 있고 많은 조직들에서 불신이 팽배하고 있으며 불성실이 새로운 규범으로 자리잡아 가고 있다.

이를 해결하는 방안은 조직에 규범과 가치를 회복시키는 것이다. 이는 모든 근로자들이 자신들의 행동을 이끌 규범과 그들이 믿을 수 있는 일련의 가치들을 개발하는 데 참여하게 해야 한다. 조직의 리더들은 공통된 규범과 가치들을 육성해야 한다.

우리의 관행을 바꾸어야 한다. 요컨대 우리는 모든 근로자들에게 가치의 근거를 마련해 주어야 한다. 그러나 직업적으로 다른 규범과 가치를 개발하는 과정은 시간이 걸린다. 조직의 고위 경영자가 규범과 가치를 독점할 수 없다. 이는 십계(十戒)를 정하는 것과 비슷할 것이다. 근로자들은 그러한 움직임을 단지 또 다른 무의미한 직장의 정책으로 보게 된다. 조직의 크기와 관계없이 실질적으로 모든 근로자들에 의해 규범과 가치들이 개발되어야 하며 근로 환경을 향상시키기 위해서는 대부분의 근로자들이 가치들을 '찬성하고' 규범들을 지지하여야 한다. 규범과 가치들을 조직 전체에서 협력하여 개발하지 않으면 변화의 추진력이 될 수 없을 것이다.

개인적이든 직업적이든 행복의 본질은 궁극적으로 속으로 자기 만족감을 갖는 데 있다. 이는 자기 수용의 규범과 가치에서 나온다. 가치들은 일상적으로 신뢰할 근거를 마련해 주고, 규범들은 우리의 행동, 상호작용, 서로간의 의사소통의 지침이 되어 준다.

어떤 가치들이 사람들로 하여금 신뢰 근거가 되게 하는가? 타인에 대한 배려, 사려 깊음, 친절, 그리고 모든 사람들에 대한 존중인 것이다. 어떤 종류의 규범들이 정말로 직장에 의미 있는 것인가? 조직에서 착취하는 것이 아니고 이들의 발전에 초점을 두는 규범들일 것이다.

우리는 공유된 규범과 가치의 육성이 더 이상 경영자들이 적당히 고려할 수 있는 선택이 아니라고 본다. 미래 기업의 근본적 생존 여부가 이에 달렸다고 볼 수가 있을 것이다. 간단히 말해서 가치와 신념을 찾아 내고, 행동과 의사소통을 안내할 규범을 정하지 못하면 어쩔 수 없이 퇴출된다는 것이다.

리더십의 공백 메우기

직장에서는 근본적으로 새로운 규범과 가치뿐만 아니라 새로운 형태의 리더십이 필요하다. 오늘날 대부분의 조직체에서는 근로자들을 납득시킬 수 있는 리더십이 아주 부족한 상태다. 조직체 내 규범과 가치를 연결하는 고리가 끊어져 있는 것이 오늘날의 리더십이다. 리더십이란 근로자들의 응집력, 동기, 그리고 생산력을 높이는 열쇠요, 개별 근로자들의 잠재력을 극대화시키는 지렛대이다.

그러나 훌륭한 리더들이라도 종종 아노미 상황에 빠지게 된다. 여러분의 머리 속에 카리스마적이고, 비전이 있고, 효과적인 인간 관계 기술을 갖고 있고, 동기 부여하는 능력이 있고, 명확한 규범 구조와 가치 체계를 가진 리더들 다섯 명을 생각해 보자. 별로 그러한 리더들이 떠오르지 않는가? 많은 리더들은 아직까지도 사업상 문제점들을 아노미를 근절시키고 가치 충만한 문화를 창조해서 해결될 수 있다는 것을 인식하지 못하고 있다. 그러한 문제점들을 알고 있는 사람들이라도 갈등적인 가치들을 조화시킬 규범들을 찾지 못했다.

우리에게 익숙한 리더십으로는 안 된다. 강압적으로 내려 누르던 독재적인 경영자 시대는 지났다. 그리고 오늘날에는 감정이 메마르고, 열성도 없고, 비인격적인 리더들의 시대도 지났다. 전혀 새로운 개념의 리더십이 공백을 메워야 한다. 가치가 충만한 문화가 조직의 리더십으로 권장되어야 한다.

아노미에 대처하기 위해서는 우리 조직의 리더들이 가치에 기반을 두어 정신 자세를 활성화시키는 5가지 규범들을 수용해야 한다. 이러한 지침들은 가치에 토대를 둔 조직체를 만드는 기반이 될 것이다.

1. 직장의 다양성을 인정하자

조직들에서 사람들 사이의 차이점을 지지하고, 인정해 주어야 한다. 이에는 나이, 성, 종교, 인종, 사회적 배경, 성격, 지식 수준, 정치적 신념, 성적(性的) 취향, 솜씨, 대인 관계 기술과 같은 것에서의 차이들이 포함된다. 다양성에 대한 표현을 판단하거나, 구분하지 않고, 인정해 주는 것이 필요하다. 하버드 대학 교수인 존 가드너는 모든 사람들이 7가지 형태의 지능을 발휘할 수 있다고 보았다. 이들 형태들에는 언어, 논리, 음악, 공간, 운동 감각, 대인 관계, 그리고 개인의 내적인 지능들이 포함된다.

결과적으로 근로자들은 다양한 형태의 지능을 갖고 조직에 들어오게 된다. 어느 한 가지 유형의 지능이 다른 형태의 지능보다 더 좋은 것은 아니다. 여러 지능은 모두 다르며 다양한 관점, 이익, 속성, 힘의 근원을 가져다 준다. 그러므로 복합적인 조직의 다양한 장점들을 장려하는 리더십이 필요하다. 더 이상 직장에서의 다양성을 표출하고 수용하는 것이 논의에 머무르지 않고 다양성을 육성하고 활용할 수 있는 리더십이 필요하다.

다양성이 받아들여진다면, 조직체의 모든 개인의 중요성과 가치가 증가한다. 단지 다양성을 수용하는 직장에서만 리더들이 아노미에 대항해서 싸울 수 있을 것이다.

2. 근로자를 대변하자

이는 매우 어려운 목표이다. 왜냐하면 근로자들이 조직의 리더를 위해서 봉사하는 것이 아니고 고용주가 근로자들에게 봉사한다는 마음 자세가 필요하며 근로자 중심이 되어야 하기 때문이다. 이것은 조직에서 아노미를 제거하기 위한 중요한 단계로서 새로운 리더들의 역할이 가능하면 모든 면에서 근로자들을 돕고 지원하는 것이라는 마음 자세를 가져야 한다.

대변자(advocate)는 '어떤 명분을 위해 싸우는 사람, 피고를 옹호해 주는 사람, 타인을 대리해서 탄원하는 사람, 중재자'란 뜻을 갖고 있다. 미래의 리더는 근로자의 만족과 풍요를 위해서 적극적으로 지원을 해야 한다. 근로자들이 보기에 경영자들이 공정하고, 호혜적이며, 근로자들의 이익을 위해 최선을 다한다고 지각하면, 근로자들은 조직의 목표를 달성하는 데 노력하게 된다. 이것은 리더들이 근로자들의 잠재력을 계발시켜 주고, 그들의 지식을 향상시켜 주며, 근로자들에게 가장 적합한 역할을 주고, 그들의 일에 의미를 갖고 자기 만족을 하며, 그리고 합의된 가치와 규범을 지지함을 의미한다.

리더들이 진정으로 근로자들을 대변한다면 노조는 필요없다고 본다. 근로자들이 그들의 개인적 대변자로 리더들을 본다면 근로자들의 계약도 필요가 없을 것이다. 우리가 리더의 역할이 봉사자라는 경영의 새로운 개념으로 말했지만 리더는 근로자의 대변자라는 단지 개념적인 철학이 아닌 새로운 경영자의 의식이 되어야 한다.

3. 문답을 쓰는 교사가 되자

학습이 충만된 작업 환경을 마련하기 위해서는 리더들이 교사가 되어야 한다. 그러나 이해를 돕기 위해 질문을 하는 것, 즉 소크라테스적 문답(socratic)을 구사하는 교사가 되는 것이 중요하다. 학습이 충만한 조직이 되는 데 있어 열쇠는 근로자들로 하여금 문제를 해결하거나, 특별한 행동을 하도록 그들의 기술, 지식, 이전의 경험, 그리고 지능을 쓰게 하는 것이다. 문답식 교사로서의 리더는 근로자들이 자기 발견을 통해서 배우게 해야 한다. 이러한 학습 형태는 '지속력'을 갖는다. 이 방법은 되풀이하여 학습을 이용하게 하고 그것을 다른 문제, 다른 결정, 다른 상황에도 적용하도록 한다.

이렇게 하여 문답식 교사는 근로자들이 자신의 성취와 실수를 통해 배우는 환경을 만들어 간다. 그리하여 실패와 시행착오들도 격려를 하고 실제로는 보상하는 모험 추구의 문화를 만드는 것이다.

문답 교사 겸 리더는 학습과 응용을 촉진하기 위해 끊임없이 긍정적인 피드백을 주어야 한다. 미래에는 채찍(처벌)보다는 당근(유인)을 주는 것이 근로자들을 동기화하는 데 규범이 되어야 한다. 긍정적인 피드백 유인, 그리고 강화를 주어 근로자들로 하여금 그들의 가치를 표현하는 데 좀더 개방적이고 조직에 적극적으로 공헌한다는 생각을 갖게 해야 한다. 개성에 대한 믿음이 없이는 규범이나 가치들은 뿌리를 내리지 못한다.

4. 근로자들을 임무와 연결시키자

'연결시킨다'(bridge)는 동사를 조심스럽게 선택하였다. 다리를 세우려면 두 가지 독립된 지역이나 이를 지지하는 실체들이 있어야 한다. 조직의 각 개인들을 연결하려고 애쓰는 효율적인 리더들도 마찬가지이다. 모든 근로자들은 그들의 가치로부터 조직에까지 다리를 설계하고 세워야 한다. 이 가치들은 궁극적으로 모든 근로자들로 하여금 왜 그들이 매일 아침에 일하러 나가는지에 대한 이유를 알게 하고 이를 좋게 느끼도록 할 수 있다.

우리는 종종 조직에 들어가게 될 젊은 사람들로부터 "나는 어떤 역할을 하고 싶다 ; 내가 한 일이 조직에 크게 기여되게 하고 싶다 ; 나는 조직 내에서 내 자신의 개인적인 영향력을 느끼고 싶다"라는 이야기를 듣는

다. 이들은 근로자들이 조직의 임무, 목표, 성과와 연결될 때 생기는 이익
을 말해 준다. 근로자들은 자신들이 속한 조직이 임무를 설정하고, 목표
를 달성하는 데 도움이 되기를 바란다. 근로자들은 조직의 성공에 개별적
이며 개인적인 기여를 했음을 느끼고자 한다.

리더들은 이런 일이 되도록 해야 한다. 근로자들에게 적절한 역할을 주
고 이들 역할들을 실행할 수 있도록 훈련시키고, 수행에 따른 보상을 주
어서 임무와 연결되게 해야 한다.

5. 직업적인 열정을 끌어 내자

리더들은 직업적인 정열을 가져야 한다. 리더들은 자신들이 무엇을 하
거나 말하거나, 의사소통할 때에 흥분, 인정, 정서를 전달할 필요가 있다.
카리스마적인 열정은 가치에 토대를 둔 조직에 정열을 불어넣는 촉매 역
할을 한다. 리더는 근로자들이 자기 일에서 흥분을 느끼고, 그들의 일에
사부심을 갖고, 그들의 동업자들과 감정적으로 일체감을 갖도록 해야 한
다. 감정을 억누르는 것보다는 오히려 감정을 표현하는 새로운 형태의 리
더십 규범이 되어야 한다.

리더들은 회사가 좀더 생산적이고, 효율적이고, 경쟁적이고, 궁극적으
로는 수익을 낼 수 있도록 노동력을 활성화시켜야 한다. 미래의 리더십은
근로자들이 개인적인 행동의 지침이 되도록 집단이 만든 규범과 가치들
을 도입하고, 근로자들이 지킬 '가치틀'을 만들며, 전 조직 속에 공통된
집단의 기대들을 갖게 해야 한다.

이 장의 서두에서 성공적인 비아노미적 제도인 결혼을 실례로 들어서
저자들의 결혼서약을 말하였다. 직장 내에서 비슷한 성공을 거두려면 개
인들로 하여금 개인적인 가치를 활성화시키게 하고, 개인적 가치가 조직

의 규범과 가치를 만드는 토대가 되며, 리더들로 하여금 조직과 근로자들이 다시 힘을 얻도록 이들 가치를 활용할 수 있게 해야 할 것이다. 우리의 직장 조직들은 아노미를 제거하고 근로자들에게 신뢰할 만한 근거를 마련할 일련의 가치들을 구현해야 한다. 이런 것이 이뤄지기까지는 기업에는 문제가 남아 있을 것이다.

제2장

●

아노미에 대항하기

아노미 상태란? ① 개인이나 사회의 목표 의식, 정체성, 가치의 결여, 조직 붕괴, 이탈, 불안정성, ② 인간의 행위나 사회 질서를 규정하는 규범의 파괴가 특징인 무규범성, ③ 목표나 이상의 결핍에서 오는 개인적인 불안, 소외, 불확실성이나.

작지만 성장하고 있는 제소회사의 사장인 짐 마이켈슨은 최근에 근로자들의 낮은 사기 때문에 고민하고 있다.

나는 도대체 이해할 수 없다. 우리는 사업 목적, 운영 계획, 그리고 장기적인 계획을 갖고 있다. 근로자들에게 봉급을 잘 주었고, 기대 이상의 성과를 올렸을 때는 그에 따른 성과급도 주었다. 그리고 근로자들이 새로운 정보를 접할 수 있도록 매월 근로자 소식지도 발간했다. 깜짝 놀라게 해주려고 크리스마스 파티를 회사 내에서 성대하게 열었으며, 여름에는 모든 근로자들의 가족들과 함께 소풍을 갔다. 더 이상 원성은 듣기 싫다. 도대체 무엇을 더 바라는 것일까. 지금 자기네들이 얼마나 좋은 곳에서 일하고 있는지 모르는 모양이다. 그래도 계속 들려 오는 것은 불평불만이다.

많이 듣던 이야기들인가? 우리는 중요한 점을 놓치고 있는 조직의 리더들과 자주 이야기하게 된다. 근로자들은 더 이상 넉넉하게 지급되는 보수만으로는 만족하지 않는다. 경제공황은 50년 전의 지난 일이다. 근로자들은 그 이상을 원하고 있다.

나는 매일 일하러 나가는 것이 지겹고, 어느 한 사람 내 말을 들어 주거나 내게 관심을 기울이지 않는다. 수치로 정한 목표 달성에만 온통 신경을 쓰고, 정작 그러한 숫자를 만들어 내는 사람들의 발전에 대해서는 무관심하다.

- 같은 제조회사에 10년째 근무하는 고참사원

짐의 근로자들은 더 이상을 원하고 있고, 내심 더 이상의 것을 바랄 자격이 있다고 생각하고 있다. 그들은 그들 자신들, 조직에의 기여, 그리고 업무에 대해 좋은 감정을 느끼게 해주는 근로 환경을 요구한다. 그들은 회사 동료나 경영자들과 의미 있고 충분한 관계를 갖고 싶어한다. 근로자들은 자신들이 중요하며 특별한 사람들로 여겨지기를 바란다. 자신들의 존재 가치를 확인하고 싶은 것이다.

오늘날 이런 문제는 더욱 심각하다. 근로자들은 일터에서 행복을 느끼지 못하고, 조직은 붕괴되고 있으며, 사회의 가치 기반은 쇠퇴되고, 개인들은 아노미 상태에 놓여졌다. 이제 더 늦기 전에 이렇게 악화되어 가는 상황을 바로잡을 때가 되었다.

모든 근로자에게는 일련의 가치나 신념이 필요하다. 근로자들에게는 직업상의 열정, 영감, 감정, 동기 부여를 제공해 주는 가치가 필요하다. 조직의 임무와 운용 계획이 조직의 목적이나 방향을 설정하는 중요한 도구가 되는 것처럼 신념이나 가치는 개별 근로자들의 행동 방향이나 의사결정을 정하는 데 중요하다. 신념과 가치는 경쟁력 있는 엔진을 움직이게 하는 연료와도 같다.

오늘날의 조직에서는 대부분의 근로자들이 서로가 내적으로 '약속'하여 받아들이는 내부 가치 체계가 마련되어 있지 못하다. 고객, 판매자, 주주, 기타 다른 사람들을 향한 조직의 외부 신념을 나타내는 가치도 마련되어 있지 않다. 게다가 근로자들의 의사결정, 의사소통, 개인 행동의 지침이 되는 규범의 힘도 미약하다.

대다수 조직들은 이러한 것들을 말로는 실행하고 있다. 대다수 경영자들은 "우리는 근로자들이 배려해 주는 조직의 일원이 되고 싶어한다는 것을 안다. 우리는 오래 전부터 일련의 가치 기반을 마련했다. 우리는 매년 근로자들의 모임에서 우리의 가치를 전하기도 했다."라고 말한다. 아주 잘한 일이다! 그러나 가치에 대한 목록을 만드는 것만으로는 아무 의미가 없다. 이러한 가치들은 실제로 '고위직'에 있는 경영자가 '하위직'에 있는 근로자들에게 지시한 것에 지나지 않는다. 그 목록들에 먼지만 쌓이고 조직의 시기를 해칠 수도 있다. 근로자들이 공유할 수 있는 가치를 찾아 주고, 이들 가치를 강화해 주며, 그것을 일상화해야 할 과제가 남아 있는 것이다.

왜 조직들은 이런 일을 하지 않는가. 이에 대한 답은 우리가 아노미라고 부르는 파괴적인 질병이 대부분의 조직들에 퍼져 있기 때문이다.

아노미란 무엇인가?

아노미는 소외(疏外)를 뜻한다. 개인이나 조직이 가치나 규범을 상실하였을 때 생기게 된다. 아노미는 개인들이 고립감, 환멸감, 그리고 이탈감을 갖게 하므로 조직이 분화되고, 기능을 발휘하지 못하게 한다. 아노미는 상호작용에 대한 응집력 있는 사회적·대인 관계적인 지침이 없는 집단과 개인에서 나온다. 신념이나 가치에 대한 확고한 기초가 없으면 의미 있는 규범이 생기지 못한다. 대인간의 의사소통과 행동을 안내할 일련의 규범들이 없이는 아노미가 지배하게 된다.

조직 내에 아노미가 발생하면 대개의 근로자들을 한데 묶어서 나아가게 하던 사회적 결속이 약화된다. 사람들이 기존의 규범에 따르지 않아도 된다고 느끼면 사회적 응집성과 조직의 온전성이 붕괴된다. 아노미는 개인들이 어떤 식으로든 조직과 단절될 때 나타난다. 이때는 개인적 정체성, 임무, 목표에 대한 의식이 존재하지 않는다. 규범과 가치는 조직 내 개인들을 묶어 주는 역할을 한다. 아노미는 그러한 사회적 결속력을 약화시킨다.

개인, 조직, 그리고 우리 사회는 이같이 위협적인 아노미의 실태를 빨리 인식해야 한다. 아노미의 영향은 이미 상당히 지각되어 왔고 개인들과, 각자의 자기 가치와 공동체에 해를 주어 왔다. 국가적으로나 개인적으로 가장 시급한 문제의 하나이다. 그러나 상당 부분 이 문제는 숨겨져 왔으며 사회적 질병으로서 논의되지도 않고 있는 실정이다. 아노미는 대중의 인식에서 거의 벗어나 있다. 짐 마이켈슨이 이 장의 앞에서 말하였듯이 대부분의 조직들은 아노미가 그들의 기업 내에 스며들어 각종 회의에서나 근로자의 마음 속에 자리잡고 있는 줄도 모르고 있다. 설령 아노미 현상을 다소 알아차렸다고 해도 이를 접어두고 무시하고 있다.

우리들은 지금 가치가 비어 있는 사회에 살고 있다. 가치가 필요하다는 주제들이 자주 제기되고 있으나 이 필요성을 사회적 차원에서 심각히 대처하지는 못하고 있다. 가치들은 계속 논의되고 있으나 가치를 수용할 과정을 만들고 활성화시킬 조치는 아무것도 없었다.

아노미가 실재하는가?

미국 대부분의 직장에는 열정, 에너지, 창의력이 낮은 근로자들로 채워져 있다. 그들 대다수는 그들의 일이나 조직에 대한 신념이 결여되고 불확실성으로 인해 사기가 떨어지고 있다. 일에 대한 의미나 개인적인 만족은 이미 사라지고 없으며, 근로자들은 냉담한 동료들과 조직으로부터 단절되었다.

여러분의 주위를 둘러 보아라. 얼마나 많은 직장 동료들이 매일 출근하는 것에 좌절을 느끼고 있는가. 얼마나 많은 동료들이 겉으로 내색을 하지 않고 있지만, 경영자들에 대해서 험담을 하고 있는가. 이것은 아노미가 그들의 일터에 이미 스며들었다는 분명한 조짐이다. 양질의 경영, 구조조정, 품질관리 동아리와 같은 새로운 경영기법이 제안되고 있지만 이들은 시간이 흐르면 비효율적이 되고 만다. 여러분은 새로운 경영기법에 신속히 적응할 수 없고, 모든 근로자들이 변화된 의식을 갖도록 할 수도 없다. 왜냐하면, 바로 조직 내의 가치구조나 규범이 상실되거나, 파괴되었거나, 약화되었기 때문이다.

실제로 현재의 상황이 어느 정도나 심각한가? 당신에게 봉급을 주는 조직에 만족하고 있는지 자신에게 물어 보아라. 당신이 하는 일에 직업적 열정을 갖고 있는가? 의사결정에 당신이 참여하는가? 당신이 조직의 성장에 중요한 기여를 한다는 느낌을 갖는가? 근로 환경의 결과로써 자신감과 자기 가치가 증가해 왔는가? 당신의 동료나 상사로부터 존중을 받는다고 생각하는가? 지금 당신이 하는 일이 정말 가치가 있고 만족스러운가? 당신의 욕구, 가치, 포부에 대해 다른 사람들이 관심을 가져 주는가?

흔히 이러한 귀찮고 짜증나게 하는 질문에 대한 응답은 여러분을 불안

하고 혼란스럽게 하기 쉬우며 불행하게도 대다수 사람들은 이러한 질문
에 '아니오'라고 대답한다.

근로자들이 보이는 혁신의 부족, 경쟁적 지위의 상실, 일에 대한 염증,
무기력한 근로의욕, 그리고 무조건 모험을 피하려는 것 등은 가치 충만한
문화가 결여된 조직에서 전형적으로 보이는 증상들이다. 이러한 회사와
조직에 근무하는 근로자들은 그들의 '꿈'이 바로 그들 눈앞에서 무너져
가는 것을 지켜보고 있는 것이다.

팀(Tim)은 대부분의 경영자들이 부러워하는 직장에 있다. 직장은 팀의
인생 목표와 일치될 뿐 아니라 그의 경험과 전문성과도 연계되는 것이었
다. 팀은 그 자리에 오르기 위해 정통적인 길을 걸어왔다. 우수한 경영대
에서 경영학 석사를 받았고, 유명한 금융회사에서 8년 간 근무했으며, 이
동안에 현재의 그의 고용주에게 발탁되어 판매담당 부사장으로까지 고
속으로 승진하였다. 그는 상사와 부하들이 모두 좋아하고, 고위 경영자
전략회의에도 정기적으로 참석하여 업계의 이사를 맡고 있기도 하다.

그렇다면 왜 팀은 직장에서 마지못해 일을 하는가. 왜 단순히 자기 자
신과 부하들이 해주는 칭찬에 만족하려고 하는가. 왜 경영층에 대해 냉소
적이고, 어려운 문제나 혁신적인 해결책을 위해 자신의 창의성을 발휘하
지 않는가. 조직에 대한 그의 충성심과 자부심은 어디로 갔는가.

이러한 모든 질문에 대한 대답은 규범과 가치에 관련되어 있다. 더 구
체적으로 말하자면, 조직 생활에서 규범과 가치가 결여된 것이라 할 수
있다. 전통적인 보상과 도전 정신이 팀에게는 부족하다. 회사에서 마련한
생산성 증진 과정도 그에게는 자극이 되지 못한다. 팀의 조직은 모르는
사이 그의 욕구를 만족시키는 데 실패하였다. 그 무엇으로도 그를 붙잡아
둘 수가 없었다. 넉넉한 급여와 보너스도 그러한 공허함을 채워 주지 못
한다. 그의 회사는 더 이상 그 어떤 것을 '대표'해 주지 못한다. 동료 근로

자를 배려해 주거나 실수를 정직히 인정하는 것과 같은 규범은 존재하지 않는다. 손해를 보더라도 정직하고자 하는 가치도 회사 내에 없으며, 일을 잘하고자 하는 열정도 없다.

이러한 규범과 가치관이 없다면 팀은 용병에 지나지 않는다. 때문에 일하는 동안 매우 생산적인 근로자에게 요구되는 필수적인 에너지, 열정, 그리고 창의성과는 거리가 멀어지게 된다. 그렇게 할 이유가 없는 것이다. 헌신할 대상이나 자랑스러워할 대상이 없다면 왜 그토록 열심히 노력하겠는가.

팀은 올바른 조직을 위해서 열심히 노력하려고 했다. 긍정적인 규범이 확립되고 공유된 가치가 퍼져 있는 무대가 마련된다면 그는 최선을 다할 것이다.

가치와 규범의 부재는 모든 조직에서 나타나고 있다. 경제 전문지 『포천 500』에 올라가는 대기업에서만 일어나고 있는 것이 아니라, 중소기업, 법률사무소, 소매상, 정부기관, 협회, 은행, 학교, 그리고 식당에서조차 일어나고 있다. 가치와 규범의 부재가 없는 소식은 거의 없다. 그러나 실망스러운 것은 대부분의 조직에서 고위 경영자나 근로자 대부분이 '가치가 상실'된 것을 거의 알아차리지 못한다는 것이다. 이들은 효과 없이 잘못 판단한 것에 근거한 프로그램과 전략을 갖고 치료하려고 한다. 팀과 같은 근로자들은 그들의 일터에서 의미를 전해 줄 만한 보다 진실된 프로그램은 찾지 못하고 있다.

아노미가 조직 내에 확산되었다는 증거는 근로자 자신들과의 대화에서 찾을 수 있다. 우리는 200명의 근로자들에게 그들이 일과 직장을 어떻게 느끼고 있는지 물어 봤다. 우리는 근로자들이 종종 그들의 조직 안에서 지나쳐 버리거나, 기려지거나, 과소평가되어 온 내면의 진실한 것들을 알고자 했다. 그러나 이런 문제를 놓고 광범위한 근로자 계층과 한 솔직한 토의 결과는 실망스러운 것이었다.

근로자들은 보다 의미가 풍부하고 자기 성취적인 일을 원한다. 그들은 조직이 그들이 필요로 하는 것을 해결해 주고 동료 근로자들이 성장할 수 있게 해주길 바란다. 사람들은 그들의 일에 막대한 인생 투자를 한다. 이들은 개인으로서 더 존중받고, 그들의 기여, 성과, 충성, 희생에 대해서 더 큰 인정을 받길 원하는데, 이것이 지나친 요구는 아닌 듯하다. 일주일에 40~50시간을 일해야 하는 사람들에게는 지나친 기대도 아닌 것이다.

10여 년 전 한 금융회사에 스물여덟 살의 근로자가 높은 자부심과 조직에 대한 충성심을 갖고 입사하였다. 그의 회사에 대한 열의는 미래에 그의 이름이 회사 이름에 덧붙여지리라고 할 만큼 높은 것이었다. 그는 열심히 일했고, 고객들을 잘 접대했으며, 일하는 동료들이 하나의 팀으로 일하도록 지원하였다. 5년 후 퇴직시 그는 많은 돈을 벌었으나 그의 마음과 영혼은 텅 빈 것이었다. 그가 떠날 때는 자신감은 붕괴되고 언젠가 회사를 이끌겠다는 야망도 무너지고 그의 기상과 열정도 다 사라진 채였다. 이 실례는 우리의 병든 조직들이 특이한 질병으로 개인들을 약화시키는 것을 보여 주는 것이다.

이것을 바꿔야 한다. 이러한 질병을 치유해야 할 이유는 경제적인 목표를 달성하는 것보다 기본적으로 인간적이고 사회적인 책임이 더 중요하기 때문이다. 개인들은 소외감을 느끼고, 사회적으로 형성되었던 관계들은 조각나고, 자체적인 응집력을 잃어 가고 있다. 학교는 단지 대행자의 역할밖에 수행하지 못하며, 우리의 가족은 서로가 남남으로 갈라지고 있다.

조직의 원칙과 관행에 근본적인 변화인 직장 내 혁신적인 변화가 없으면, 우리의 조직은 시간이 지나면 서서히 침식되고, 무너질 것이다. 우리는 이미 미국의 '경쟁력 우위'가 무너지는 예를 보아 왔다.

IBM이나 시어스, 그리고 도시 공립학교에서의 실패 가능성을 예상한 사람은 없었다. 외부에 반창고를 덧대는 식으로는 내면으로 번지는 암을 치료할 수 없다. 실질적인 문제는 외부에 있지 않고 바로 내부에 있는 것이다. 개인과 조직의 성장을 이끌 규범과 가치들인 '전심전력'이 대부분의 조직에서 실종되고 없다. 모든 근로자들이 공감하는 서로 배려하고, 의미 있고, 자기 만족적인 근로 환경에 대한 희망과 신념을 가져야 한다. 직업적 열정이 직장에 자리잡아야 할 때다. 해결책을 쉽게 제시할 수 있다는 것은 아니다. 조직의 규범과 가치가 붕괴되는 데 상당한 시간이 걸렸듯이, 이들을 복구하는 데는 시간이 걸린다. 그러나 복구는 가능하며 이 책에서 해결책으로서 가치에 기반을 둔 리더십 모델을 제시할 것이다.

가치에 기반을 둔 리더십은 이들 규범과 가치를 회복하는 데 일조를 할 것이다. 번잡스러운 규칙이나 정책은 필요 없으며, 단지 새로운 신념 체계만 세우면 된다.

이것을 알아보기 전에 우선 아노미의 역사적 맥락부터 살펴보도록 하자. 오늘날 겪고 있는 일터에서의 규범과 가치판의 부재 상황은 100년 선에도 유사하게 나타난 바 있다.

아노미의 역사

아노미 이론은 19세기 프랑스 사회학자 에밀 뒤르켐(Émile Durkheim)으로부터 시작되었다. 아노미라는 용어는 1893년에 발간된 그의 저서, 『노동의 분업』에서 널리 인용되고 있다. 뒤르켐은 산업혁명이 진행되는 중에 업무가 특수화·전문화되면서 각 개인들은 서로 소외감을 갖게 된다는 것을 알았다. 사람들간의 상호작용이 없이는 문화적 규범이나 가치를

세우고 전파할 수 없다. 뒤르켐에 의하면 분명하고 합의된 규범이나 가치
가 없을 때 조직은 구성원들의 행동을 규제할 수 있는 힘을 잃게 된다.

고대 그리스인들은 무질서의 뜻을 지닌 형용사인 anomos를 사용했다.
그 뜻은 뒤르켐의 뜻과 유사하게 규범의 상실, 도덕성 상실, 괴로움, 불안
정 등을 나타내는 것이었다. 그리스인들에게 anomos라는 말은 심리적 이
상이나 정신적으로 혼동 상태를 뜻하였는데, 그것은 개인에게나 사회 내
특정 조직에게 고통스러운 상황이었다. 그리하여 100년 전 뒤르켐이 정
의한 아노미는 사회적 '전염'과 도덕적 오염을 가져오는 생각, 태도, 행위
와 관련되었다.

뒤르켐은 소외된 근로자를 더 큰 조직체나 전체 속에 자신이 속해 있다
는 생각을 잃어버린 사람들로 보았다. 조직의 구성원이라는 사실에서 오
는 상호지원과 정신적인 안정감은 업무가 더 세분화될수록 사라져 갔다.
뒤르켐은 1897년에 발표된 『자살론』에서 가장 높은 자살률을 보이는 유
럽의 한 지역은 사회적으로도 가장 통합이 안 된 곳이라고 하였다. 그 곳
에 사는 사람들은 아노미적 상태에 살고 있는 것이다. 공동의 가치관에
기반을 둔 구조가 없으면 사회적 일탈 행위나 자살도 일어나게 되었다.
알코올 중독, 약물 중독, 각종 정신질환들은 이 같은 아노미적 사회에 자
주 일어난다고 하였다.

뒤르켐은 또 사람들이 두 가지 양심을 갖는 '이중 인격'에 대해서도 언
급하였다. 하나는 개인적 성격이다. 우리가 자기의 이해에 따라 행동하면
우리의 행위는 개인의 욕구나 관심을 나타내는 것이다. 둘째는 조직이나
사회에 소속된 구성원으로서 비롯되며, 우리가 집단 성원으로서 하는 행
동은 바로 조직의 요구나 관심을 반영한다는 것이다. 규범이라는 것은 이
처럼 개인이 조직의 구성원으로 존재할 때 정의되는 단어이다.

뒤르켐은 아노미가 '이기적 개인주의'의 결과라고 보았다. 이것은 조

직을 희생시켜서 개인적 요구를 만족시키는 것에 초점을 두는 것이다. 요약하면 아노미는 집단에 대한 고려보다는 자기의 이익이 앞서는 상태를 뜻한다. 자기 본위적인 만족은 중요시하면서 집단 응집력의 중요성은 무시하는 경향인 것이다.

그러나 뒤르켐은 아노미의 치유에 대해서는 낙관적으로 보았다. 아노미는 개인과 조직을 위한 도덕적·행동적 지침을 규정한 가치들을 확립하면 감소시킬 수 있다는 것이다. 그는 아노미의 해독제는 개인이 바라는 것과 조직이 바라는 것을 합칠 때 얻을 수 있다고 하였다. 즉 두 주체의 욕구가 서로 균형을 이루어야 하는 것이다. 두 욕구가 함께 고려된다면 아노미는 치유될 수 있다고 본다.

우리는 또한 이 같은 아노미를 근절하기 위해서는, 각 개인들 간에 진정한 평등이 있어야 된다고 본다. '진정한 평등'은 근본적인 해결책을 찾는 데 빼놓을 수 없는 요소이다. 그것은 우리 사회의 모든 사람의 존엄성과 남으로부터의 동등한 수준에서 대우받으려는 것을 시사한다. 이는 만민이 나원화된 사회에서 농등하게 태어났디는 내면적 신념을 나타낸다. 그러나 일부 개인들이나 집단이 규범을 제시하는 것보다는 모든 십난 성원들이 참여하는 출발선이 되도록 새로 만들어야 한다. 모든 조직들은 구성원들이 동등한 위치에 서 있다는 데서 시작해야 한다. 어느 누구도 다른 사람보다 더 높거나 크지 않아야 한다.

뒤르켐의 아노미 이론은 100년이 훨씬 지난 지금에도 관련 있고 그대로 적용될 수 있다. 시간이 흘렀음에도 아노미 상태는 그대로이다. 조직들이 갑자기 규범과 가치를 저버린 것이 아니라 사회가 지속적으로 서서히 버려 온 것이다.

사라진 행동 규범

얼마 전까지만 해도 사람들은 대가족과 가족행사, 이웃과 지역지도자, 종교 집단과 종교교리, 그리고 학교와 교사들 등에서 기존 규범의 덕을 많이 보아 왔다. 이러한 제도와 사람들은 사람이 해야 될 일과 해서는 안 될 일, 일의 옳고 그름을 분별할 수 있는 잣대가 되어 주었는데, 우리는 그 안에서 무엇을 믿어야 하고, 왜 믿어야 하는지에 대해서도 뚜렷한 답을 알고 있었다.

그러나 언제부터인가 이러한 요소들은 거의 사라졌다. 교회, 학교, 그리고 가족 같은 제도들이 개인의 행동에 영향력을 많이 상실했을 뿐 아니라 이혼, 범죄, 해체된 가족들이 이전의 '신자'들을 불신자로 바꾸어 놓았기 때문이다.

사회의 소우주로서의 조직들은 이런 경향을 잘 반영하는데, 근래의 대다수 회사들에서 근로자들의 높은 이직률, 전직 등이 큰 문제로 떠오르고 있다. 요즘 대부분의 조직들에 불어닥친 다운사이징(감량) 열풍만 보더라도 문제의 심각성을 알 수 있다. 매일 아침마다 뉴스에 "오늘도 어느 회사에서는 수천 명의 근로자가 정원을 축소함으로써…" 등이 나온다. 대다수 조직들이 이런 식으로 문제를 해결한 다음에는 근로자들의 사기가 급속도로 저하되는 것을 보게 된다. 그러나 그들의 사기저하는 단지 동료 근로자가 해고당하는 데서만 오는 것이 아니라 이제까지 그들이 받아들였던 조직의 규범과 가치가 한낱 신화로 드러남을 보는 데서도 온다. 우리가 아는 전국적인 체인망을 가진 조직에서 경영자들을 감원시키고 집중 관리하면서, 지점장들을 일반 직원과 섞어서 배치하여 권한을 축소시킨 사례를 본 바 있다. 이들 과거의 리더들은 규범 변화로뿐만 아니라 이전에는 인간적이던 기업문화가 이윤추구에 혈안이 되고 경직된 문화로 바뀌는 데 따라 엄청난 사기 저하를 보여 왔다. 이 회사에서는 핵심 중역들이 줄줄이 사직하고, 회사는 파산되었으며, 오늘날까지도 재기를 못하고 있다.

이런 식이 되어서는 안 된다. 조직의 사명, 경영 스타일, 보수, 리더십, 그리고 종업원에 힘을 실어 주는 전략을 통하여 가치와 규범을 재확립한다면 조직이 생존할 기회는 아직 있다. 그러나 규범과 가치들이 무엇을 대표하는지 어떠한 유형의 행동이 용납되는지에 대한 메시지를 보내고 강화시키는 통합된 접근방법이 없이는 불가능하다.

규범과 가치의 관계

가치는 조직의 공통된 목표, 신념, 이상이다. 가치는 조직 구성원들의 내적인 신념을 나타낸다. 그러나 어떤 조직에서 이러한 가치를 유지하려면 구성원들의 행동, 태도, 활동을 만들고 영향을 줄 규범을 확립해야 한다.

규범은 어떤 집단의 구성원들에 의해 기대되는 행위로서 조직이 정해놓은 행동 지침이라고 할 수 있다. 그것은 조직이 특정한 방식으로 생각하고, 느끼고, 행동하는 경향이라고도 말할 수 있다. 규범은 개인들이 갖고 있는 태도와는 달리 집단 속에서 생긴다. 함께 일하는 동료에 대한 우호적인 감정을 태도의 예로 들 수 있다. 이러한 개인의 태도가 조직 전반을 통해 나타나면 이 태도는 하나의 집단 규범으로 역할을 한다. 규범은 개개인이 서로 신뢰하고 존중할 수 있도록 하는 일종의 기업문화와 같은 것이기 때문이다.

규범은 공유된 기대를 포함한 것이며 집단의 '합의'가 구체화된 것이다. 어떤 규범이 존재하면, 대부분의 조직 구성원들은 그들이 지닌 태도를 다른 사람들도 갖고 있으며, 타인들도 그들의 태도를 나타낼 것으로 기대하고, 이에 따라 생각하고 행동할 것을 기대한다.

규범은 우연히 생기는 것이 아니고 다음의 세 단계를 거쳐서 나타나게 된다.

① 집단 내의 개인들 사이에 일어날 수 있는 감정이나 느낌을 정직하고 솔직하게 표현해야 한다.
② 개별 집단 성원들은 표현된 메시지를 해석하고 나름대로 내면화해야 한다.
③ 집단의 성원들이 타협하고 교감을 나눠서 집단의 규범과 가치에 최종적으로 합의한다.

사회학자들은 확고한 규범의 부재를 개인의 소외감과 연결시켜 왔다. 개인의 행동을 이끌 효과적 규범과 기준이 적다면 조직과 행동 기준이 붕괴된다. 이러한 아노미는 개인들의 정서 상태에 치명적인 영향을 주는데, 다른 사람들과 공유할 수 있는 지침이나 기대가 거의 없기 때문이다. 조직 내 규범들이 모호하고 불일치된다면 근로자들이 생산적인 팀으로서 함께 일하기를 기대하는 것은 비현실적이며 해롭기도 하다.

고립된 근로자들

고립은 아노미와 공존한다. 규범이 없으면 물리적으로는 한 부분이지만, 심리적·정서적으로는 집단으로부터 고립된다. 아노미를 극복하기 위해서는 조직의 한 성원이 되어서 다른 구성원들과 상호작용해야 한다. 문제는 집단의 다른 구성원들과 어떻게 하면 효과적으로 상호작용하느냐이다. 다시 말하면 조직의 각 구성원이 다른 성원과 어떻게 상호작용을 하는 것이 효과적인지를 터득해야 한다는 것이다. 어떤 집단에 어떻게 하면 잘 적응할 수 있는지를 찾으면서 고립보다는 통합되도록 해야만 한다.

시간이 지나면 집단 구성원들은 공동체 의식을 키울 수 있는 잠재력을 얻게 된다. 이 '공동체'는 공통의 목표, 경험, 사명, 비전, 기호, 가장 중요하게는 가치를 공유하는 개인들의 집단이라고 정의할 수 있다. 공유된 규범과 가치가 없으면 소외감은 계속되고 아노미도 계속된다.

정신분열증은 오늘날 직장 내에서도 존재한다. 근로자들은 그들의 조직에서 단절되어 왔고 단지 직장에서 급료와 고용안정에 의해서 겉으로만 연결되어 있다. 결국 이러한 장애는 개인의 수행 수준과 전체의 생산성에 영향을 준다. 정신분열증은 어느 하루의 회사 생활이 다음 날의 회사 생활과 단절되도록 한다. 목요일에 이르면 주말이 얼마 안 남았다는 생각에 일에 매진할 수 있게 된다. 그러나 월요일부터 수요일까지는 전형적으로 감정적 혼돈, 일상적인 권모술수, 지시, 기대, 의사소통에서의 혼란으로 이어지는 힘든 직장 생활을 해야 한다. 가치와 규범의 공유가 없이는 행동과 의사소통은 일관성이 없고 임의로 하게 된다. 근로자들과 경영자들은 서로 상대방의 변덕을 예측할 수 없게 된다. 신호에 혼선이 오고, 의사소통시 오해가 있고, 행동은 엉뚱해지게 되고 사람들은 서로 더 소외되게 된다.

요약하면, 혁명적이고 적극적인 변화가 대부분의 조직에서 시작되어야 한다. 조직 내 기본적 원칙, 믿음, 그리고 규범의 기본적이고 근본적인 변화는 미래 조직의 생존을 위해 중요한 요소가 될 것이다.

우리들의 가치는 어디로 갔는가?

"우리는 냉소적인 이웃들, 인색한 거리, 가난한 시골에서부터 문명 사회의 핵심인 지역사회, 가족, 그리고 직장이 급작스럽게 동시에 붕괴되는 것을 보게 된다"라고 칼럼리스트 엘렌 굿맨은 말한다. 이러한 관찰은 오늘날 우리의 가치 구조에 유행병처럼 널리 퍼진 아노미를 잘 묘사한 것이다. 한때 가치라는 것은 '어머니 마음'이나 '애플파이'처럼 보잘것없는 대상으로 빗대어졌다. 이제는 그렇지 않다. 오히려 가치는 집단의 응집성과 정체성의 핵심으로 인식되기 시작하였다. 이제 우리는 공동의 가치가 조직 속의 사람들을 한데 이끄는 초강력 접착제의 역할을 하는 것으로 보기 시작했다.

엘렌 굿맨은 계속하여 다음과 같이 말했다.

얼마 전에도 가치라는 말은 거의 보수적인 사람들만 말해 왔다. 이제는 그렇지 않다. 가치는 건강, 복지, 범죄, 직업과 연결해 준다. 이 주제들은 사회 변화라는 지진에 의해 흔들리는 하부구조를 받쳐 주는 대들보들인 것이다.

현재 우리의 가치구조를 받치고 있는 균열된 사회적 기반을 보수하려면 상당한 양의 벽돌과 시멘트가 필요할 것이다. 그러나 가치구조를 보수하려면 토대인 개인에서부터 시작되어야 한다. 사람들로 하여금 자신들의 개인적인 가치를 더 표현하게 할 필요가 있다. 이러한 개인들의 가치를 솔직하고 자발적으로 의논하지 않으면 집단의 가치는 분열된 상태로 남게 된다.

당신이 속한 조직에 아노미가 있는가?

가장 최근에 당신이 일하러 가는 즐거움에 침대를 박차고 일어났던 때가 언제인가? 여러분의 나이에 따라 이러한 경험은 첫 직장을 다닐 때이거나 그 다음 두 번째 직장으로 옮겼을 때처럼 몇 년 전에 있었을 수 있을 것이다. 여러분이 처음 직장에 나가게 되었을 때는 너무도 흥분되고 기대에 차 기쁨에 넘쳐 있었다. 왜 그랬던가? 답은 간단하다. 여러분은 본능적으로 그 직장에 나가게 되면 자기 만족, 자신감, 성취감을 얻을 수 있으리라 기대했기 때문이다. 그러나 몇 달 직장에 다니게 되면서 그러한 꿈들은 물거품처럼 사라지고, 아노미적 현실을 깨닫게 된다. 여러분이 속한 조직에도 아노미가 존재하는지 알아보기 위해 다음의 문제들을 살펴보기로 한다.

여러분이 속한 조직의 점수는 어떻게 되는가? 아노미와 관련된 어떤 조짐을 보였는가? 가치들이 조직으로부터 멀어지게 되면(또는 최고위층의 주요 가치가 이기적인 데 있다면) 그 조직에 아노미가 서서히 물들기 시작하고 전체 조직으로 확산된다. 아노미는 만성적이고 전염성이 높은 질병과 같은 것으로써 다음에 누가 걸릴지 알 수가 없다. 조직이 발전하려면 그들의 유용한 자산인 사람들에게 동기를 부여하고 육성하는 노력이 필요하다는 것을 인식해야 한다.

가치와 규범은 조직 안으로 서서히 스며들 필요가 있다. 근로자들에게 그런 과정에 스스로 참여하여 그들이 지지하도록 해야 한다. 이 길이 엄청나게 힘들거나 불가능한 일은 아니다. 실제로 크건 작건 많은 조직들이 이러한 암적인 상태에서 벗어날 수 있는 방안들을 찾아 낸 사례들이 많다.

문제는 경영자들이 전체적인 변화에 대한 확신을 갖고 전력투구하는가이다. 물론 이를 위해서는 각 조직의 리더들이 개방적이고, 호응적이며, 어려운 책임을 져야 한다. 가치와 규범이 우리들 직장 구석구석에 스며들게 해서 가치 충만한 제품의 생산으로부터 가치 충만한 문화를 만들면, 근로자들이 성장·발전하고 다시 한 번 신뢰할 근로 환경을 기대할 수 있을 것이다.

가치와 규범이 우리 사회의 질병을 치유한다고 말하는 것은 너무 단순하다. 반면에 우리 문제의 근본적인 뿌리를 해결하지 않고서는, 즉 가치가 빠진 채로는 사회적 정책, 개혁, 법률 등도 소용이 없다. 강력한 규범과 가치를 세우고, 이에 따라 진행된다면 인류 문명이 다시 한 번 전진할 수 있을 것이다.

〈표 2-1〉 당신의 조직에 아노미가 있는가?

각 문항에 0, 5, 10점의 점수를 준다.
(전혀 틀리면 0, 일부 옳으면 5, 아주 정확하면 10)

1. 우리 조직에서는 충성을 다해도 알아주지 않는다.
2. 개인의 업적이나 성취에 의해서가 아니라 회사 전체의 수행에 근거해서 보상을 받는다.
3. 근로자들과 경영자들 간의 효율적인 의사소통과 회의가 드물다.
4. 우리 회사에서 가장 우선 순위에 올라 있는 '가치'가 곧 이익 실현이다.
5. 다른 사람들에 대한 고려나 배려하는 것이 눈에 띄는 가치가 못 되고 서로 개인적인 질문을 하는 사람도 드물다.
6. 가치와 규범에 대한 논의는 아주 드물다.
7. 나의 동료 근로자들은 자신들의 업무나 경영자들 때문에 자주 화를 내거나 좌절한다.
8. 사람들이 서로 불필요한 말은 삼가는 편이고 일과가 끝날 때까지 지극히 사무적이다.
9. 개인적인 인정이나 칭찬 등 긍정적 강화는 경영자들의 일상적인 스타일이 아니다.
10. 동료 근로자들의 이직률이 비교적 높은데, 특히 이 조직에서 일하는 것을 싫어하기 때문이다.

채 점		
70점 이상	구출단계	심각한 아노미적 질병이 당신의 조직에 퍼져 있다.
50 ~ 70점	치료단계	아노미가 숨어들었고 퍼질 위험이 있다.
20 ~ 50점	색출필요	아노미가 부각되기 시작한다.
20점 이하	이상없음	당신의 조직은 건강하다.

개인으로부터 시작하자

우리가 21세기를 맞이하면서 100년 이상 이끌어 온 뒤르켐의 아노미 개념을 옷장 속에 넣어 둘 때가 왔다고 본다. 우리는 이제 아노미의 무시 무시한 힘을 자각하고 그 대안으로서 가치에 기반을 둔 리더십을 창출할 때다. 1992년 12월 『시카고 트리뷴』지에 실렸던 기사에서 이러한 문제 가 부각되었다. "미국의 경제적 난관의 와중에서 잠시 잊었던 것은 상사 와 부하들 간에 새로운 행동의 기본 규칙들이 매일 나왔다는 것이다. 따 라서 회사와 근로자가 서로 얼마나 기대할 수 있으며, 현실적으로 얼마나 도움을 줄 수 있는지를 새로 정할 필요가 있다."고 하였다.

더 중요한 것은, 과거에 근로자들이 의지할 수 있었던 확고한 조직의 가치가 이제는 사라지고 있다는 것이다. 미국 내 많은 회사들이 오래도록 갖고 있던 직업 안정성이 이제는 신화에 불과하거나 사라졌다. 근로자들 은 수만 명이 해고되는 상황에서 더 이상 직업의 안정성을 기대할 수 없 게 되었다.

국제적 경쟁, 정보 시스템, 신기술의 발전, 든든한 신용이 기업의 이윤 에 큰 영향을 주어 왔다고 치자. 그러나 경영자들은 근본적 자산인 사람에 대한 투자는 더욱더 소홀히 하고 있는 것 같다. 훈련비용은 분명히 증가하고 있고 그것이 사람에 대한 투자라고 보아야겠지만 대부분은 규범과 가치가 빠져서 출혈 부위에 반창고만 덧대는 임시적인 처방에 지나지 않는다. 1992년 UCLA의 '산업관계연구소'가 수집한 기업전문가 보고에서 "치열한 기업 상황이 근로자들로 하여금 비용절감을 더 쉽게 받아들이게 만들었다. 그러나, 모든 절감들은 상호 존중에 따라 경영을 하려는 회사의 신뢰성을 떨어뜨린다."라고 하였다. 근로자들은 근로자의 생산성과 직업에 대한 전반적 만족을 증가시킬 방법은 찾지 않고 비용절감만을 추진하는 경영층에 대해서 배신감을 갖게 되었다.

가치에 중심을 둔 리더십은 집단에서 만든 가치와 규범이 개인의 행동 지침을 안내하도록 하는 것이다. 그것은 개인들이 따를 가치들을 만들고 공유된 집단 기대를 제공한다. 가치에 기반을 둔 리더십을 갖기 위해서 고위 경영자들은 반드시 공유된 리더십을 받아들여야 한다. 이것은 사실상 어떤 차원에서 각 개인이 리더 역할을 담당해야 하는 것을 의미한다. 위계조직 같은 것은 없고 필요하지도 않다.

대부분의 대기업에서 단결을 위한 규범은 실제로 존재하지 않기 때문에 위계적인 보고 관계는 필요악이었다. 북돋워 주고 키워 주는 규범이나 가치가 없으면 빈 공간을 현재 대기업에서처럼 위계적이고 매우 구조화된 보고 및 의사소통 체계가 채우게 된다. 구조화된 위계는 아노미를 지속시키고, 의미 있은 가치와 규범이 자리잡을 수 없게 한다.

개인들이 미치는 영향

직장에 있는 개인들은 조직을 만들거나 영향을 줄 수 있다. 이런 영향을 검증하는 최선의 방법은 전체에 대한 개인의 기여도나 가치관을 계산하는 것이 아니라 특정 조직에서 한 개인이 없을 때 그 사람이 조직에 미치는 부정적인 영향을 평가하도록 노력하는 것이다.

이런 예를 들어 보자. 전국적으로 잘 알려진 전문직 직장에서 근무하는 노인 접대원에 대해서 얘기하는 것은 흔한 일인 듯하다. 그 노인이 없을 때 전문직 근로자들이 전화를 받고 현장 질문에 응하며, 일관된 이미지를 전달하고, 고객의 질문에 효과적으로 응답하는지를 살펴보자. 조직 내의 특정한 사람이 없을 때의 영향을 측정해 보자. 이는 조직 내 특정인의 영향을 확인하고 가치를 재는 좋은 방법이다.

놀랍게도 우리가 면담한 대부분의 근로자들과 경영자들은 잘 규정된 규범과 가치가 조직에 가입하는 것을 결정하는 데 중요 요소라고 인식하고는 있었으나, 면접 과정에서 회사의 규범과 가치에 대해서는 거의 질문을 하거나 탐색하지를 않았다. 대다수의 사람들은 자신이 속한 조직의 가치와 규범과 같은 민감한 문제들에 대해서 근로자들에게 질문하기를 꺼리는 것 같았다. 여러분은 우리가 면담시 "당신의 개인적인 직업적 규범과 가치는 무엇입니까?"라는 질문을 얼마나 많이 했는지 상상하지도 못할 것이다. 멍하니 쳐다보거나 "그런 질문은 이제까지 받아 본 적이 없다."는 반응만을 보였다.

조직의 규범과 가치가 없으면 개인들은 자기 나름의 것을 만들도록 강요된다. 한마디로 규범과 가치는 결국 늦은 밤 맑은 여름 하늘을 보는 것과도 같다. 개인의 별들이 따로따로 빛나고 있지만 서로 연결되지는 않는다. 만약 그들의 빛이 어떤 식으로든 하나로 합쳐질 수 있다면 어느 환상적인 불꽃놀이보다 더 강하게 빛날 것이다. 개인들이 주로 가족, 종교, 지역에서는 발달된 개인적 가치들을 갖고 있으나 개인들 상호간이나 집단과는 연결되어 있지 않았다. 조직에서 개인들이 고립에서 탈피할 강한 집단규범과 가치를 제시한다면 집합적인 힘을 얻을 수 있을 것이다.

이러한 결합력은 실제로 느낄 수 있다. 근로자들은 조직을 향한 충성심과 헌신에 대해 특유의 생각을 갖고 있다. 그들은 자신의 일을 즐길 것이며 그것은 그들 일상 생활에서 의미 있는 한 부분이 된다. 그것은 자기 실현을 할 수 있는 기회를 제공하며, 의미 있는 방식으로 조직의 일원이 되려는 욕구도 채워 주게 된다. 그것은 무감각하고 냉담한 근로자들을 아주 의욕이 넘치는 근로자들로 바꾸어 준다.

이처럼 공유된 가치와 규범의 힘이 이 모든 것을 할 수 있다면, 왜 지금의 대다수 조직들은 그것을 실현시키지 못하는 것일까. 불행하게도 그 답은 대부분의 사람들, 특히 남성들이 느낌이나 감정, 가치, 그리고 개인적 신념들을 표현하지 않고 속에다만 가둬 두도록 조건형성되었기 때문이다. 무감각한 부모들과 정서적으로 냉담한 관리자의 밑에 있다 보면 '올바른' 행동이 냉정하고 둔감하게, 그리고 대세의 흐름에 따르는 것이라고 믿게 된다.

고위직 중역이 중간 관리자를 전문가로서 얼마나 인정해 주고 존중하며 좋아하는지를 말했을 때의 힘을 상상만이라도 해보라. 사내의 지도층이 개방적이고, 좀더 책임 있고 정서와 느낌을 표현하며 자신의 규범과 가치를 기술하면 조직 내의 아노미 문제는 가라앉게 될 것이다. 다시 한번 희망을 가질 수가 있다.

> 모든 유기체 속의 여러 개체들은 그 자체로서는 완전하지 않으며, 개체들이 전체 속에 잘 들어맞을 때만 개체가 가장 큰 기여를 한다고 자각하지만, 제자리를 계속해서 지키도록 결속시키고, 감시하고, 조절하는 힘이 없을 때는 서로 삐걱거리고 느슨하게 모인 서로 관련이 없는 개체로 남는 경향이 있는 듯 하다.
>
> 웹스터 로빈슨, 『하버드 비지니즈 리뷰』, 1925년 4월

제3장

●

사회적 규범과 가치의 쇠퇴

사회적 가치의 퇴락

조직의 아노미 현상은 진공 상태 속에서 존재하지 않는다. 아노미는 가치가 결여된 사회에서 존재하고 자라난다. 실제로 우리는 매일 우리의 근로 장면에서 아노미 상황을 볼 수 있다. 사회 속에서 아노미의 순환적인 특성과 이것이 근로 장면에 어떤 영향을 끼치는지를 살펴보자. 실제로 오늘날의 사회에서 가치의 결여가 우리의 조직들에 아노미 상황을 일으킨다는 것은 명확하다. 아노미는 다시 우리의 직업과 회사에 대한 불만을 갖게 한다. 오늘날의 사회에서 가치 결여는 일터 자체에 반영된다. 가치가 결여된 사회는 다시 가치 없는 조직에 아노미를 일으킨다.

오늘날 미국 사회의 상황은 어떤가? 최소한 건강하지는 못하다고 볼 수 있다. 일부의 사람에게는 물질주의가 지속적인 목적이 되어 대부분의 사람들에게서 인간적 삶이 퇴색되고 있다. 휴대폰, 자동응답기, 신용카드, 개인 컴퓨터, 그리고 잔디 깎는 기계 등의 출현으로 다른 일을 할 수 있는 여유를 갖게 되었고, 작업도 빠르고 쉽게 마칠 수 있다. 더구나 35˝

TV, 고급 자가용, 유명 상표의 신발과 의류 등은 자만심을 갖게 하고 다른 사람들에게 부러움을 사기도 한다. 그러나 이런 발전에도 불구하고, 미국 사회의 경제적 격차는 더욱 벌어지고 있다. '가지지 못한' 미국인의 부류가 더 늘어가고 있는 것이다. 연봉 100만 불 이상을 버는 사람들은 더욱 편리하고 풍요롭지만, 대부분의 사람들에게는 경제적 어려움이 더욱 가중되고 있다. 지난 20년 간 증가되어 온 범죄, 폭력, 이혼, 약물 의존, 그리고 마약 남용 등 모두가 이러한 경제적이고 인본주의적인 갈등을 나타낸다.

사람들은 미국의 가치 쇠퇴의 원인에 대해 여러 다른 견해를 가질 수 있다. 어떤 사람들은 이런 현상의 원인을 경제 문제로 돌리기도 하고, 또 다른 사람들은 도덕성, 신념, 그리고 규범의 약화에서 비롯된다고 주장하기도 한다. 1993년 『월스트리트 저널』과 NBC가 공동으로 한 여론조사에서 다음과 같이 결론을 내린 바 있다. "미국 사람들은 여러 사회 문제에 대해 깊은 우려를 나타내고 있다. 그러나 이런 문제들의 원인이 도덕적 가치나 경제적 곤란, 그리고 가정 문제 중에 주로 어느 것인가에 대한 물음에서 응답은 반반으로 나뉘었다. 즉 경제적 곤란이 45%이고 도덕적 가치의 몰락은 43%로 나왔다."

타락의 선명한 징후들

전 교육부 장관이며 『선도적 문화지표들』의 저자인 윌리엄 버넷이 인용한 예들에서 가치가 결여된 사회에서 좀더 미묘하지만 다른 면으로 보면 더욱 큰 문제가 될 수 있는 예들을 볼 수 있다.

- 전체 아동 중 미혼모가 출산한 비율이 1960년에 5%에서 1991년에 30%
로 상승
- 편부모(이들의 90%는 아버지 없이 생활)와 사는 아이들의 비율이 30년
간 3배나 증가
- 매년 100만 명의 아이들이 부모들의 파경을 경험
- TV를 보는 시간이 1960년 이후 2시간 늘었고, 취학 전 아이들은 하루
평균 4시간씩 TV를 시청
- 아동들은 평균적으로 초등학교를 졸업하기 전까지 TV에서 100,000번
이상의 폭력 장면을 시청

더욱 절망적인 것은 매일 이 나라에서 어린이들에 대한 학대, 무관심,
살인이 일어나고 있다는 것이다. 1994년 어린이 구호기금에서 나온 통계
치를 살펴보자. 다음의 통계치들은 미국 어린이에게 생기는 사건의 하루
의 평균빈도를 보인 것이다.

- 9명이 살해당함
- 27명이 굶어 죽음
- 1,115명의 10대가 낙태
- 2,255명이 학교를 중퇴
- 3,325명의 영아들이 미혼모에 의해 출생
- 13명이 총기로 살해당함
- 480명의 10대가 매독과 임질에 걸림
- 1,234명이 가출
- 5,314명이 체포

이들의 보고서에서는 "아동 학대와 무관심의 꾸준한 증가는 지난 10년
동안 가장 심각한 문제의 하나이며, 1992년에는 1980년대보다 3배나 많
은 290만 명의 아이들이 학대받거나 방치되고 있다."라고 지적한다. 간단

히 말해서 우리는 아이들조차도 존중해 주거나 인격적인 대우를 하지 않을 정도로 가치가 타락했다고 할 수 있다. 우리가 그렇게 야만적으로 행동한다면, 하나의 사회인 우리의 근로 환경이나 공동체 안에서 어떤 의미를 찾을 수 있다는 말인가?

칼럼리스트인 조엔 백은 "점점 더 악화되는 사례들의 원인은 우리의 신념, 행동, 철학에 있으며, 이는 우리 스스로가 자초한 것이다."라고 말한다. 이러한 핵심적인 메시지는 최근 20~30년 간 우리 사회에서 일어나고 있는 대인 관계와 인간적인 타락을 웅변적으로 요약한 것이다.

범죄는 부적절한 법의 집행이나 교도소의 수가 적어서 일어나는 것이 아니다. 또 충분한 경찰 병력이 없거나 강력한 법이 없기 때문도 아니다. 범죄는 깊게 뿌리내린 개인적 · 사회적인 가치가 결여된 때문에 일어난다. 사람들이 "총격을 당하고, 성폭행을 당하고, 부상을 입는다." 이러한 말은 단지 미국에서 살아가는 도중 일어나는 전형적인 하루의 일이라기보다는 치열한 내전을 겪는 나라의 일처럼 들린다. 워터게이트 사건에서 중형을 선고받았고 1993년에는 종교의 발전에 기여한 공로로 템플턴상을 받은 바 있는 찰스 콜슨은 "범죄는 공동체의 도덕을 나타내는 거울이다. 오늘날에는 이 거울이 깨진 합의성을 반영한다. 한때 우리의 인격으로 정의되었던 신념은 유리처럼 깨지고 미국인들은 들쭉날쭉 찢어진 모서리 사이를 조심해서 걸어야 하게 되었다. 범죄는 도덕적 해결이 요구되는 도덕적 문제이다."라고 하였다.

뉴스 매체들이 사회적인 타락이 눈덩이처럼 계속 커지고 있다고 분명하게 강조해도 우리는 아직 이 상황을 해결할 근본적인 방안을 찾아내지 못하고 있다. 우리는 이 사실들로 우리의 가치와 사회 규범에 미치는 영향을 더 잘 이해해야만 한다. 단순히 여기저기서 조금씩하는 개선이 아닌 뭔가 큰 변화가 필요하다. 컬럼니스트인 조엔 백은 "우리에게 필요한 것은 평계와 방종이 아닌 예전의 가족적 가치, 자립, 성적인 억제, 자신의 행동에 대한 새로운 책임감, 도덕적 원리 등에 기반을 둔 삶으로의 전환이다. 경제적 지표가 중요하듯이 사회적, 문화적, 그리고 도덕적 건강에 대해서도 같은 정도의 경계심을 가져야 한다."라고 말한다. 정부, 사회제도, 복지, 그리고 변호사들에게 이런 문제를 의존할 수 없기 때문에 우리의 개인적인 수준에서부터 자발적인 변화가 필요한 것이다. 너와 나가 아닌 우리 모두가 다같이 시작해야만 한다.

우리는 사회, 종교, 가족 조직에 규범과 가치를 주입시켜야 한다. 규범과 가치가 조직 속에 자리잡게 되면 개인들의 가치가 꽃피고 성장하도록 도울 수 있는 기반을 갖게 된다. 우리가 조직의 규범과 가치를 재건하는 동시에 개인의 규범과 가치를 복원한다면 아노미 상황은 진정으로 근절될 수 있을 것이다. 행동하기보다는 말하기가 쉽지만 해결책을 내놓는 것은 쉽지 않을 것이다.

가치 쇠퇴의 시대

우리의 가치들은 동면 상태에 있어 이미 지하로 사라져 들어갔다. 개인이나 집단들의 가치가 없으면 우리의 일이나 개인적인 삶은 아노미라는 그늘에 가려지게 될 것이다. 지하 터널로의 여행은 약 25년 전 베트남 전쟁 때부터 시작되었다.

불행하게도, 베트남 전쟁 시대는 지난 30년 이래로 미국 사회에서 일련의 가치와 강한 신념들을 소리내게 된 마지막 기회였다. 간단히 말해서, 베트남에서의 죽음에 대한 분노와 증오의 점진적이고 커나란 여파는 밝은 '가치의 불꽃'을 일으켰다. 이 불꽃은 행진, 시위, 항의, 감정, 신념, 그리고 개인적 의견에 대한 격렬한 표현으로 활발하게 불 붙었다. 이것은 대단한 사건이었다. 사람들은 활발하게 자신의 감정을 읽고 이를 표현하려 했다.

그러나, 그 후 1970년대 말에는 새로운 흐름이 나타났다. 가치 구조를 위한 아주 강력한 토대를 만들게 한 1960년대의 운동과 달리 자기 도취적이고 물질주의적인 사회로 접어들게 되었다. 1980년대에는 도덕이나 방법은 문제삼지 않고 얼마나 빨리 돈을 버는가에 초점을 두게 되었다. 불량채권, 최고의 직위로의 승진하면서 내는 잡음, 내부자 정보에 의한 주식 매매, 그리고 충성스런 근로자들을 '구조 조정을 통해 감원'하는 비우호적인 합병 등이 만연되었다.

이러한 자기 중심적인 새로운 가치 '구조'가 최근의 가치 쇠퇴를 가져온 것이다. 조직에 충성, 헌신적으로 열심히 일하는 것, 개인의 존엄성, 정직과 같은 가치들이 더 이상 인정받거나, 상을 받거나, 또는 장려되지도 않게 되었다. 기업 윤리에 관해서 몇몇 새로운 책이나 신문 기사들이 쓰여지기는 했으나 대부분이 회사 내 책장에 넣어 둔 채 꺼내보지도 않고 먼지만 쌓였다.

최근 우리의 가치 타락상은 후터스라는 110개의 아울렛 연쇄점에 의해 잘 볼 수 있다. 이 전국적 식당 연쇄점에서 맛좋은 버거와 닭날개를 팔기 때문이기도 하지만 그것이 고객들이 이 식당을 자주 찾는 주요한 이유는 아니다. 고객들이 이 식당에 자주 가게 만드는 주요한 이유는 식당 이름이 암시하듯이 '가슴이 큰 여인들'(hooters)이 서브를 해주기 때문이다. "와서 후터스를 보라!" 이는 우리의 현재 가치가 타락했음을 보여 주는 충격적인 현상이다. 지금 우리는 남자들이 여성들의 가슴을 멍하니 쳐다보고, 끼득거리게 하는 식당 연쇄점을 보고 있는 것이다. 여성 운동이 이룩한 발전은 우리의 가치 타락 사회에서 후터스의 출현으로 몇 년은 후퇴되었다. 당신은 당신의 자녀나 부모와 함께 그러한 '후터스'(가슴 식당, breastaurant)에 갈 수 있는가? 그것은 사회의 가치 타락을 보여 주는 좋은 예이다. 오늘날의 조직이나 경영팀은 그것이 비윤리적이거나 가치의 타락이라고 인정하는 것 같지 않다. 그렇지만 행동은 말보다 더 요란하다. 많은 경영자들은 자신에게 이익이 되고 금전적인 증가가 유일한 가치라고 분명하고 크게 소리치고 있다. 그렇지 않다면 조직들은 어떻게 하여 독재적 경영, 성희롱, '이익을 내기 위한' 근로자의 감원 같은 행동들을 지지할 수 있는가?

후터스가 좋은 예를 보여 주고 있듯이 많은 조직들은 근로자들의 개인적 가치들을 고려하지 않고 근로자들을 인간으로 보지 않고 있다. 다음은 회사의 행동에서 가치 타락을 보이는 또 다른 슬픈 예이다.

어느 큰 통신회사에서 몇몇 사무직 근로자들을 해고하기로 결정했다. 해고 사실을 통지한 후 몇 초가 지나지 않아서 각 근로자들은 경비원에 의해서 출구까지 안내되었다. 십 년 내지 이십 년 간 충성을 바쳐 일한 근로자들을 어떻게 믿는 것인가? 그 회사는 해고된 근로자들을 마치 범죄자처럼 취급하며 해고자들의 개인적 존엄성을 박탈했다. 그 회사는 신속하게 근로자들을 문 밖으로 내몰아서(해고자들이 어떤 중요한 서류나 특급 기밀 기술들을 훔치지 못하도록 하기 위해서) 남아 있는 근로자들뿐만 아니라 '감원'된 근로자들에게도 여러 면에서 아노미를 심은 셈이었다.

이중 아노미의 영향

아노미는 우리 조직의 쇠퇴뿐만 아니라 우리의 사회적인 가치 타락의 원인이다. 우리는 이를 '이중 아노미 영향'이라고 부를 것이다. <그림

3-1>에서 볼 수 있듯이 이는 아노미의 결과로 생긴 질병들을 보여 준다.

여러분은 우리가 왜 아노미를 감소시키고 궁극적으로는 제거해야 된다고 하는지를 이해할 수 있는가? 이들 사회적이고 조직적인 질병의 하나하나는 개인과 조직 양자에 의해 수용되는 가치와 규범으로 완화될 수 있지만 이는 쉽지가 않을 것이다.

1992년 12월 16일에 『시카고 트리뷴』지에서 인용한 로퍼 연구소의 조사에 의하면 "미국인들은 대체로 남을 돕지 않고, 물질주의적이고, 비낭만적이고, 공격적이라고 자신들을 지각하며, 여자들이 남자들보다 더 남을 돕고, 가난한 사람이 부유한 사람보다 더 남을 돕는다."라고 하였다. 이러한 논평은 우리의 현재의 아노미 상태를 확실히 보여 준다. 국가적으로 보아 미국인들은 '이중' 아노미의 무게를 지탱할 수 있는 유익한 가치를 가지고 있지 않다.

로퍼의 조사는 1990년대에 미국인들이 갖고 있는 가치들에 대한 어떤 통찰을 할 수 있게 하였다. 가장 바람직한 가치로 86%가 정직을 들었고, 그 다음은 다른 사람과 잘 어울리기, 자신의 행동에 대해 책임지기, 그리고, 권력에 대한 존중을 들었다(각각 60%). 미국인들은 그들의 친구들이 믿을 수 있고, 정직하며, 남을 잘 돕고, 상대방 이야기를 잘 들어 주어야 한다고 생각하였다. 그러나 이러한 개인적인 목표를 달성하기 위해서는 그들은 먼저 개인들로서 서로 더 마음을 여는 것이 필요하다.

우리들이 속한 대부분의 직장 조직에서는 느낌, 믿음, 가치의 표현을 억압한다. 일상적인 메시지는 "회사 내에서 문제를 일으키지 말아라.", "모나지 않게 처신하라."이다. 우리는 우리 자신을 표현하는 것을 늘 억압받았다. 조직의 규범은 "감정을 표현하지 말아라."는 생각을 굳게 만드는데 이것이 안으로 움츠러들게 해서 사람들을 더욱더 고립되고, 소외되고, 불안하게 만드는 것이다.

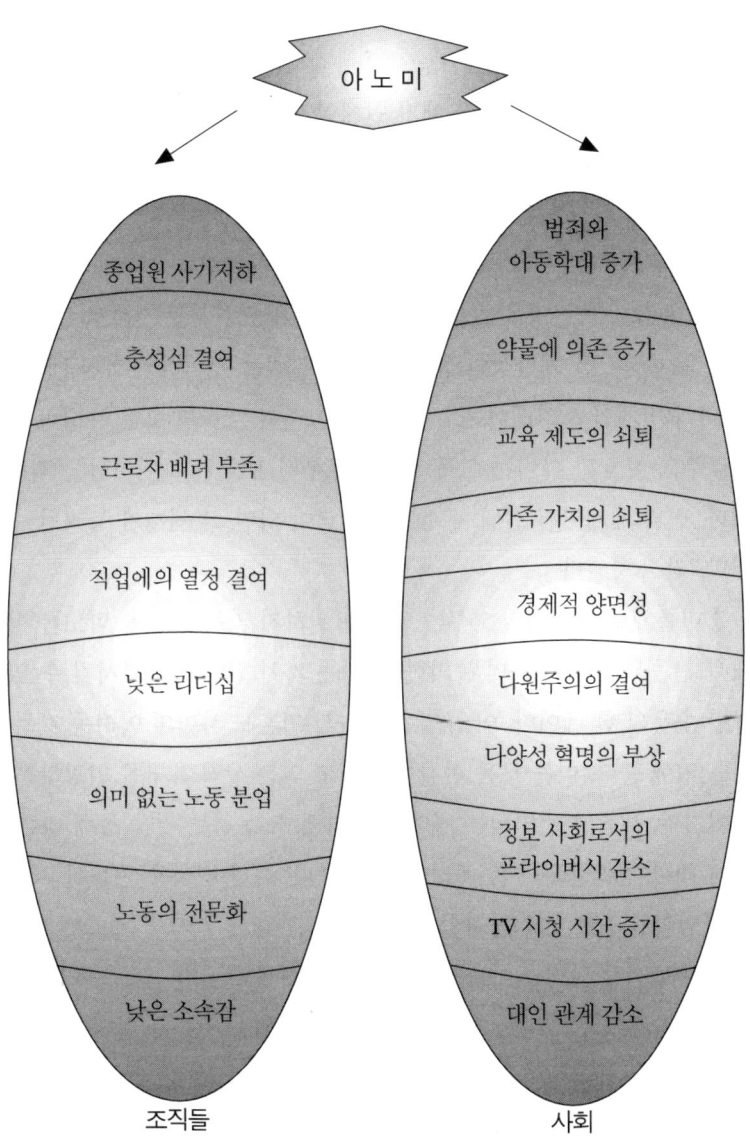

아 노 미

조직들	사회
종업원 사기저하	범죄와 아동학대 증가
충성심 결여	약물에 의존 증가
근로자 배려 부족	교육 제도의 쇠퇴
직업에의 열정 결여	가족 가치의 쇠퇴
낮은 리더십	경제적 양면성
의미 없는 노동 분업	다원주의의 결여
노동의 전문화	다양성 혁명의 부상
낮은 소속감	정보 사회로서의 프라이버시 감소
	TV 시청 시간 증가
	대인 관계 감소

〈그림 3-1〉 이중 아노미의 영향

우리는 다른 사람들에게 좀더 마음을 열어야 한다. 우리는 다른 사람에게 느낌을 표현하는 것을 두려워하는 감정적 농아의 무리로 발전해 왔다. 여러분이 가장 최근에 친구, 동료, 공동작업자에게 "나는 당신을 진심으로 좋아합니다."라고 말했을 때가 언제인가? 때때로 이를 시도하자. 아마도 처음에 멍하니 쳐다보는 반응을 보이겠지만, 나중에는 그 사람이 여러분에게 놀랍고 기분좋은 반응을 하게 될 것이다. 마음을 열자!

아이들에게 유용한 가치 모델을 갖게 하는 방법의 하나는 두려움, 즐거움, 느낌, 그리고 감정을 자연스럽고 솔직하게 표현하는 것으로 인간에게 건강하고 적절한 개방성의 중요함을 알려 주는 것이다. 『일천 에이커』의 저자인 제인 스밀레이는 "성에 대한 묘사를 포함한 모든 논쟁적 생각으로부터 보호된 아이는 모든 병균으로부터 보호된 아이처럼 공격받기 쉽다. 면역 체계이건 신념 체계이건 감염이 되면 그 체계가 붕괴될 수도 있다."라고 하였다.

흥미롭게도 미국인의 55%는 질병과 원하지 않는 임신을 막도록 학교에서 콘돔을 분배하는 데 동의한다. 이는 가치 신념을 강화시킬 수 있는 규범 수용의 한 예이다. 이 규범은 유산과 미혼모 사이의 어려운 가치 결정을 없애 준다. 이는 모든 인간이 가지고 있는 성적 욕구를 인정하는 규범이지만, 해롭고 전염되는 병이 퍼지지 않도록 하는 것을 통해 다른 사람에 대한 명확한 존중과 배려를 보여 준다. 아마 여성용 콘돔이 나온다면 규범의 수용을 더 가속화할 것이다.

조직의 건강 상태는 아노미의 축소와 제거에 달렸다. 우리는 타인들에게 관심을 갖고 있으며, 그들 집단의 일원이 되는 것을 원한다는 생각을 하도록 하여 개인적이고 조직적인 가치가 아노미를 대체하도록 해야 한다.

우리들의 가치는 어디로부터 오는가?

여러분 자신의 가치를 생각해 보자. 자신의 개인적 신념의 원천은 무엇인가? 어떻게 그것들이 생겨났는가? 어떻게 그것들이 변하는가? ① 가족과 아동기의 경험, ② 자기 발견을 가져오는 갈등 상황, ③ 생활의 큰 변화와 경험으로의 배움, 그리고 ④ '중요한' 타인들과의 개인적인 관계의 네 가지의 요소들에 의해 시간이 지남에 따라 가치들이 나온다고 우리들은 믿고 있다. 모든 사람들은 이러한 4가지 요소의 형태에 따라 다양한 가치를 가지고 있다. 이러한 다양한 사건들의 발생과 조합은 우리들 자신의 배움과 자기 발견과 결합되어 시간이 지남에 따라 가치를 바꾸고 재형성한다. 우리는 이 요소들을 하나씩 설명함으로써 이 요소들이 개인의 가치형성에 어떻게 영향을 미치는지를 더 잘 이해할 수 있다.

1. 가족과 아동기의 경험

이것은 아주 자명한 것이다. 어릴 때 우리의 가치는 부모, 형제, 동료, 교사, 그리고 종교에 의해서 영향을 받았다. 이들 영향력 있는 사람들과 제도들은 아동들이 그들의 신념을 갖도록 하고 아동들에게 그들의 가치를 전달해 준다. 가족의 관습, 상호작용의 유형, 가정교육의 방법뿐만 아니라 일상적인 학교, 집안의 행사, 휴일과 축제, 여행과 휴가 등 모두는 우리의 가치 형성에 큰 영향을 미친다.

2. 자기 발견을 일으키는 갈등적 사건들

우리의 가치를 형성시키는 갈등적 사건들에는 두 가지가 있는데, 하나는 사회적인 것이고 다른 하나는 개인적인 것이다. 전쟁, 환경 재해, 지역 사회의 범죄, 정부 계획, 그리고 법률 개정 등은 사회적 또는 외부에서 오는 갈등 원천들의 예들이다. 이혼, 실직, 학교 중퇴, 이별, 친구 관계의 악화, 원치 않은 임신 등은 개인적 갈등의 예이다. 여기서는 어느 것이 좋고 나쁘고를 따지는 것이 아니라, 이 갈등들을 맞아 개인이 어떻게 대응하며 이로 인한 자기 발견을 통해 무엇을 배우는지를 알아보고자 하는 것이다. 실제로 종종 부정적인 갈등 경험은 매우 긍정적인 학습과 가치 형성을 가져온다. 갈등 그 자체는 개인이 그 상황에 대처하도록 요구하는데, 우리가 갈등을 어떻게 대처하느냐 하는 방식이 어떤 가치 변화에 영향을 줄 수 있는 것이다. 사람들은 종종 이 사건들로 인하여 과거에 받아들인 가치에 대해 의문을 갖고, 도전을 하고, 반박을 하기도 한다.

3. 생활의 큰 변화와 경험으로 인한 학습

결혼, 이혼, 자녀양육, 새로운 직장과 업무수행, 새로운 곳으로의 이사, 가까운 사람의 죽음, 자녀들이 출가함에 따른 적응 등은 생활의 큰 변화들이다. 흔히 사건들은 쌓여서 종종 시간이 지남에 따라 가치가 변하게 되는데 사람들은 이런 일들을 경험한 후 자신들의 가치를 바꾸게 된다. 이들 생활의 큰 변화가 가치 형성에 미치는 영향은 엄청난 것이다.

4. '중요한' 타인들과의 개인적인 관계

우리는 일상 생활에서 가족 성원 이외에 우리와 진정한 관계를 갖는 소수의 사람들을 만난다. 우리는 그들에게서 많은 영향을 받게 된다. 스승, 대학 친구, 상사, 친구, 혹은 선배들, 이들은 우리의 가치에 영향을 미칠 수 있는 특별한 사람들이다. 대체로 이들은 존경하고, 모방하고 싶은 '역할 모델'(role model)이다. 감수성이 예민하고 타인의 영향을 믿기 쉬운 사람들은 이들로부터 가치의 영향을 더 받을 수 있다. 이들 특별한 사람들이 갖고 있는 가치와 규범은 사람들의 새로운 가치의 형성과 기존 가치의 수정에 크게 영향을 미친다.

그리하여 자기 발견과 자기 학습으로 가치들은 얻어진다. 우리 내부의 새로운 감정, 정서, 그리고 갈등을 찾아 내면 우리의 가치들에 큰 영향을 줄 수 있다. 우리가 늘 당연하다고 여긴 신념들을 좀더 학습하고 내적인 자기 발견을 경험하면 전혀 새로운 각도에서 볼 수 있다. 우리가 우리 자신과 다른 사람에 대해 더 알게 되고, 어떻게 그들이 다른 사람들과 갈등 상황에 대처하는지를 배우게 되면 우리의 자신감과 자기 가치에 대한 인식이 증가될 것이다. 다시 말해 우리는 우리 자신의 욕구, 고유한 성격, 그리고 결점을 더 이해할 수 있을 것이다. 예를 들어 열렬한 사랑은 자기 발견에 새롭고 큰 길을 열어 줄 것이다. 이러한 '발굴' 과정은 다시 한 번 우리의 가치에 영향을 미치거나 우리의 가치를 바꾸는 데 영향을 줄 수 있다.

따라서 이들 가치 형성 요소들이 조합되고 때로 동시에 일어나면, 이들은 우리의 가치 형성과 개발에 심오한 영향을 미칠 수 있다. 우리는 더 많은 연구를 통해서 사람들에게 어떤 것들이 가치 형성에 영향을 주었는가를 질문하였다. 그 결과 그들의 응답은 앞에서 언급한 4개의 잠재적 요소들의 범주 안에 들어가는 경향을 보였다.

아노미로부터 벗어나기

아노미에 병들면 개인들이 사회나 직장에 해로운 영향을 미치는 방향으로 생각하고 행동하게 한다. 이런 조직들에서 아노미가 생기면서 아노미의 증상은 개인에게 더욱 빠르게 번진다. 시카고 신학 대학교의 종교 및 심리전공 교수인 피터 호만스는 "사회구조들이 서로 흩어지고 전통적 신념 체계가 붕괴되면 사람들은 그들 생활 속에 응집성을 회복하기 위해 '의미 만들기'를 한다. 최근에는 사람들이 과학의 발전과 유물론이 주는 응답에 불만족하고 내적인 삶에 대한 열망이 솟아오르고 있다. 정치가들도 유권자들의 마음을 읽고 '가치'와 같은 말을 쓰고 있다."고 하였다.

아노미에 효과적이지 못한 조직의 프로그램이나 정책은 쓸모가 없게 되었고 이런 문제의 장기적인 해결 방안은 아노미를 제거하고 이를 개인의 가치와 규범으로 대체하는 것이다. 아노미를 해결하는 출발점은 집단과 개인의 규범들을 찾아 내고 육성하는 것이다. 집단에서 만든 규범과 가치는 근로 조직 내의 개인들의 사고 방식과 태도를 집단적으로 변화시킨다. 아노미의 핵심 성분들에 대응함으로써 새로운 사회 질서를 세울 수 있다. 이를 달성하기 위해서는 다음과 같은 것들이 요구된다.

- 개인적 가치와 집단 가치를 주입시키고 육성하기
- 의사소통과 행동을 안내할 규범을 개발하기
- 개인에게 대인 관계의 중요성을 인식시키기
- 사람들이 하는 일에 의미를 부여하기
- 각 개인들에게 진정한 동등감과 근로 조직과의 유대감을 갖게 하기

매력적인 가치의 창출

우리가 아노미의 상황으로부터 완전히 벗어나기를 원한다면 매력적인 가치를 만들고 배양해야 한다. 1993년에 실시된 『월스트리트 저널』과 NBC가 공동으로 한 조사에서는 75%의 미국인들은 전통적 가치들이 약화되어 왔으며, 이 가치들을 강화시켜야 한다는 것에 강한 동의를 나타냈다. 흑인과 백인, 남성과 여성, 그리고 여러 종교 집단들에서도 대략적으로 같은 비율의 동의가 나왔다. 75%라는 사람들! 이러한 놀라운 수치는 오늘날 우리 사회에 근본적인 몰락이 존재하고 있다는 것을 폭넓게 인정하는 것이다.

아마도 미국인은 보다 '오래된' 가족 가치와 공동체 가치를 반영하는 가치들을 찾고 있는 중일 것이다. 그러나 우리는 이런 낡은 형용사를 싫어하며 대신에 '현대적인' 그리고 '매력적인'이라는 말을 좋아한다. 1950년대의 가치로 되돌아갈 필요는 없다. 그것은 40년 이상을 더 거슬러 올라가는 것으로써 그간에는 삶의 극적인 변화기 있어 왔다. 그러나 가치의 공백이 지속되어도 안 된다. 우리에게는 1990년대와 그 이후의 새롭고, 현대적이고, 그리고 매력적인 가치의 개발이 필요한 것이다.

우리는 미국인에게 새로운 매력적 가치 체계의 개발을 제안하고자 하는데 이 체계는 사람들을 한데 묶는 가치들이다. 이 가치는 사람들을 서로 결합시켜 주는 하부구조의 접착제와 같은 역할을 한다. 이들은 사람들을 함께 '묶는' 가치들이다. 두 개의 자석들은 각각의 관성을 갖고 있으며 그들 서로를 향해서 연결되어 있다. 매력적 가치의 개념은 집단 속에 있는 개인들 사이에서도 같다. 개인들이 가족 안에서의 부모와 자녀이거나, 결혼 관계에서의 남편과 아내이거나, 학교에서의 선생님과 학생이거나, 회사에서의 경영자와 근로자이거나, 또는 경찰서에서의 고참과 신참이거나, 매력적 가치는 이들 집단들이 서로 모이고 느끼고 관계를 맺는다.

매력적 가치의 한 예는 아이들과 보내는 질적인 시간이 아닌 양적인 시간에 대한 신념이다. 이 가치는 부모들이 TV를 보는 시간의 양보다 더 많은 시간을 자녀들과 매주 보내는 것이다. 매주 이러한 가치를 '활성화'하는 것이 규범인 것이다. 가족의 단결을 강화하고 강한 소속감을 갖게 함으로써 가치는 자석과 같은 힘을 발휘한다. 매력적 가치의 창조는 궁극적으로 아노미의 해결책인 것이다.

또 다른 매력적 가치의 예는 다원론에 대한 신념이다. 이는 성, 나이, 민족, 종교, 성적 취향, 또는 지역을 포함한 다른 차이에 근거한 편견이나 차별 없이 모든 사람들을 받아들이는 것이다. 진정으로 이 다양성을 믿으면 사람들과 폭넓고 장기적인 접촉을 할 수 있게 되는데, 이의 효과는 매우 광범위한 것이다.

가치는 자신으로부터 시작된다

1900년대 초기에는 록펠러, 아스토르, 모건과 같은 금전적으로 물질적으로 성공한 사람들이 미국의 영웅들이 되는 경향을 보였다. 오늘날의 영웅들은 사회적 문제에 관해 무엇인가를 기꺼이 하려는 사람들이다. 노스웨스턴 대학의 잭 레빈 교수는 "실천주의를 숭배하기 시작하면서 사람들은 안정된 자리를 내놓고 정부나 대기업에 맞서 싸우려고 한다. 이는 아마도 '우리 세대'가 시작되고 '나의 세대'는 끝나는 것을 시사하는 것이리라. 1980년대에는 사람들이 너무 바빠서 남을 돌볼 시간이 없었다."고 하였다. 우리 사회는 점차 다른 사람을 돌보게끔 강요되고 있다고 하는데 그의 지적은 타당하고 시의적절하다.

우리가 긴 혼수 상태에 빠져 다시는 일어날 수 없기 전에 우리 자신과 우리의 조직을 구해야 한다. 우리는 우리의 가치 체계를 동면 상태에서 깨워 다시 한 번 땅 위로 나오게 해야 한다. 과장하고 싶지는 않지만, 우리의 조직들이 붕괴 직전으로 내몰리기에 이 문제는 근본적으로 파괴적이라고 할 수 있다.

우리는 이 가치들을 일상 생활에 다시 가져와서 가정, 직장, 그리고 지역사회에서 개인들의 일상 행동에 적용시켜야 할 것이다. 오늘날 우리 조직들 모두가 집단의 요구와 개인의 요구를 이해하는 데 좀더 힘을 쓸 수 있다는 좋은 소식이 들린다. 이 책을 읽으면서 여러분들은 어떻게 이를 성취할 수 있는지를 배우게 될 것이다.

제4장

●

조직 내 규범과 가치의 주입

우리는 아노미와 그것의 부정적인 효과들에 대해 광범위하게 살펴보았다. 우리는 우리의 직장 환경 내에서 가치의 쇠퇴를 가져오는 사회적 측면들을 다루었다. 그런데 우리의 조직에서 볼 수 있는 아노미는 정확히 어떤 모습일까? 우리는 근로자들이 단순히 그들의 조직을 믿을 수 없다는 실망스런 생각에 대한 증거들을 제시할 것이다.

외벽 쌓기

1990년대 미국 조직의 근로자들 사이에 새로운 양상이 나타났다. 근로자들은 그들의 직무 환경에 싫증을 느끼게 되었다. 그들은 경영자들에게 맹목적으로 순종하는 것을 거부하기 시작했다. 그들은 그들이 일하는 직장의 문화를 뒷받침하기 위한 규범과 가치를 원했던 것이다.

이것은 좋은 소식이다. 그럼 나쁜 소식은 무엇일까? 불행히도 대부분의 근로자들은 그들의 직장 환경 안에 자기 보호를 위한 외벽을 쌓아 왔다. 우린 이것을 외벽 쌓기(egg-shelling)라 부른다. 근로자들은 외벽 쌓기를 다양한 방법들로 나타낸다. 병결이 증가하고, 지각을 하거나, 일찍 퇴근하는 것들은 그들의 직무에 몰입되는 것을 '피하려는' 방법들이다. 외벽 쌓기의 미묘한 징후들은 다음과 같다. 동료들이 점심 먹으러 가자고 할 때 "난 너무 할 일이 많다."라고 하면서 거부한다든지, 회의 장소에 가서도 침묵을 지키면서 "내 의견이나 충고들은 전혀 받아들여지지 않을 거야."라고 하는 것들이다. 아노미를 가진 근로자들의 외벽 쌓기는 수행평가에서도 나타난다. 근로자들은 다른 사람들이 자신의 직무수행에 대해 평가하는 것을 잘 들으려 하지 않는다. 이런 상황에서는 소외와 고립감이 증가되므로 외벽이 더욱더 두꺼워질 것이다.

외벽 쌓기는 아노미의 한 증상이면서 아노미를 더욱 영속화시킨다. 이는 근로자들에게 환멸을 지속시키고, 그들의 조직에 대한 불만족을 가져다 준다. 그것은 또한 개인적 가치를 외벽 밖으로 이끌어 내기 어렵기 때문에 외벽 속에 있는 동안 아노미를 확산시키게 된다.

조직에 규범과 가치를 주입해야 한다

1992년 가을부터 1993년 가을까지 1년 간 면담한 자료들이 우리 연구팀에게 전해졌다. 대규모 조직으로부터 소규모 조직에 이르기까지 다양한 종류의 직장에서 근무하는 200여 명의 근로자들과 면담한 결과였다. 다양한 산업체에 근무하는 초급, 중급, 상급 근로자들이 포함되었다. 1차 조사에서 얻어진 관찰 자료들에서 규범과 가치가 조직 운영에 영향을 준다는 것이 분명해졌다. 사람들의 문제와 관심 사항은 다양했지만, 우리는 면담한 여러 조직들에서 가장 흔한 관심사와 유형들을 찾아 내고자 하였다. 근로자들이 바람직한 가치들을 강화할 조직 내 일련의 규범 주입의 필요성을 다음의 예에서 보자.

조지는 대규모 정육포장업의 도매상 지배인이다. 그는 2년 전 이 회사에 들어와 일선 감독에서 지배인으로 진급하였다. 회사의 규범과 가치에 관한 그의 통찰력은 우리 연구에 잘 나타나 있다. 그의 주장은 다음과 같다.

이 회사에는 구조화된 규범과 가치들은 없고, 특히 경영자들은 근로자들이 자신이 한 일이 잘한 것인지 못한 것인지를 알려 주지 않는다. 경영자가 상여금은 주지만 표창이나 비금전적인 격려는 거의 해주지 않는다. 회사에 남아 있는 대부분의 근로자들은 더 좋은 직업을 찾을 수 없기 때문이지 일이 재미있거나 할 만한 것이기 때문에 남아 있는 것은 아니다. 경영자는 근로자의 욕구에 둔감하다.

그의 말은 대부분의 근로자들이 그들의 조직에서 신뢰할 만한 근거를 찾으려 하나 찾을 수 없는 그들의 정서를 분명히 보여 준다. 우리에게 가장 큰 관심사는 조지가 자기 일에 만족하는 것처럼 보였다는 것이다. 그의 이전의 일은 훨씬 못한 것이었다. 그의 이전 직장에서는 그의 가치와 규범들이 회사의 경영 방침과 맞지 않았기 때문에 양자가 서로 충돌하였다. 조지와 같은 근로자들은 그들의 근무 환경에 대해 대체로 관대하고 만족한다. 근무 장소가 견딜 수 없을 정도가 아니고 조직이 공평하고, 평등하고, 일관적이라면 그 곳은 일하기에 '괜찮은' 장소이다.

의료 서비스 회사에서 고위 중역으로 있는 레이는 다음과 같이 말한다.

상급 관리자들이 근로자들과 다르게 행동한다면 일반적으로 근로자의 가치들 사이에 괴리가 있는 것이다. 대부분의 근로자들은 이론과 실제

사이에 이러한 불일치를 알아차린다. "일을 잘못한다 해도 직접 상대하지 말아라, 정중하게 듣되 약속을 하기 전에 신중하라, 지시한 대로 일할 것이라는 기대는 하되 반드시 시킨대로 하리라고 기대하지 말아라."와 같이 회사 규범은 단순하다. 회사 사장이 우리를 어린아이들처럼 취급하지 말아야 한다고 생각한다. 사장은 근로자들을 믿어야 하고 우리에게 더 많은 책임을 주고 우리가 의사결정을 하고 실수를 할 수 있는 자유를 더 주어야 한다. 근로자들이 기여한 것에 대해서는 보다 정당한 보상을 해줄 수 있는 보상 체계나 평가 방법을 만든다면 근로자들의 목적 의식과 열정을 증가시킬 것이다.

앞의 예들에서 보이는 것처럼 조직 내의 리더들은 근로자들의 외벽 안으로 침투해서 서서히 근로자들 스스로가 외벽을 깨고 나오게 해야 한다. 이것은 매우 중요한 생각이다. 경영자들이 근로자들의 외벽을 강제로 없애려고 한다면 쉽게 깨질지는 몰라도 근로자들의 소외감만 더 증가될 것이다.

근로자들이 자발적으로 외벽이 없는 문화를 주입하게 하려면 조직의 리더들은 어떻게 해야 할까? 이는 다음 4가지를 통해서 할 수 있다.

① 근로자들 주변에서 실제로 타인들이 행동하는 것을 볼 수 있는 믿을 만한 가치와 규범들을 마련한다.
② 긍정적인 피드백과 적절한 보상을 자주 줌으로써 근로자가 자신감을 갖도록 해야 한다.
③ 근로자들에게 너무 개인적이지 않으면서도 관심을 전할 수 있는 질문을 해서 진심에서 우러난 개인적 관심을 표현해야 한다.
④ 메모를 보내거나, 전화를 하거나, 직접 어떤 도움이 필요한지 물어서 조직의 안녕보다도 근로자들 자체에 대한 관심을 보여야 한다.

이런 노력들은 리더들이 신뢰할 만한 태도나 진정한 관심을 갖고 하지 않으면 실패로 끝날 수 있다. 직무 만족의 증가를 위한 요인을 논의하기 전에 근로자들의 만족을 줄이는 요인들을 살펴보자.

근로자 만족을 감소시키는 요인들

우리가 한 면담자료에서 밝혀진 근로자들의 직무 만족을 감소시키는 요인들로 가장 많이 나온 것들은 <그림 4-1>에서 볼 수 있는 것과 같은 10개 분야들이었다.

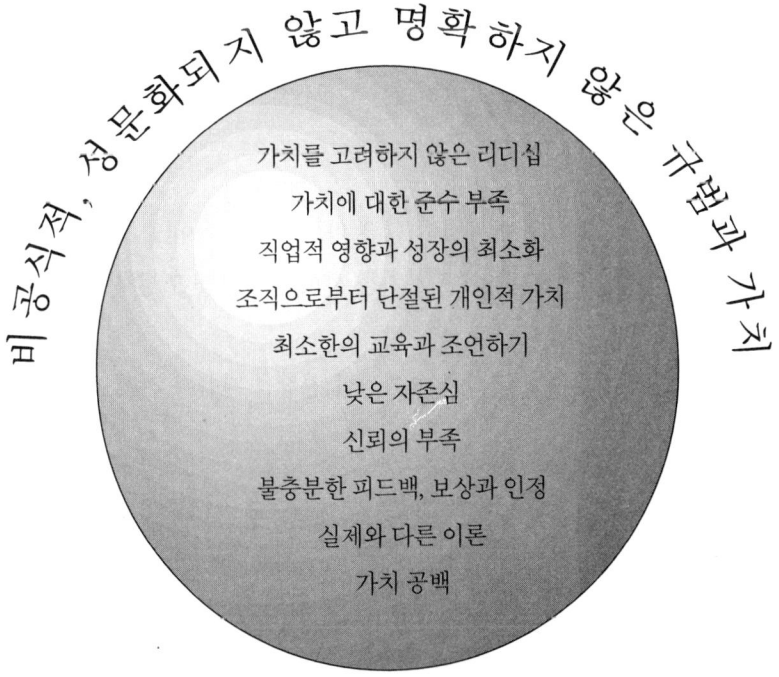

비공식적, 성문화되지 않고 명확하지 않은 규범과 가치

가치를 고려하지 않은 리더십
가치에 대한 준수 부족
직업적 영향과 성장의 최소화
조직으로부터 단절된 개인적 가치
최소한의 교육과 조언하기
낮은 자존심
신뢰의 부족
불충분한 피드백, 보상과 인정
실제와 다른 이론
가치 공백

〈그림 4-1〉 근로자 만족을 감소시키는 요인들

1. 가치의 공백

같은 조직 내에 있는 근로자와 관리자들 사이에는 종종 가치의 괴리가 있다.

관리자들은 근로자에게 어떤 가치를 말하면서도 정작 자신들은 다른 가치에 따라 행동한다. 근로자는 이러한 불일치를 알아차린다. 우리가 한 면접에서 어떤 응답자는 "우리 조직은 하나만이 아닌 성문화되지 않은 규범과 가치들이 많이 있다. 경영자는 그들의 규범과 가치를 갖고 있고, 근로자도 나름대로의 규범과 가치가 있으며, 기업주도 또 다른 규범과 가치를 갖고 있다."고 하였다. 이런 괴리나 가치의 결여가 조직 내에 존재한다면, 근로자와 관리자가 함께 지키고 따를 수 있는 어떤 가치도 없는 것이고 혼란만 일어날 뿐이다.

2. 이론 대 실제

조직들 안에서 육성되고 개발된 많은 가치와 규범들이 긍정적이지 못하다. 오히려 이들은 관리자와 근로자들 사이의 긴장을 조성하는 부정적 힘을 낳는다.

우리가 면담한 어떤 피면담자는 이러한 긴장을 다음과 같이 호소하였다.

규범과 가치는 우리 회사를 바짝 죄게 한다. 그것은 경영자들에게는 긍정적으로 보이지만 근로자는 매우 부정적으로 보는 것이다. 경영자들이 생각하는 것과 근로자들이 진정 느끼는 것과는 차이가 있다.

　우리가 연구한 다수의 조직들 내에서 경영자들이 근로자들에게 받아들이기를 강요하는 가치와 경영자들 스스로가 실제로 행하고 육성하는 가치와는 차이가 있는 것으로 보인다.

3. 불충분한 피드백, 보상, 그리고 인정

　경영자들은 근로자들이 한 일의 결과에 대해 잘 알려 주지 않으며, 근로자들의 기여에 대해서도 인정해 주지 않는다. 대부분의 회사들은 비금전적 보상을 거의 하지 않으며 구체적인 칭찬과 인정을 거의 하지 않는다.

　충분하지 않은 보상은 근로자들을 불행하게 하고 다른 직장으로 옮기게도 한다. 더구나 근로자들은 감독을 받지 않으면 일할 동기가 거의 없다. 더 나쁜 것은 경영자가 근로자들의 욕구나 흥미에 다소 둔감하다는 것이다. 근로자들은 좀더 나은 직장을 찾지 못하기 때문이지 그들의 일을 어떤 방식으로든 즐기거나 만족하기 때문에 직장에 남아 있는 것이 아니다. 조직에서 경영자가 근로자를 존중해 주지 않으면 아주 높은 이직률을 보인다. 경영자와 근로자 사이의 피드백과 의사소통이 부족하면 대부분의 근로자들로 하여금 그들 조직의 규범과 가치가 진정으로 무엇인지를 추측하게 한다.

　근로자들을 만족시키기 위해서 인정해 주는 피드백이 필요하다. 우리가 면담한 사람들 대부분은 자신들이 피드백으로 동기가 유발된다고 하였다. 전반적으로 근로자들은 그들이 지금 받는 것 이상의 더 많은 피드백을 원하고 있다. 그들의 동기유발은 피드백에 있다고 얘기했고 그들은 지금 받고 있는 보상보다 좀더 높은 피드백을 원하고 있었다.

4. 신뢰의 결여

많은 근로자들은 경영자들이 자신들을 믿고 있지 않는다고 생각하기 때문에 좌절한다. 근로자들은 자신들에게 충분한 책임이 주어지지 않는다고 생각한다. 근로자들은 단조로운 과업만을 하도록 '지시'받고 이 일에 쉽게 싫증을 느꼈다.

우리는 어떤 여성 근로자에게 그녀의 일에 대한 동기를 증가시키는 것이 무엇인지를 질문하였다. 그녀는 "나는 경영자가 나 스스로 결정하도록 더 많은 책임을 주고 신뢰를 보여 주기를 원한다. 지금까지 우리는 현명한 근로자라기보다는 노예와 같은 취급을 받아 왔다. 나에게 더 많은 책임과 자율성을 준다면 나는 지금보다 더 일을 즐길 것이다." 이러한 생각들은 다른 피면접자들에 의해서도 자주 나온 것들이었다.

5. 낮은 직무 만족과 낮은 자존심

개인의 낮은 자존심과 자기 가치가 낮다는 생각 때문에 많은 근로자들이 직무에 대한 만족이 낮다.

개인의 가치는 근로자들의 직무 만족에 아주 중요하다. 어떤 면담자가 말하기를 "나는 열심히 일해야 하고, 내가 할 수 있는 한 고객에게 최선을 다하고, 사업에 대해 질문도 하고, 배워야 한다고 생각한다. 만일 이 일을 내 마음이 내켜서 하게 되면 나의 기분은 좋아질 것이다."라고 하였다.

다른 피면담자에게 어떻게 하면 근로자들의 만족을 증가시킬 것인가라고 질문했을 때, "지금 당장으로서는 나의 어떤 목표도 달성할 힘이 없다. 경영자는 근로자들에게 더 많은 책임을 주려고 하지 않는다. 경영자들은 근로자들이 맡은 일을 끝내면 되고, 고객들의 요구를 충족시키면 된다고 본다. 이것이 내 자신을 초라하게 만든다."라고 응답하였다.

6. 교육과 조언해 주기

리더들이 신입사원에게 일을 잘하도록 도와 준다면 신입사원들의 조직 내 규범과 가치에 대한 혼란이 덜할 것이다. 실제로 많은 조직에서 교육이 매우 적게 이뤄지며 조언이 거의 없다. 조언은 직무 만족과 피드백을 증가시키고 근로자에게 규범과 가치에 대한 지식을 전해 주는 힘이 있다.

호텔 산업에서 일하는 한 근로자는 그녀의 첫번째 상사가 좋은 사람이기는 하지만 가르쳐 주지는 않았기 때문에 그녀는 스스로 보면서 배워야 했다. 그녀의 두 번째 상사는 가르치려고 했지만, 생색만 내고 전혀 도움이 되지 않았다.

다른 근로자는 "처음부터 나에게 조언을 해주는 회사가 좋다. 회사에서 입사를 환영하고 내가 발전할 수 있도록 진급, 피드백, 그리고 봉급인상을 통해서 인정을 해주면 좋겠다. 요새는 현재의 조건을 받아들이거나 싫으면 나가라는 식이다. 아마도 '우리가 최고이고 너희는 여기서 일하는 것이 행운인 줄 알아라.' 하는 위협적인 태도인 것 같다."라고 말했다. 이근로자에게는 그녀의 직장의 조언자가 규범과 가치를 가르쳐 주고, 그녀에게 목적 의식을 더 갖도록 안내해 줄 필요가 있다.

7. 개인 가치와 조직 가치의 단절

만일 직장의 규범과 가치가 확립되면 근로자들에게 힘을 불어넣을 수 있다. 그리고 근로 조직들이 근로자들의 개인적 목표를 직장의 목표와 일치되게 하면 장기적인 관계를 맺게 할 것이다.

"항상 나는 나의 의견을 표현하려고 해 왔다. 나는 동료들부터 사장의 지침에 따라야 한다는 권고를 들어 왔다. 내가 이러한 얘기를 계속해서 들을 때 어떻게 이 조직이 개인을 존중한다고 믿을 수 있겠는가?"라고 또 다른 피면담자는 회상하였다.

8. 직업적 영향과 성장

근로자들은 자신들이 회사에 영향을 주기를 원하고 그렇게 했다고 느낄 때 더 행복해 한다. 근로자들은 직업적 성장을 원한다.

대부분의 근로자들은 그들이 속한 조직에 동료나 상사로부터 존중을 받거나, 높은 생산성을 보이거나, 고객들이 인정하는 제품을 생산하거나 하는 등의 어떤 영향을 주었을 때 만족감을 느낀다.

이것은 근로자들이 자신의 책임의 증가나 혹은 어떤 과제를 책임지거나의 어떤 양상이든 직업적 성장을 원한다. 근로자에게 힘을 실어 주는 것은 개인들을 동기화시키고 그들에게 목적 의식을 심어 주는 것이다. 성장 기회의 부족은 직무 만족을 격감시킨다. 많은 피면담자들은 근로자들이 직업적으로 성장하는 데 필요한 기술을 제공하는 실질적인 수단을 훈련이라고 보았다.

어떤 조직들은 실수를 하나의 학습 경험으로 보았다. 이 조직들은 근로자들에게 벌을 주는 대신에 실수의 반복을 최소화하는 데 초점을 두었다. 그러나 다른 조직들은 '허용할 수 없는' 실수를 규정했는데, 이것이 더 심한 영향을 가져왔다. 흔히 이들 실수들은 고객에게 영향을 주게 된다. 대부분의 피면담자들은 실수했을 때 '처벌받는 것'에 대해 부정적으로 반응했는데, 특히 실수에 대한 처벌을 받은 다음에 긍정적인 성장을 경험할 수 없을 때 더 그러하였다.

9. 가치에 대한 준수 결여

많은 조직들이 규범과 가치를 만들려고 노력하지만 이 가치들을 지키지는 못한다.

면접에서 논의된 대부분의 조직들은 근로 환경 속에 가치를 주입시키려고 노력하고 있다. 이들 노력의 예로써는 가치선언문, 정책/원칙 편람, 연수 등이 있다. 그러나 많은 근로자들은 조직이 정한 규범, 가치와 이들을 집행하기 위한 수단 간에 거리가 있음을 알게 된다. 특히, 대부분의 피면접자들은 그들의 조직들이 일부 가치는 지키려고 한다는 것을 인정하지만 아직도 다른 가치를 추구한다고 본다. 예를 들어, 많은 조직들은 다양성을 지지하는 가치를 표방하고 있지만, 소수 집단을 고용하는 것이나 소수 집단원에게 중요한 책임을 지우는 공약은 지키지 않았다.

또 다른 예로, 많은 조직들은 직업적 성장과 발전을 약속했지만 근로자들에 대한 신뢰도 받지 못하고 근로자들의 훈련이나 개발 과정에도 별로 관심을 기울이지 못한다. 그러한 노력들이 없고서는 지도자가 되고자 하는 일부 근로자들에게 효과적인 관리 능력을 배양시키지 못한다.

10. 가치를 고려하지 않은 리더십

조직 내의 지도층들은 조직이 표방하는 가치를 전달하지 못한다.

긍정적인 규범과 가치가 조직 내의 지도자들에 의해 본보기가 된다면 근로자들은 지도층들을 믿을 수 있다. 지도자들이 일상적으로 바람직한 규범과 가치를 보이면 근로자들은 지도자들의 진실성을 믿게 된다. 반면에, 리더들이 경쟁적이고 이기적이며 비협동적인 환경을 만든다면 직장 내에 공유된 규범과 가치는 존재하지 않는다. 경영자들이 근로자들에게 말한 동일한 가치를 충분히 지킨다면 직장 내 규범을 준수하려는 노력이 더 커질 것이다.

갈등적인 규범과 가치

대부분의 경영자들은 선견지명이 없다. 그들은 화재의 원인이 무엇인지 알려 하지 않고 그 불을 끄려고만 한다. 경영자들은 근로자들이 왜 행복하지 않은가를 이해하는 데 너무나 짧은 시간을 배정하는 반면, 회사 조직의 목표를 달성하는 데는 아주 많은 시간을 배정한다. 경영자들이 근로자들의 불만족에 초점을 둔다면, 경영자들은 훨씬 적은 노력으로도 조직 목표를 달성할 수 있을 것이다. 근로자들의 동기, 인지, 직무 만족의 증가에 좀더 많은 시간을 투자함으로써 경영자들은 근로자들이 조직의 공동 목표를 달성하는 데 전보다 더욱더 열심히 하는 역동적인 문화를 만들 수 있을 것이다.

실제로, 경영자들의 코앞에는 믿을 수 없을 만큼 강력하고 지속 가능한 경쟁적 우위를 가진 근로자들이 있다. 그럼에도 어떤 이상한 근거로 경영자들은 신기술, 발전된 정보 체계, 낮은 공급 가격, 그리고 다른 방법들과 같은 새로운 경쟁 우위의 원천을 찾는다. 왜 그런가? 간단히 말해, 조직의 리더들은 그들의 내부에 숨겨진 힘인 사람을 인식하지 못하기 때문이다. 조지 메이슨 대학의 전략경영학과의 샤크머 자라 교수는 1989년에 '기업 정책의 실무적 윤리와 가치'를 연구하였다. 그는 직무 만족, 생활 만족, 타인들의 수용, 아노미의 4가지 경영자의 태도를 검증하였다. 그의 연구는 아노미의 본질에 대한 혼란이 있으면 무력감과 소외감을 함축한다는 것을 지지하였다. 그는 "아노미감을 가진 중역들은 조직에서의 권모술수적 행동을 윤리적인 것으로 보는 경향이 있다."라고 하였다. 흥미롭게도 자라의 연구에서는 조직정책을 검증한 결과 아노미가 가장 중요한 변인으로 부각되었다. 자라는 "무력감과 인생에서 지위를 향상시키고자 하는 강한 욕구가 개인들로 하여금 권모술수적인 행동을 어떤 목표 달성의 수단으로 보게 만든다."고 하였다. 조직의 가치만이 우리가 인터뷰한 근로자들의 유일한 관심사는 아니다. 근로자들은 조직에서 받아들여지는 규범, 즉 행동 지침에도 관심이 있는데, 이 규범도 혼란, 환멸, 불안을 가져온다. 규범과 가치는 서로 모순되어서는 안 되고 한데 어우러져야 한다.

우리는 큰 사립대에서 전문직으로 근무하고 있는 어떤 직원을 인터뷰했다. 그녀는 어떤 수행을 격려하는 기제가 없었기 때문에 그녀 스스로가 동기를 유발시켜야 했다. 조직의 규범과 가치 체계가 그녀가 속한 조직에 있는지를 물었을 때 "아마도 어느 정도의 규범과 가치의 틀은 있다."라고 응답했다. 하지만, 조직에 있는 규범과 가치의 예를 하나 들어 보라고 재촉하자, 다음과 같은 행동 규범을 말하였다.

일반적으로 우리는 다른 부서보다 낫다는 생각을 하고 있다. 만약 우리가 어떤 일을 해야 한다면, 그 일을 우리 스스로 해야 한다. 다른 부서들에는 그런 일을 할 수 있는 체계가 없기에 할 수 없다. 동창회 사무실에서 동창회 주소록을 만드는 데 동의했지만, 마감 시한을 지키지 못하였다. 그것은 아주 간단한 일이었다. 그들은 그들이 해야 할 일을 하지 않았고, 했더라도 제대로 하지 못하였을 것이다. 우리가 그 정보를 처음 써야 했기에 우리가 스스로 하였다.

위의 예는 하나의 잘못된 행동 규범이다. 집단의 자원이나 요구에 대한 지식에 어떤 연계가 없는 것이다. 앞의 예에서와 같이 학교 직원에게 필요가 있을 때에도 대학 행정부서에 지원을 요구하지 않도록 하는 것이다. 오히려, 노력이 중복되는 위험이 있더라도 자기 스스로 일을 해야 한다. 즉 다른 집단의 자원을 쓰지 않는 것이다.

그녀가 밝힌 또 다른 규범은 "아무도 사무실에서 맨 처음 퇴근하려고 하지 않는다는 것이다. 자신이 전문직이기 때문에 가장 늦게 퇴근해야 한다는 불문율이 있었다. 물론 행정직원들은 시간 외 수당을 받을 수 있기 때문에 늦게 남을 수 있다."라고 했다. 이는 바람직하지 않은 규범이 실제로 더 많은 환멸과 고립을 가져온다는 규범의 한 예이다. 우리는 근로자가 자신들이 할 일을 다 마쳤다면 퇴근하도록 해야 한다고 본다. 늦게 나간다고 해서 일의 생산성이 오를 수는 없는 것이다.

소외의 감소

칼 마르크스(Karl Marx)는 소외를 근로자들이 직면하는 중요한 문제로 보았고 근로자들의 소외는 다음 3가지 핵심차원상에 나타난다고 주장하였다.

① 생산으로부터의 소외 : 노동의 분업이 아주 세분화되어 근로자들이 궁극적인 그들의 생산과 서비스에 어떤 기여를 했는지를 모르게 된 때 생긴다.
② 동료 근로자로부터의 소외 : 친구, 동료 근로자, 경영자들에 대한 배려, 관심이나 상호작용에의 욕구가 부족해서 생긴다.
③ 자신으로부터의 소외 : 일에 대한 통제가 제한되거나 의미를 못 느끼고, 사실상 다른 근로자들과의 연계나 접촉이 없으면 자기 가치감이

저하되고 종래는 자신으로부터도 분리되고자 한다.

조직들 속에 규범과 가치들을 효과적으로 주입함으로써 3가지 종류의 소외들을 크게 줄일 수 있다. 근로자들은 그들의 일이나 제품과 더 연계 감을 갖게 되고 동료 근로자들과 더 접촉하게 되며, 자기 자신들에 더욱 밀착됨을 느끼게 된다. 맨체스터 경영대의 조직행동학 교수인 로이 페인 은 문화는 다음 두 가지에 의존한다고 하였다. 첫째로, 묵시적 문화 속의 가치 및 신념들과 함께 명시적 문화 속의 규범과 행동들이 퍼진 정도, 둘 째로, 조직이 통제하려고 시도하는 신념과 행동들의 범위이다. 그는 계속 해서 규범과 가치가 명료한 문화에서는 근로자들이 회사의 제품, 고객, 회사의 과정을 믿는다고 하였다. 그들은 제품들이 자신들의 정체의 일부 이기 때문에 제품을 기꺼이 판다. 이렇게 소외를 줄이는 방법은 근로자의 자신감과 자기 가치성을 증가시키는 것이다. 이렇게 하면 다시 근로 환경 에 있는 동료들과 연결이 되어 애착을 느끼는 개방성이 마련되는 것이다.

또 다른 사려 깊은 리더인 위스콘신 대학 경영학과 교수인 나이스트롬 은 다음과 같이 말한다.

조직 문화는 최근에 인기를 얻고 있다. 조직 문화를 말하는 경영자들 은 슬로건, 의식, 상징과 같은 보다 가시적인 측면들을 더 자주 이야기한 다. 그러나 그들은 문화의 강력하고 중심적인 속성들이 밑에 깔려 있는 규범과 가치들임을 자주 강조한다. 규범은 구성원들이 어떻게 행동해야 할지와 행동해서는 안 되는 것을 가리키는 불문율이다. 가치는 어떤 결과 가 바람직하거나 선호되는지의 신념들이다. 경영자들의 가치는 이들의 정보처리와 행동을 결정한다.

조직 문화의 장점은 어떤 규범이 널리 퍼져 있고 구성원들간에 어떤 가치가 중요한지에 대한 합의 정도를 가리키는 것이다. 강력한 문화를 가진 조직은 근로자들로 하여금 보다 의미를 찾게 하고 지침을 주게 된다. 강력한 규범과 가치들은 위계적 감독, 계획, 예산, 그리고 공식 절차와 같은 보다 관료적인 조정과 통제 방법을 대신할 수 있다. 이와 같이 조직 문화는 관료적 경영 방법으로 종종 야기되었던 부정적 결과를 피하고 구성원들이 조직에 몰입할 수 있게 한다.

가치의 효과

조직의 규범과 가치들은 회사들의 이익을 증가시킬 수 있다. 그러나 가치들이 효과적이고 지속적이려면 장기적인 시각을 가져야 하며, 이는 시간이 걸리는 일이다.

조직들이 고통을 겪게 되는 단기적 재정 압박을 생각해 보자. 대부분의 회사들, 고위 경영자들, 그리고 금융관계자들은 분기별(分期別) 업적에 매달린다. 소심한 주주들은 90일 간의 성과만 보고서 회사 경영자들을 압박한다. 이러한 파괴적이고 근시적 생각을 바꾸지 않는다면 경쟁력 있고 혁신적인 리더십을 되찾기 어렵다. 1994년에 식품점에 15,211개의 신제품이 들어왔는 데 이 중 13,000품목 이상이 낮은 모험, 낮은 투자, 단기적 진열품이었다.

이러한 단기적 가치가 대부분의 기업지도자들의 머리 속에 들어 있기 때문에 장기적인 계획을 하는 비전을 갖거나, 변화를 할 수 없게 한다. 경영진들이 장기적인 시간 조망을 갖고 공유된 리더십 문화가 배양된다면 90일 단위의 질식 상태에서 벗어날 수 있다.

모토롤라와 GE가 90일 증상을 깬 좋은 회사의 예들이다. 이들의 강한 지도력, 분권화된 조직들, 변화에 부응하는 능력, 구성원들을 존중하고 힘을 실어 주기, 장기적인 투자는 주주들에게 높은 보상을 가져다 주었다.

모토롤라사의 내부적 가치 중의 하나는 회사의 문화 속에 요약되어 있는 미래에의 기대이다. 경쟁력 있는 정보, 비상계획, 그리고 약진을 위한 계획이 회사로 하여금 경쟁에서 앞서게 한다. 더구나 회사에는 경영자들 간에 공개적이고 토론적인 대결에 대한 강한 신념이 있다. 실제로 근로자들은 자신들의 의견이 받아들여지지 못한다 해도 '소수 의견'을 제시할 수 있다. "기술자들이 공개적인 회의시 자신들의 감독관들이나 동료들 간에 논쟁을 벌이는 것이 권장된다."고 알려져 있다. 전 최고 경영자인 조지 피셔는 "때때로 토의가 언어적 폭력이 될 정도로 뜨겁게 진행된다."고 하였다. 이러한 개방성은 조직에 확산되고 모든 사람이 중요하며 기업의 성공에 가치가 있다는 신념을 지지하는 것이다.

GE사의 최고 경영자인 잭 웰치가 최근에 쓴 『당신이 자신의 운명을 통제하지 않으면 다른 사람이 통제한다』라는 책에서 "내가 이는 힌 신뢰를 만들 수 있는 유일한 길은 당신의 가치들을 펼쳐 놓고 서로 대화를 하는 것이다. 신뢰는 기업 안에서 엄청나게 강력한 것이다. 사람들은 자신들이 공정하게 대우받고 있다고 믿지 않으면 최선을 다하려 하지 않는다. 당신이 한 말은 시간이 흘러간 다음에도 일관성 있게 지켜야 한다. 나는 1990년대에 운영되는 어떠한 회사에서도 근로자 하나하나의 마음을 읽을 수 있어야 된다고 생각한다. 항상 모든 근로자를 가치 있게 만들지 못한다면 승산은 없는 것이다."라고 하였다.

이들 두 짧막한 메시지들은 아주 영향력 있는 메시지를 전해 준다. 첫째로, 웰치는 상호 신뢰, 공정성과 일관성의 가치를 강조한 것이다. 이들이 GE의 대규모 근로자들이 생산성, 이노베이션(기술혁신), 그리고 국제화를 가속적으로 지향하게 하는 동기적 가치들인 것이다. 둘째로, 웰치는 각 개인을 조직의 필수적이고 의미 있는 성분을 지닌 가치로 보았다. 요약하건대, 각 근로자들의 두뇌 역량을 존중하는 것이다.

GE와 모토롤라와 같은 회사들은 전체에서 가치를 찾지 않는다. 이들은 개별 근로자들이 믿는 것이 무엇인지 잘 알고 있고 이들 신념들을 조직 차원의 가치들에 접목시킨다. 양켈로비치 파트너사의 최고 경영자인 제임스 테일러에 의하면 1990년대의 중요한 경향성의 하나는 근로자들이 자신들의 운명을 통제하려는 새로운 움직임을 보인다는 것이다.

조사응답자의 12%만이 회사가 제시한 공식적인 발표들을 신뢰하였고 전례 없이 10명 중 7명은 "내 인생은 나의 것"이라는 데 동의하였다. 이는 근로자의 심리에서의 진정한 변화이다. 이는 기업들이 충성 연계를 끊은 데 대한 대가이다.

충성 방정식이 균형을 이루지 못하면 기업들은 상당한 대가를 치러야 한다. '자신의 운명을 통제하는' 근로자들이 말한 가치들은 실제로 조직의 내부에 영향을 줄 강력한 것이다.

아노미의 대가

근로자의 사기 저하, 흔들리는 충성심, 그리고 근로자의 동기 미흡으로 인해 지급해야 할 초과비용이 있다. 아노미로 인해 잃어버리는 기회비용은 대부분의 조직이 인식하거나 측정하려는 것보다 훨씬 심각하고 비용이 드는 것이다. 당신이 한 사람의 투자자라면 회사 내 충성심도 떨어지고, 회사의 인재들과 지적 자산이 몇 년 후에는 다른 곳으로 이동할 대기업에 투자하겠는가?

수많은 잠재적인 다른 투자가들은 그렇게 투자하지 않을 것이다. 이것이 IBM, 시어스, 웨이스트 매니지먼트, 박스터, 하트마르크스, 메릭, 그리고 애플 컴퓨터와 같은 회사의 주식이 급락된 이유의 상당 부분일 것이다. 그렇게 잘 알려지고, 명망 있고, 자원이 많은 회사의 주가가 왜 그토록 크게 떨어지게 되었는가? 그것은 간단하다. 주주들이 아노미 비용을 인식하였던 것이다. 이들 각 회사를 떠난 고위 경영자들을 주주들이 지켜본 것이다. 주주들은 하위직에서도 전직이 증가되는 것을 보았다. 주주들은 실황을 알고 있는 것이다 — 그것은 아노미라는 현상이다.

근로자들의 전직률이 높다는 것은 채용비용, 훈련비용의 증가, 조직의 불안정성, 불규칙적인 고객 서비스, 낮은 사기, 생산성 저하, 그리고 창의성의 질식을 의미한다.

"이들 비용들은 어느 조직이나 기업에도 있는 기회비용의 손실이지 않는가?"라고 할 수 있으나 물론 그렇지 않다는 것이다. 1989년에 전직한 소매상이 119,000명을 넘은 시어스 백화점을 예로 들자. 새로운 근로자를 고용하고 훈련하는 데 평균 900달러가 들어 전체 비용은 1억 천만 달러에 이르렀다.

1990년에 실시된 한 연구에 의하면 직접적인 비용 이외에 전직 근로자에게는 눈에 보이는 현금의 80%나 그 이상이 추가된 '숨겨진 비용'이 들어감을 보여 준다. 숨겨진 비용에는 다음과 같은 내용들이 포함된다.

- 신규 근로자의 비효율성
- 신규 근로자가 들어옴으로 인해 기존 근로자에게 주는 혼란과 장애
- 이탈하는 근로자의 비효율성
- 나가는 근로자가 영향을 주어 생기는 근로자들의 부정적 근로 효율성
- 과제달성에 부정적 영향

　더구나 연구에서는 근로자의 만족과 고객의 만족 사이에 상관이 있음을 보여 왔다. 특히 서비스 조직에서는 대개 근로자들이 바로 서비스인 것이다. 근로자들은 구매 요청받은 서비스를 전하는 것만이 아니라, 그들의 전문지식 혹은 기술을 통하여 서비스를 제공하는 것이다. 불만족하고 사기가 저하된 근로자는 대개 고객이 원하는 양질의 서비스나 우수한 서비스를 줄 수 없다. 결과적으로 회사는 경쟁사에게 고객을 빼앗기고, 이는 다시 수입의 손실을 가져오게 한다.

　아노미의 부산물로부터 고객을 잃거나 고객불만, 그리고 결과적인 수입감소의 순 손실을 조직에게 가져온다. 많은 조직들이 이러한 비용에 대해 둔감해지는 이유와 큰 문제는 아무도 이를 알지 못한다는 데 있다. 대개 고객들은 다른 곳에서 서비스를 받고자 떠날 때 말해 주고 가지 않는다. 고객을 잃음으로 인한 회사의 수입과 이익 감소율을 결정하기 위해 과거 고객들에 대한 주의 깊은 추적을 하는 회사는 거의 없다. 이것이 아노미 조직의 숨겨진 비용이다.

　21세기에 있어 회사의 자산은 컴퓨터, 로봇, 자동화된 분배 시스템이 아니라 사람이다. 따라서 근로자들을 동기화하고, 격려하고, 활력을 주기 위해 규범과 가치를 개발해야 한다. 근로자들의 긍정적인 영향은 전체적으로 가능한 어떠한 새로운 전략, 프로그램, 혹은 정책보다 훨씬 더 많은 최종이익을 낼 수 있다.

　노조 문제, 경쟁 문제, 그리고 이윤의 문제를 안고 있던 캐터필러사와 달리 디리사는 1993년에는 큰 이익을 보았고, 1994년에는 전년보다 35% 높은 400만 달러의 수입을 얻었다. 이러한 반전이 어떻게 일어났을까? 이는 규범과 가치의 힘이 노동력을 활성화시키고, 근로자들의 관심을 다시 불러일으키고, 근로자들이 주도하는 경쟁적 우위를 점할 수 있게 한 것이다. 디리사는 1991년에 2천만 달러의 손해를 입었다. 최고 경영자인 한스

베커러는 노동력을 활용하기로 하였다. 그는 노동력이 품질향상, 가격절감, 그리고 고객 서비스 향상의 잠재력을 갖고 있다고 보았다. 그는 근로자들이 회사의 부분이라 느끼면 효율성을 증가시키는 데 훨씬 더 호응적이고 참여적일 것이라고 보았다. 그는 근로자들이 변화의 수용자라기보다 리더가 되어야 한다고 보았다.

"우리는 엄청나게 훌륭한 근로자들을 갖고 있다."고 베커러는 『비지니스 위크』지와의 인터뷰에서 말했다. "우리는 세계의 누구와도 경쟁할 수 있다." 디리사의 노동력을 더욱 능률적인 팀이 되게 한 4가지 주요 방안은 다음과 같았다.

- 기술 과정을 이수하면 봉급인상과 연계되는 교육과 훈련을 증가시킨다.
- 근로자들이 고객 서비스나 다른 분야를 맡도록 하여 일상적이지 않은 업무를 습득하게 한다.
- 농기계 제작 회사인 섬에 비추어 시간제 근로자들을 농장 현장에 파견하여 실제 사용자들이 제품을 쓰는 것을 보노록 한다.
- 공급자들과 조립 일선 근로자들이 회합을 가져 비용절감과 배달 시간을 줄이게 한다.

간단히 말하면 디리사의 근로자들에게 보내진 가치 메시지는 시간제 근로자가 회사의 성공을 가져올 수 있다는 인정과 존경을 나타내는 것이다. 훈련의 증가, 고객접촉 등을 하게 하면 단지 근로자들이 고객을 의식하게 할 뿐만 아니라 2 더하기 2는 4가 아니라 5가 되는 시너지적 에너지를 갖게 만들었다.

직무 만족을 증진시키는 요인

우리는 조직의 아노미에 치료를 요약하는 몇몇 사려 깊은 리더들을 인용하였다. 그러나 외벽을 깰 수 있는지를 직접 말한 사람들은 근로자들 자신들이었다. 왜냐하면 <그림 4-2>에서 보이듯이 외벽이 깨져서 열렸을 때 근로자들은 직무 만족을 향상시키기 위한 몇 가지 방법들을 언급할 수 있었다. 우리는 이 장을 시작했을 때처럼 조직에 규범과 가치를 되찾도록 근로자들의 욕구가 무엇인지로 끝을 맺을 것이다.

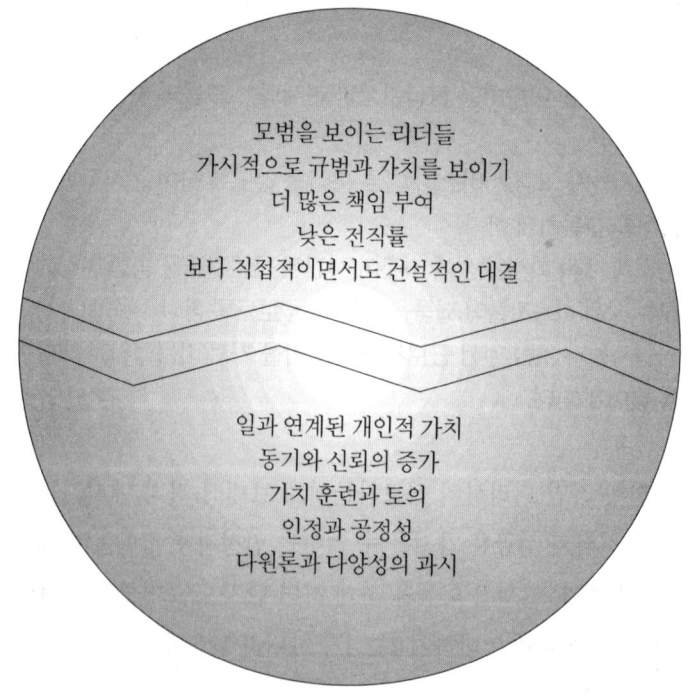

모범을 보이는 리더들
가시적으로 규범과 가치를 보이기
더 많은 책임 부여
낮은 전직률
보다 직접적이면서도 건설적인 대결

일과 연계된 개인적 가치
동기와 신뢰의 증가
가치 훈련과 토의
인정과 공정성
다원론과 다양성의 과시

〈그림 4-2〉 직무 만족을 높여 주는 근로자의 욕구들

모범을 보이는 지도자들　　　경영자들이 근로자들에게 보일 수 있는

본보기를 보이지 않는다면 근로자들이 관찰을 통해서 회사가 내세우는 규범과 가치를 받아들이리라고는 기대할 수 없다. 경영자들은 많은 회사에서 좋은 본보기를 보였지만 대부분의 회사에서 근로자들이 어떤 규범과 가치를 받아들여야 하는지에 대해서는 여전히 불확실하다. 근로자들에 의해 이해되고 받아들여지려면 규범과 가치들이 일관성 있게 활성화되어져야 한다. 본보기를 보이는 리더들은 다른 근로자들이 따를 역할 모형을 제공한다.

가시적으로 실천되는 규범과 가치들　　여러분은 우리 연구에서 경영자들이 규범과 가치로 내세우는 것과 실제적으로 근로자들이 실천하는 것들 사이에의 격차를 쉽사리 알아보고 찾아 낼 수 있다는 결과를 기억할 것이다. 대부분 회사들의 규범과 가치들은 문서화되지 않았고 대부분이 서로 소통되지 않는다. 이는 근로자들과 경영자들로 하여금 어떤 규범과 가치가 있는지에 대해 추측하게 만든다. 근로자들이나 경영자들은 실제적으로 그들의 회사 내에 있는 규범과 가치들이 무엇인지에 관해 특별히 확신하는 사람들이 별로 없는 것 같다. 물어 보면 규범과 가치의 목록을 대는 사람들이 거의 없다. 부분적으로 이것은 선언된 규범과 실행되는 규범이 서로 어긋나기 때문이다. 근로자들은 규범과 가치에 대하여 경영자들이 말하는 것보다는 그것을 매일 보고 경험하길 원하는 것이다.

더 많은 책임　　우리가 앞에서 본 것처럼 우리가 면접한 중하위 경영자들의 다수는 자신들의 전반적인 직무 만족을 향상시키는 데 가장 기여할 것이라고 보는 것의 하나로 '회사 내의 더 많은 책임을 맡으려는 욕구'를 언급하였다. 공통적으로 언급되고 원하는 다른 관심사들은 책임감의 증가를 보이는 것으로서 더 큰 예산에 대한 통제권과 더 많은 자원의 배분을 들었다.

낮은 전직률　　명확한 상호작용에 대한 지침과 뚜렷한 규범과 가치 체계가 있으면 낮은 근로자 전직률을 보인다. 근로자들은 일반적으로 확실하지 않고 소통되지 않는 규범과 가치들이라도 없는 장면보다 있는 장면에서 더 만족을 한다. 근로자들은 전직률이 낮은 속에서 일하기를 원한다. 이것은 그것들을 동료 근로자들과의 관계와 작업 패턴을 맺고 유지할 수 있게 한다.

보다 직접적이고 건설적인 대면　　인용된 부정적 규범은 근로자들과 경영자들이 직접 대면하거나 갈등을 피하려는 경향성이었다. 경영자들은 자신들이 실수를 했더라도 직접 근로자들과 대면하기를 피하는 경향이 있다. 마찬가지로 다른 근로자들의 행동이나 일에서 문제나 갈등이 있을 때 근로자들이 직접 상황에 개입하지 않으려 한다. 그러므로 근로자 수행에 대한 상당한 불확실성이 있었다. 그러나 근로자들은 진정으로 "자신들이 어느 정도나 잘했는지를 알기를 원한다." 근로자들은 저조한 수행을 하거나 작업팀에 효율성을 떨어뜨리는 동료 근로자는 어떤 결과를 얻는지도 직접 알기를 원한다.

직업에 결부된 개인적 가치　　극소수의 사람들만이 그들의 직장이 개인적인 규범과 가치를 형성하는 데 기여했다고 말했다. 오히려 대부분은 가족과 친구들이 근로자들의 규범과 가치 형성에 가장 많은 영향을 준 것으로 언급하였다. 그럼에도 불구하고 대부분의 근로자들은 그들의 개인적인 가치와 직장에서의 가치들 사이에 더 긴밀한 관계가 있기를 원한다.

동기와 신뢰의 증가　　　아주 명백한 규범과 가치가 있는 조직의 근로자들은 경영자들이 감독하지 않을 때에도 가장 열심히 일을 했다. 그들의 직장에서 마음을 끄는 가치가 동기의 원천이었던 것이다. 반면에 규범과 가치들이 없는 회사나 조금 있거나 혹은 전혀 없는 회사의 근로자들은 일을 적당히 해도 될 때 '엉터리'로 한다. 이와 같이 상사가 자신들을 믿는다고 느끼는 근로자들이 훨씬 더 효율적으로 일을 한다는 것을 알 수 있다.

가치 훈련과 토의　　　'말하면서 실천하는' 가치는 근로자들이 유익한 것으로 지각하였다. 이것은 행동들이 말을 지지하는 것을 의미하는데, 매년 가치의 목록을 제시하는 것은 쓸모가 없고 이 가치들을 토의하고 실천해야 한다. 특히 토의가 공식적·비공식적으로 진행될 때 회사 규범과 가치를 전하는 데 있어서 통합적인 역할을 한다.

인정과 공정성　　　'목직 의식의 증가'에 있어서 대부분의 피년남자는 인정과 공정한 대우가 만족과 헌신을 가져온다는 데 동의하였다. 더구나 무엇이 기대되는지, 그리고 무엇을 성취할 수 있는지에 대하여 분명한 진실을 말해 줄 필요가 있다.

다원론과 다양성의 입증　　　이 주제에 있어서 다양한 의견들이 있기는 했으나 근로자들은 차별대우가 없는 직장을 원했다. 채용과 승진의 관행에서 다양성을 지지하고 다원론에 대한 믿음을 지지하고 강화해야 한다. 행동과 말들은 다원론적 사고 방식과 태도를 일관성 있게 표현하고 강화될 필요가 있다.

종합해 보면, 면담에 의해 언급된 이 열 가지의 근로자의 욕구들은 조직의 규범과 가치들을 주입하고, 그들이 쌓은 외벽을 깨고 나오게 하고, 그리고 근로자들의 직무 만족을 높이기 위해서 긴요함을 보이는 것이다.

제2부

토대 마련하기

제5장

토대 마련하기

우리는 앞장에서, 일터에서 근로자들이 겪게 될 구체적인 규범과 가치의 괴리를 살펴보고 조직 내에서 아노미가 시작되는 과정을 보았다. 이에 우리는 근로자들이 회사로부터 소외감을 덜 느끼고, 그들의 직무 만족을 증가시킬 수 있는 구체적인 방법을 요약했다. 그러나, 아노미를 감소시키기 위해 조직의 가치를 개발하는 것을 '위로부터' 싱급 경영자들에게 하도록 맡겨서는 안 되며, 이는 각 개인들로부터 시작해야 한다.

개인적 가치의 개발

가치는 하루 저녁에 만들어지는 것이 아니다. 신념들을 발굴하고 육성하는 데는 시간이 걸린다. 게다가 개인적인 가치들은 시간이 지남에 따라 달라진다. 먼저 만들어진 가치를 유지하거나 새로운 것을 추가하여 정해진 쪽으로 이러한 가치들은 발전되고, 변화하고, 그리고 끊임없이 이동한다. 어떤 조직의 집단 구성원들의 가치와 기준들을 발전시키고 확장시키기에 앞서 우선 구성원들이 개인적인 가치들을 생각하고, 결정하는 데 충분한 시간이 필요하다. 그러나 이렇게 하기 위해서는 개인들에게 방해받지 않는 시간(일련의 작은 휴식들, 편안한 시간, 스트레스 없고, 집중할 수 있는 시간)을 주는 것이 꼭 필요하다.

우리 모두는 우리의 삶을 풍요롭게 하기보다는 오히려 삶을 황폐화시키는 활동들로 많은 시간을 보내므로 우리 스스로가 활기를 되찾는 시간이 부족하다. 우리는 무수히 많은 일상적인 업무, 말다툼, 그리고 문제들에 매달리지 않은 채 내적인 충전을 충분히 하여 열린 가슴을 갖는 시간이 필요하다. 일과 오락 사이의 균형을 유지하는 것 이외에 가치, 규범, 그리고 자아 개발에 좀더 많은 시간이 필요하다.

우리는 임시변통적 해결 방법으로는 아노미를 치료하는 데 도움이 되지 않는다는 것을 밝혔다. 아노미의 문제는 뿌리 깊게 자리잡아 온 것이다. 너무 많은 사람들이 심각한 무감각을 보여 왔고 이러한 것들이 "내 문제가 아니야, 난 아노미에 대해서 어떤 것도 할 수 없어."라고 말하게 된다. 따라서 해결책은 아주 솔직하고, 급진적이고, 문제의 핵심을 짚는 것이어야 한다. 어떤 특정한 프로그램, 변화, 법규, 혹은 문화적 변화만 갖고서는 되지 않을 것이다. 대신에 각자 사회가 가치를 회복하도록 도움을 주고 아노미로 생긴 빈 공간을 채울 수 있는 방안에 주의를 기울여야 한다.

그러나, 우리 각자가 개인적으로 변화를 가져올 수 있을까? 아마도 가능할 것이다. 우리가 개인으로서 자신의 가치에 주목을 할 때만 우리는 조직 내부에서의 가치들을 개발할 수 있다. 개인으로서 우리들의 가치들에 주목할 시간을 갖도록 우리의 삶을 재구성해야 한다. 우리의 아이들이 마약에 중독되고, 우리의 직업을 잃고, 또 우리의 가장 친한 친구가 심한 차별을 받고, 동료 근로자들의 우울증이 악화되고, 혹은 몰가치한 흉한이 우리의 집을 강탈하기 전에 우리 자신의 무관심을 극복하는 노력을 해야 할 것이다. 물론, 이 같은 갈등들 중 어느 하나가 일어나면 우리는 행동할 준비가 된 것이다. 그런데 그러한 문제가 일어나기 전에 우리가 먼저 노력을 하면 어떤가? 지금하면 어떠한가?

우리는 우리의 사회에서 가치 충만한 사고를 하도록 도와 줄 수 있다고 믿는 7가지 제안을 하려는데 이것은 도전적이고, 미래 지향적인 생각들이다. 이것의 목표는 개인적인 가치의 개발과 육성에 중점을 둘 수 있는 시간을 좀더 만드는 데 있으며, 이 제안들은 바로 여러분의 사고를 자극하고 종착점이 아닌 출발점이 되도록 하려는 것이다.

가치 지향적 사고를 갖기 위한 7가지 제안들

> 1 TV 시청 시간을 줄이고 TV 소유를 억제하기 위해서 국내외 모든 텔레비전에 내해서 100% '범죄' 세금을 매기자.

TV는 더욱더 가치 있는 '여가 시간'(down time)을 빼앗아 왔다. 미국 사람들이 1주당 독서하고, 글을 쓰고, 그림을 보고, 생각하거나 다른 사람들과 대화하는 대신에 평균 29시간 이상을 '일방적인 대화만 하는' TV 앞에 앉아 있다고 생각해 보자. 사람들은 매일 4시간 이상씩 수동적으로 TV를 본다. 이는 엄청난 부적 에너지의 소모이고, 시간 낭비가 될 것이다.

사람들이 "나는 TV를 보면서 휴식을 취할 수 있다."라고 하지만 그것은 올바른 이야기가 아니다. 여러분은 사람들을 멍청하게 하는 수준 이하의 시트콤이나, 빌딩에서 화재가 발생하고, 사람들을 죽이는 장면을 보면서 어떻게 편히 쉴 수 있는가?

특히, 아이들은 TV를 볼 수 없게 했을 때, 얼마나 시간 활용을 잘하는지 잘 보여 준다. 아이들은 스포츠에 참가해서 게임을 즐기거나, 독서하고, 요리하고, 자전거를 타고, 그림을 그리고, 컴퓨터를 이용하며, 사람들과 대화를 나눈다. 아이들과 마찬가지로 어른들에게 TV를 못 보게 하면, 그들이 참가할 수 있는 다른 활동들을 찾을 것이다. 그들은 어떤 모임에서 적극적인 참가자가 되거나 자발적인 활동을 해 나갈 수 있을 것이다. 그렇게 되면 더 이상 소파에 앉아서 멍청하게 벽만을 쳐다보지는 않을 것이고 적극적으로 다른 식구들과 대화를 나눌 것이다. 이제까지 잃어버린 여가 시간은 가치 개발에 꼭 필요한 부분이다. 만일 이 같은 시간과 여러분에게 관심을 보이고 돌봐 주는 사람들과의 진실한 대화가 없다면, 가치의 틀을 개발하기 어려울 것이다. 따라서 텔레비전을 보는 시간을 과감히 줄이거나 없앤다면 가치를 찾는 데 좋은 시간이 될 것이다. 이 시간은 멍청히 TV를 보는 것보다 가치들을 배양하고 만드는 데 훨씬 나을 것이다.

텔레비전은 아노미 상태를 가져온 주요 원인이다. 텔레비전은 개인들의 집과 고립과 개인들간의 분열을 더욱더 부추긴다. 우리는 개인적인 생각들, 욕구들, 의견들 그리고 느낌들에 대해 사회적 대화를 하는 대신에 "어제 저녁에 Letterman 봤어?" 등 전날 밤 텔레비전 쇼프로들이나 멜로드라마에 대한 '시청소감' 또는 평가들로 의미 있는 대화를 몰아내고 있다.

그 동안 가족, 학교, 교회, 직장, 결혼, 그리고 이웃과 같은 주요 제도들이 약화되어 왔다. 오늘날 이들은 우리의 규범들과 가치들을 형성하는 데 점점 더 영향력을 잃어가고 있으며 TV가 이러한 틈들을 채워 가고 있고, TV가 아노미를 더욱 재촉하는 요인이 되고 있다.

그렇다면 우리는 어떻게 해야 할 것인가? 정부가 텔레비전 구매에 대해 경제적 불이익을 가해야 한다. 모든 텔레비전을 구매시 '범죄세'나 100% 과징금을 부과함으로써 어리석은 활동을 반복하는 것을 멈출 수 있을 것이다. 교육적 체계를 향상시킬 수 있는 이 범죄 세금은 TV가 우리의 감정과 '가치 충만함'에 해가 됨을 알려 줄 수 있다. 범죄세는 경제적인 부담은 되지 않더라도 최소한 심리적 억제를 가져다 줄 수 있을 것이다.

그렇다, 텔레비전을 줄이거나 제재를 가하는 것은 각자의 규범들을 개발시키거나 배양할 수 있고 개인의 믿음과 가치들을 개발할 수 있는 시간을 주는 올바른 조치의 하나이다. 물론, 현재로서 실행 가능한 대안은 텔레비전에서 모든 폭력들을 배제하는 것이다. 이 대안이 분명한 장점을 가지고 있으나, 우리가 주장하는 것은 처음부터 문제를 없앨 수 있도록 아노미적인 생활에서부터 모든 텔레비전을 차단하자는 것이다.

2 토요일이나 일요일에는 모든 상점들을 문닫게 하자.

여러분은 일요인에 바쁜 심부름이나 쇼핑을 갈 수 없었을 때를 기억하는가? 우리는 신성한 시간을 다시 되찾을 필요가 있다. 구매지들의 구매력을 증가시키기 위해 좀더 편의를 제공하려는 과정 속에서 무언가가 희생됨을 잊어 왔던 것처럼 보이고 있다.

일요일에 사람들에게 가치들을 가져다 주는 교회, 가족, 이웃, 친구들, 그리고 지역사회와 같은 제도들에 참가하는 것을 더욱 멀어지게 한다. 쇼핑 센타, 상가, 그리고 수퍼마켓 같은 시설들은 그러한 가치들을 주지 않는다. 우리가 토요일에 물건 사는 것을 잊었다고 해도 월요일까지 기다렸다가 살 수도 있을 것이다. 음식이나 의약품에 있어서는 편의점들이 일요일에도 문을 열어야 할 것이지만, 나머지 상점들은 휴업해야만 한다.

예를 들어 우리는 미래의 Nordstrom 백화점이 내는 신문광고를 다음과 같이 상상할 수 있을 것이다.

Nordstrom은 여러분 자신이나 가족들과 함께 시간을 보내는 것을 존중합니다. 그리하여 우리 백화점에서는 여러분이 조용한 시간을 즐길 수 있게끔 일요일에는 휴점합니다. 여가를 현명하게 쓰십시오. 그러나, 여러분의 업무와 바쁜 일정에 편의를 도모하기 위해 우리 백화점에서는 월요일부터 토요일 오후 9시까지 영업합니다.

이와 같이 하면 실제로 쇼핑에 쓰는 전체적인 시간은 줄어들지 않으며 소비자의 편리성도 줄지 않는다. 오히려, 쇼핑 시간의 재조정은 한 주 중의 하루는 물질적인 만족보다 정신적인 넉넉함을 줄 수 있는 사회적 활동에 참여할 수 있게 하고, 개인적인 가치에 초점을 둘 수 있도록 한다.

"뉴저지 주 — 가치 중심의 주로 복귀하다."와 같이 아마 어떤 진보적인 주에서는 모든 소매상들의 일요일 휴무를 권장할 수 있을 것이다. 상점들이 제공하는 훌륭한 다양성에 대해 반대하는 것이 아니다. 모든 사람들이 가치 개발에 주목하고 좀더 많은 시간을 갖도록 가시적인 제안을 하는 것뿐이다. 아마 일요일에 쇼핑을 하지 않으면 그렇게 할 수 있는 기회가 될 것이다.

> **3** 매년 4주 간의 휴가를 주고 7년 이상 근무한 근로자들에게는 두 달 정도 휴식할 수 있게 하자.

많은 조직들이 포기하고 있거나 잊고 있거나, 아주 소홀히 여기고 있는 것이 충성심이라는 가치이다. 충성심은 오랫동안 일터에 존재해 근로자들에게 안정감, 자신감, 그리고 소속감을 갖게 해주었던 가치이다. 그러나 많은 근로자들뿐만 아니라 많은 조직에 의해서도 등한시되어 왔다.

가치 지향적 사고를 할 수 있는 세 번째 제안은 조직 전체적으로 충성심의 가치를 강화하고 보상할 뿐만 아니라, 개인들에게도 좀더 가치 함양을 할 시간을 주라는 것이다. 첫째, 회사들이 휴가 정책을 재검토해서 전임으로 고용된 지 2년이 지난 모든 근로자들에게는 4주의 휴가를 줄 수 있도록 해야 할 것이다. 4주 간의 휴가는 오늘날 미국의 근로자들의 평균 시간인 2주보다 훨씬 긴 시간이다. 지금까지는 10년이 넘게 일한 근로자들만이 4~5주 간의 휴가를 기대할 수 있었다. 오늘날에도 고위 경영자들은 처음부터 4주 간의 휴가를 얻고 있다. 우리는 이러한 제안이 조직 내 모든 근로자들에게 적용되어야 한다고 믿는다.

당신이 만일 이 제안을 읽고 있는 고용주라면 당신이 부담해야 할 급료 인상의 규모와 관계없이 좀더 충성스럽고, 동기화되고, 생산적인, 그리고 가치 충만한 근로자들이 됨으로써 지급된 비용을 더 만회할 수 있음을 기억하라.

거기에 그치지 않고 전임으로 고용된 지 7년 후에 두 달가량의 안식 기간을 주면 회사와 근로자 자신을 위한 장기적인 이익을 창출할 수 있게 하는 석설한 시간이 될 수 있다는 것이다. 이것은 중요한 사업계획이나 방침을 시작할 수 있도록 일에서 벗어나기에 충분한 시간이다.

4 전국적으로 가족 가치를 경축하는 주말을 정하자.

이러한 국경일을 두자는 것은 가족 가치들을 논의하고 활성화시키는 데 일정한 시간이 필요하다는 데에 있다. 이 제안의 핵심은 단지 가족 가치를 강조하기 위해 일 년에 한 주말을 보내는 것이 아닌, 가족 가치에 대한 의식 수준을 고양시키는 데 있다. 이러한 시도는 궁극적으로는 일 주 내내 실시되도록 확대되어질 수 있다. 누가 가족 구성원이 될지는 당신의 선택에 달렸다. 중요한 것은 누가 가족인지가 아니라 어떤 내용을 토의하고 의견일치를 볼 것인가이다. 지금, 가치들에 대해 여러분은 어떻게 대화를 시작할 것인가? 여러분의 자녀들에게 누구를 좋아하고 싫어하는지 물어 보라. 또 자녀들에게 무엇이 필요한지 물어 보고, 우러러보는 영웅은 누구인지 또, 이유는 무엇인지 질문해 보라. 그리고 그들이 자긍심을 갖는 것은 무엇인지도 물어 보라. 여러분의 실수담 한 가지 정도라도 자녀들에게 말해 주라. 자녀들이 두려워하는 것 두 가지 정도를 물어 보라. 이렇게 자녀들과 여러분 자신들을 아는 것은 이 과정에 도움이 될 것이다.

5 온 가족과 함께하는 가족 행사를 찾아 내고 활성화시키자.

편부모, 이혼한 부모, 동성연애 부모들, 국제 결혼한 부모 등, 이들은 모두 1990년대 가족의 한 단면들이다. 가족은 더 이상 "일하는 아빠와 집안 살림하는 엄마"와 같이 전통적으로 정의할 수 없다. 이 같은 정의는 오랜 옛날 얘기고 소박하기까지 하다. 가족 구성원이 어떻게 이루어졌는지 관계없이 가족 구성원들에 큰 영향을 줄 수 있는 신성하고 강력하고, 그리고 중요한 에너지의 원천이 가족임을 인식하는 것이다.

가치들을 기를 수 있는 한 가지 방법은 가족 행사를 지속적으로 함께 하는 것이다. 특히 이 행사는 아이들에게 안정감과 소속감을 준다. 행사는 또한 아이들이 인생에서 어려운 상황에 대처할 수 있는 감정적인 의지처를 마련해 준다. 가족 행사의 예로써는 일요일 저녁식사, 토요일 오후 영화 보기, 매주 종교 행사에 참여하기, 기념일 축제, 생일 파티, 그리고 함께 아침식사를 하는 것 등이 있다. 중요한 것은 어떤 것을 선택하든지

간에 이를 꾸준히 실행하는 것이다.

6 여러 계층의 사람들과 깊은 유대 관계를 맺자.

이는 '겉치레'적인 제안이 아니다. 아주 중요하다. 불행하게도 우리들 대부분은 일상적으로 '우리와 유사한' 부류의 사람이 아니면 쉽사리 깊은 관계를 맺으려 하지 않는다. 다양성은 사회 경제적 계층, 국적, 인종, 정치적 신념, 성별, 종교, 민족, 나이, 성적인 취향, 혹은 개인적인 철학 등 여러 유형들에서 나온다. 실제로 이 시도를 한 사람들은 그런 경험이 없던 경우 보다 훨씬 사회적 다원론에 접근하였다.

첫째, 이 사람들과 함께 아침식사나 점심식사를 하도록 하자. 가식적이지 않고 정말 편안한 분위기에서 식사하라. 그 사람의 부모, 형제, 어린 시절들에 대해서도 물어 보고, 포부는 무엇이고, 또 부족한 것, 두려워하는 것 등을 물어 보라. 그 사람을 더 잘 알려고 노력하고 난 다음에 자신이 전에 가졌던 편견이 옳은 것인지 틀린 것인지 스스로 자문하라. 그리고 그 사람과 두세 번 이상 더 자리를 함께하고 더 질문해 보라. 이 같은 시도는 '알지 못했던' 소수 집단에 대한 이해의 수준을 높이는 데 그 목적이 있다. 그들이 '잘 알지 못하는' 부류로 생각되어지는 것은 그와 다른 계층의 사람들이 그들을 더욱더 잘 알려는 기회를 갖지 않았기 때문이다. 이건 솔직히 유감스러운 일이다. 그러나 식견과 이해를 높인다면 그릇된 선입견을 멀리 떠나보낼 수 있을 것이다. 각자가 이러한 시도를 한다면 궁극적으로 조직은 다양성에 대한 많은 표현들을 환영하고 장려할 것이다.

7 주변에 살고 있는 10가구 정도의 이웃들과 함께 파티를 열자.

매일 만나는 이웃의 10가구 정도를 알고나 있는가? 여러분이 잘 모른다면, 지금이 알아야 할 때이다. 공동체 의식을 형성하고 되찾는 것이 중요하다. 그러나 이는 일반 대중 각자의 시도로써만 성취되어질 수 없다. 서로 이웃하여 살고 있는 일단의(혹은 같은 빌딩에 살고 있는) 사람들은 스스로 '분리된 섬'으로 남으려 한다. 공동체, 이웃, 한 팀으로 발전하려면 일단의 사람들이 서로가 서로를 알 필요가 있다. 오늘날, 우리들 대부분은 자신의 집에서 몇 미터 떨어져 있지도 않은 5가구 정도도 모르고 있는 실정이다. 우리가 이웃들을 알기 위해 노력했었던가?

자신감, 자기 만족, 안정감의 필요성

우리들은 근로자와 관리자들로서 일터에서 의미 있는 가치와 규범들을 세우지 못했다. 그러나 의미 있는 가치와 규범들은 자신감, 만족감, 안정감을 키우는 데 필요한 요소들이다. 이들 각 요소들은 혼란스럽고, 분열되고, 불확실한 자신을 고치는 데 도움을 줄 수 있다. 내적인 자신감 결여는 아노미의 많은 부정적 영향들 중의 하나이다. 우리의 내면적 감정과 불안정감의 토대를 마련할 규범과 가치가 없다면 자신감이 무너지고 점차 사라질 것이다.

우리는 개인적 가치의 후퇴가 지속되고 있는 가치 혼란 시대에 들어섰다. 개인적인 욕구와 신념들에 대한 존중이 결여되어 왔다. 오늘날 우리는 자기 과시나 물질적 이익에는 관심을 가지면서 타인들에 대해서는 덜

신경 쓰는 경향을 보인다. 이를 한 번 생각해 보자. 여러분이 상사, 동료, 혹은 이웃과 대화를 나눌 때, 그들이 개인적으로 당신에게 진심 어린 관심을 갖고 질문을 하는가? 대부분 많지 않을 것이고 어쩌면 전혀 없을지도 모른다. 왜 그러한 진실된 관심을 갖고 대화를 해야 하는가? 왜냐하면 여러분 각자는 유일한 존재이고 훌륭한 의견들, 생각들, 사상들, 그리고 느낌들을 가진 아주 멋있는 존재이기 때문이다. 여러분이 자신에게 관심을 표현하는 사람들을 만났을 때 여러분의 즉각적인 반응은 대개 긍정적이고, 애정이 어린, 그리고 애교 있는 모습일 것이다. 그 이유는 간단하다. 그들이 여러분 자신에 대해 믿음을 갖고 있음과 개인적으로 당신의 가치를 인정한다는 것이기 때문이다. 바꾸어 말하면 이는 다시 여러분의 자신감, 개인적인 만족감, 그리고 안정감을 높여 주는 것이다. 이를 개발하는 것은 사람들을 건강하게 하여 의미, 소속감, 그리고 개인적 만족을 주게 된다.

조직에서 근로자들에게 조직을 믿게 하려면 근로자들이 목적 의식과 소속감을 갖도록 해야 한다. 위의 중요한 두 요소가 마련된다면 근로자들의 자신감과 내적 안정감은 빠르게 증가하고, 만족감도 커질 것이다. 이 세 가지 요소들은 규범과 가치를 사용하여 압축식 펌프처럼 자신감, 만족감, 그리고 안정감을 계속해서 뽑아 내게 한다.

그러나 조직은 단지 최종 결과(즉, 근로자들이 만족하는지 안 하는지)에만 치중하지 말고 만족과 불만족을 가져오는 일련의 사건들을 더 잘 이해하고, 이들의 원인들을 찾아야 한다. 그렇게 하면 조직들은 근로자들 사이에서 바람직한 규범과 가치가 무엇이며, 실제 지각된 것과의 큰 불일치는 무엇인가를 찾아 낼 수 있을 것이다.

당연히, 대부분 조직에서의 경영진과 이사진은 자신들 주변과 격리된 두터운 층을 두고 있다. 그들은 자신에게 있어 가장 중요한 3요소들인 근로자들, 고객들, 그리고 주주들에게 회사를 위한 적당한 규범과 가치들이 무엇인지를 물어 보지 않는다. 왜 조직에 필요한 규범과 가치가 무엇인지에 대해 소규모 그룹이나 핵심 그룹을 구성해서 토의하거나 여론 조사를 실시하지 않는가? 각 집단들에게 묻고 경청해 보자.

앤드류 캠블은 『사명의 힘 : 전략과 문화를 조화시키기』에서 "신념과 행동 사이의 고리를 관리하라. 사람들의 신념에 맞는 새로운 행동을 해야 할 이유를 제시하여, 쉽게 변화를 이끌 수 있다."라고 권고한다. 그는 가치들과 행동 사이에 존재하는 고리를 잘 설명하고, 조직 내에서 긍정적인 변화에 영향을 주는 규범과 가치들의 힘을 기술하였다.

가치들의 근본

조직의 경영자들은 "우리는 근로자들이 자신들의 욕구나 소망, 두려움, 개인적 관심사, 좌절감, 사회적 관심사, 그리고 싫어하는 것들을 말해 주길 원한다."라고 말할 수 있는 사고 방식을 가져야 하고, 이런 분위기를 조성할 필요가 있다. 이같이, 자유로운 의사소통을 통해서 각자의 신념과 가치들을 형성하고 다른 이에게 전달할 수 있는 토대를 마련할 수 있다. 가치들이 확고해진다면, 규범의 개발과 기대되는 행동 양식들을 개발하기 시작할 수 있다.

이제 아노미를 치료할 수 있는 방안을 모색해 보고, 토대를 마련하고, 어느 조직이든 다시 활기를 돋게 할 수 있는 일련의 가치들을 열거해 보자. 전반적인 출발점은 향상된 가치와 규범의 건전성을 위해 다음의 10가지 권고 사항들을 포함한다.

① 각 개인의 내면적인 가치, 능력, 그리고 장점을 인정하는 전반적인 사고 방식을 촉진하라.

② 근로자들이 인정하는 조직의 가치들을 문서화하여 가시적으로 제작 게시하라.

③ 언급한 가치들을 강화하고, 지지하고, 그리고 격려할 수 있는 인정과 보상을 활성화하라.

④ 가시적인 행동들을 통해 정기적으로 회사의 가치를 본보이는 믿을 만한 리더들을 양성하라.

⑤ 감정, 두려움, 소망, 그리고 욕구들에 대한 자유로운 표현과 대화를 장려하는 규범을 확립하라.

⑥ 근로자들의 충성심과 헌신을 강화하고 장려할 수 있는 규범을 발전시켜라.

⑦ 회사의 제품과 서비스를 통해 근로자들과 회사의 가치들이 고객에게 전달될 수 있는 규범을 정하라.

⑧ 조직의 가치에 잘 맞는 근로자들을 채용하라. 나원론을 지원할 수 있는 규범과 채용 방침을 활성화하라.

⑨ 밑으로부터 시작되었고, 모두에 의해 지지되고, 그리고 집단에서 받아들여질 공유된 가치 문화와 공유된 리더십을 만들라. 모든 리더들이 조직을 위해 '가치 대변자'로 바뀌어질 수 있는 행동 계획을 만들라.

⑩ 팀웍, 다양성, 모험심, 혁신, 성실성, 개인화된 통제, 그리고 고객 만족을 강화하는 규범을 만들라.

베리 포스너와 워렌 슈미트는 1992년에 쓴 <가치와 미국의 경영인 : 최근 현황>이라는 기사에서 다음과 같이 말하고 있다.

우리는 경영상의 가치를 개인적이고 조직적인 삶 속에 있는 조용한 힘이라고 부른다. 가치는 성격의 핵심이고, 우리가 시간과 에너지를 쓰는 방법에 영향을 준다. 격변의 시기에 가치는 갈등적 견해와 압력들 속에서 어떤 방향 감각을 제시할 수 있다. 간단히 말해, 이 같은 새로운 관심과 공유된 가치의 장점을 인정하는 것은 근로자들로 하여금 설득 근거를 갖게 하는 것이다.

포스너와 슈미트가 언급한 조용한 힘이 우리가 말하는 자기 자신의 강한 신념과 유사하다는 것은 의심할 여지가 없다. 이것은 우리가 오랫동안 가지고 있었던 신념이다. 이 책의 공동 저자인 수잔 쿠즈마스키 박사는 1993년 연설에서 "가치는 사람을 만들고 가치 충만한 사람들은 조직을 만든다. 그러나 가치는 조직의 모든 구성원들이 동의하고 공유해야 하며 일부 고위 경영자들에 의해 독단적으로 처리되어서는 안 된다."고 하였다.

레비 스트라우스사의 최고 경영자이자 회장인 로버트 하스는 "조직 가치와 개인 가치 사이의 조화는 회사의 성공에 있어 핵심 요건이다."라고 하였다. 그렇다! 우리는 전적으로 동의한다. 이것의 출발점은 각 개인의 가치들이다. 만일 우리가 우리의 내적인 자기를 '내 보이지' 못한다면 실제적이고 의미 충만한, 그리고 지속적인 토대를 마련할 수 없다.

유용한 가치 체계의 개발

자기 중심의 시대는 지났다. 경영자들에게는 우리가 하는 일상적인 일이 우리 자신을 위해서가 아닌 다른 사람에게 봉사하기 위해서라는 봉사자적 자세가 필요하다. '봉사하는 정신'은 근로자들, 고객들, 공급자들,

그리고 주주 등 여러 집단의 욕구에 주의를 기울이는 것을 의미한다. 간단히 말해, 우리의 일상 활동의 목적은 아래에 열거된 계층들의 욕구를 확인하고 전체적인 만족 수준을 높이는 것이다.

- 주주들(소유자, 투자자 등)
- 근로자들(관리자, 리더, 노동자 등)
- 소매상들(판매인, 유통업자, 외판원 등)
- 최종 수요자(고객들, 회사 내부 고객들, 학생들 등)

위의 집단들은 조직 자체를 중심으로 한 '근접성'에 따라 구분될 수 있다.

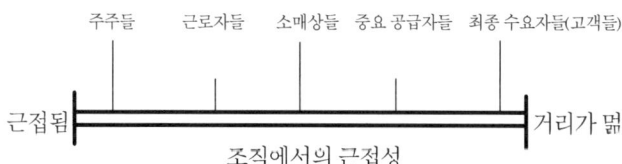

조직 자체로부터 더욱 멀리 있는, 즉 최종 단계인 고객들을 만족시키기는 더 어려워진다. 대부분의 조직들이 만족시키기에 좀더 수월한 중간의 계층들보다는, 위의 스펙트럼 양 끝에 있는 주주들이나 고객들을 만족시키기 위해 더욱 많은 직무를 해야 하는 점이 흥미롭다.

더 나아가 근로자들은 충성해야 될 이유가 필요할 것이고, 그들은 직무에서 좀더 독립성과 만족감을 원할 것이고, 더 나은 조직 환경과 개인적인 권한이 필요하다. 근로자들은 이 같은 변화를 이룰 가치와 규범들을 찾아 내고 강화할 필요가 있다. 이 원리는 개인뿐만 아니라 회사와 조직에게도 적용된다. 조직들은 내부와 외부 집단 각각을 위해 구체적인 규범과 가치를 규정한 가치 체계를 개발하여야 하므로 근로자 중심의 규범들과 가치들을 개발하는 것이 유일한 출발점이다.

제6장

조직의 활성화

이 장에서 우리는 효과적으로 조직을 활성화할 토대가 될 수 있는 일련의 문제들을 살펴볼 것이다. 우리는 조직에서 효과적인 참여와 공유되는 리더십 형성을 연결할 수 있는 방안을 다룰 것이다. 다음으로 우리는 조직에서 가장 큰 자산이자 사람들이 기여할 가치인 '인적 사산'(peoplequity)이라 불리는 새로운 개념을 소개할 것이다. 우리는 또한 조직이 가치 충만한 문화들을 발전시키도록 하는 기초로서 공유된 가치 환경에서 협력하는 중요한 개념도 논의할 것이다. 여러분은 오늘날 여러분의 조직의 가치가 얼마나 충만되어 있는지를 평가할 수 있을 것이다. 마지막으로 우리는 여러분에게 가치에 토대를 둔 조직이 가져야 할 열 개의 요소들을 제시할 것이다.

가치에 토대를 둔 조직들은 활성화된 조직들이다

당신이 속한 조직은 가치가 얼마나 충만되어 있는가? 규범들과 가치들은 함께 조직의 문화에 커다란 부분을 차지하고 있다. 실제로, 규범들과 가치들의 확산은 조직의 근로자들의 장단점을 직접 바꿔 놓는다. 이는 다시 근로자들이 조직의 목표와 전략에 비추어 얼마나 생산적이고, 헌신적인 것인지를 결정한다. 만약 조직이 응집력이 있고 확실한 규범들과 가치 있는 체계를 가지고 있다면 강한 문화와 힘있는 조직을 만드는 기본적인 요소들을 갖고 있을 것이다. 그러면 근로자들은 애착심과 소속감을 느낄 것이고 자신들의 일이 조직의 가치에 도움이 될 것을 믿고 매일 다시 일하고자 하는 활력을 얻게 될 것이다.

지원해 주는 문화가 없으면 많은 근로자들은 조직의 임무와 목표들에 집중하지 못한 채 아마도 조직의 목표들과는 일치하지 않는 자신의 목표와 목적만을 위해 일을 할 것이다. 따라서 일반적으로 합의된 규범들과 가치들을 만드는 것은 근로자들의 개인적인 목표들과 조직체의 목표들을 맞추는 중요한 단계인 것이다.

효과적인 규범들과 가치들을 갖게 되면 관료적인 규칙, 회사의 규정들, 그리고 위계적 조직 구조 없이도 근로자들 모두를 함께 묶는 데 크게 유익하다. '조임쇄'(fastner) 역할을 하는 수행에 근거한 프로그램, 규범들과 가치들이 있다면, 여러 근로자들과 조직 속에 그렇게 많은 규칙들이 있을 필요가 없을 것이다. 근로자들은 그들이 무엇을 해야 한다는 강요에서가 아니라 그들이 원해서 하는 것이다.

2억 달러의 매출을 보이는 기업체의 34세 된 마케팅 중역은 "나는 우리의 회사 경영팀의 일부인 것처럼 생각한다. 그들은 나를 개인적으로나 전문가로서도 존중해 준다. 내가 말하는 것을 진지하게 들어 주므로 나는 뒤늦게 수정하지 않고서 결정을 내릴 수 있다. 나의 연간의 보수는 얼마나 내가 조직의 목표에 접근하여 달성했는지, 그리고 그렇게 함으로써 동료들로부터 어떤 인정과 칭찬을 받았는지에 따라서 결정된다. 내가 최고 경영자에게 기술적으로 보고는 하지만, 나는 그가 나의 상사나 감독자라고 느껴 본 적이 없다. 나는 진정으로 그와 내가 이러한 일들을 함께 하는 동반자라고 느낀다. 그렇다, 우리는 공동의 가치들을 서로 공유하고 있는 것이다.

앞의 예는 가치에 토대를 둔 한 조직의 좋은 예이다. 이는 조직과 조직의 문화를 얻을 수 있도록 에너지와 힘이 근로자 층에 침투됨을 보이는 것이다. 물론, 진정한 조직 활성화의 열쇠는 규범들과 가치들이다.

실제로 규범들과 가치들은 전통적이고 위계적인 보고를 대신할 수 있다. 여러 계층으로 나뉜 조직을 제거하는 것을 상상해 보자. 근로자들과 리더들은 동반자들로서 더욱 동등하게 함께 일하게 된다. 분명히 각자가 조직체에 공헌하는 기술들과 지식의 형태들은 다르지만, 개개인은 이미 조직체 안에서 누군가의 밑에 있는 부하처럼 느끼지는 않을 것이다. 미래 조직들은 가치에 기반을 둔 조직들의 효율성과 긍정적인 에너지를 쉽게 인정할 것이다. 이제까지 있었던 조직구조들과 리더십 유형의 발전을 <그림 6-1>에서 보기로 하자.

<그림 6-1>에서 보는 것처럼 전통적인 위계구조는 1950년대부터 1980년대까지의 대부분의 조직체들의 주요 원리들이었다. 물론 현재에도 이러한 낡은 위계구조를 가지고 있는 조직체들이 여전히 많지만, 보다 발전된 회사들은 참여적인 형태와 리더십을 갖게 되었다. 위계적 구조(<그림 6-1>의 a 참조)의 큰 문제는 독재적이고, 위에서 아래로 내려가는, 그리고 흔히 지배적 리더십의 유형이 필요하다는 것이다. 더 나아가 이러한 유형은 아노미를 일으키고 근로자들로 하여금 자신감을 잃고, 자신이 '왜소'하다는 느낌을 갖게 하며, 조직으로부터 근로자들의 내적 동기들을 차단한다.

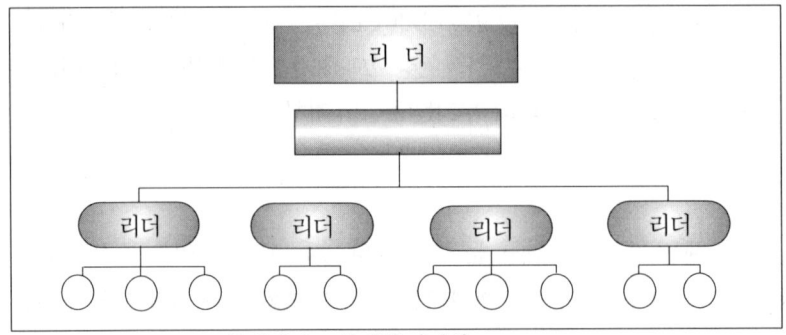

a. 독재적이고 위계적 리더십(1950~1980)

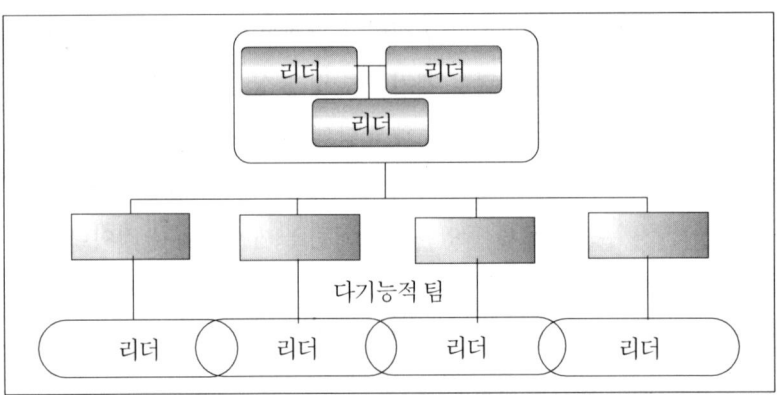

b. 참여적 리더십(1980~1990)

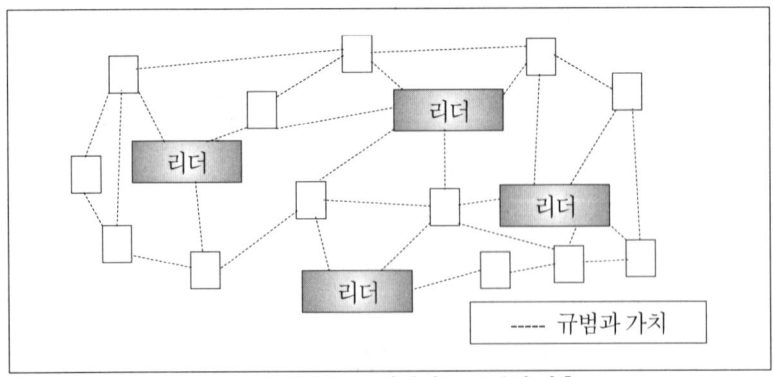

c. 가치에 기반을 둔 리더십(2000년대 이후)

〈그림 6-1〉리더십 유형과 조직구조의 변화

헤롤드 기닌은 독재적이고 강압적으로 수년 동안을 ITT(국제 전신전화 회사)를 이끌 수 있었으나, 그가 물러나자마자 그 회사는 침체 국면으로 들어섰다. 왜 그랬을까? 독재적인 리더는 근로자들을 무력하게 만들기 때문이다. 근로자들은 지시를 받았고 지시한 것대로 행동했고, 아무런 감정 표현도 못 했으며, 회사에 말썽을 일으키지 않으려 했고, 분명 그들 자신에 대해서 아무런 생각도 하지 못했다. 자신감은 상실되고 자기 가치는 감소되었으며, 그리고 자기 만족도 없어졌다. 독재적인 리더가 있는 한 두려움과 위협이 리더의 목표 달성을 위해 근로자들을 계속해서 내몰 것이다. 그러나 리더가 떠나면 근로자들은 실질적으로 어떻게 행동하고, 생각해야 하는지를 알지 못한다. 관계들이 거의 맺어지지 못했고 조직체를 한데 묶기 위한 규범들과 가치구조들이 없었다. 독재적인 리더가 가고 난 후 아무런 사회적 접착제가 없었던 것이다.

많은 조직체들은 계속 발전하기 위해서는 단지 선정된 일부만이 아니라 많은 근로자들도 리더십 기술과 유효성이 필요함을 인식하고 있다. 미래를 대비하기 위해서 소수의 간부들만 준비해서는 안 된다. 조직 전체를 통해서 모든 수준의 리더들이 존재해야 한다. 여기 또 다른 예가 있다. 1992년부터 1994년 초까지 『포천』지가 선정한 9명 중 8명의 고위 경영자들이 500대 의약품 제조업체에서 회사를 떠났다. 고위직에는 회장 한 사람만이 남았다. 그런데 같은 기간 동안 주식 값은 40% 이상 내려갔다. 분명 고위직에서 공유된 리더십 유형이 있을 것처럼 보이지는 않는다. 그렇지 않은가? 그것은 근로자들을 리더들로 육성하는 데는 오랜 시간이 걸리기 때문이다. 문화라는 것은 사람들이 같은 조직에 오랫동안 머물기를 원할 때 만들어지는 것이다. 일정한 기간이 지나지 않고는 올바른 규범들과 가치들이 있다고 해도 교체되는 경영자들 때문에 일관성과 연속성이 부족하여 긍정적 결과를 기대할 수 없다.

훌륭한 조직들은 <그림 6-1>의 b에 나온 것처럼 참여적이고, 팀으로서, 공동된 리더십의 구조를 가져왔다. 때때로 일부의 고위 경영자들은 회장실이나 고위 경영자팀을 구성하기로 했었다. 의사결정과 책임을 같이 나누기 때문에 공동 리더십을 구성하는 것은 좋은 출발이다. 그러나 진정으로 조직에 참여하고 조직 전반에 공동 리더십을 육성하고자 한다면 팀, 과제, 제품, 그리고 기능에 걸쳐 복수의 리더들이 있어야 한다. 그러므로 우리는 다양한 배경을 가진 팀 리더들로 구성된 다기능적 팀들을 구성하도록 강력하게 권고한다.

이러한 유형의 리더십은 팀들이 부서, 기능, 심지어 분야에 걸쳐 각 개인들의 기술과 역량을 효과적으로 발휘할 수 있게 한다. 다기능적이나 복수 분야의 팀들의 활용은 전체 조직에 공동 리더십을 지속시키는 데 도움을 준다.

가치에 중심을 둔 리더십을 그림으로 표현한 것이 <그림 6-1>의 c이다. 이러한 리더십 유형이 처음에는 무질서한 것처럼 보이지만 실제로는 그렇지 않다. 분산되고 산발적인 보고 관계처럼 보이지만 실제로는 연결되고, 통합되고, 결속력이 있는 것이다. 실제로 근로자들과 리더들은 앞의 두 구조들보다 서로가 더 효과적이고 밀접하게 연결되어 있다. 강한 '동반자 의식'이 존재하는 것이다. 가치에 기반을 둔 리더십은 근로자들로 하여금 최선을 다해 자신들의 능력을 발휘하게 하므로 근로자들로부터 최대의 성과를 얻게 한다. 이들은 눈치를 보거나 장난삼아 일하지 않고, 누구를 위해서 일하지도 않는다. 이들은 전문가로서의 열정을 표현할 수 있는 것이다.

개인적인 존중, 평등, 그리고 다양성에 대한 지지는 가치들의 핵심이다. 근로자들과 리더들은 뒷전에 물러서서 누군가가 자신들을 해치려는지를 살펴보지 않고, 자신들의 주변 사람들을 적대시하지 않으며, 서로 함께 노력하려 할 것을 기대하게 되므로 아노미는 사라진다.

각 근로자들을 한데 묶어 전체적으로 조직 속에 들어가게 하며, 각 구성원들이 연계되도록 하는 '접착제'는 서로 합의된 규범과 가치이다. 다양한 그룹에서 지명된 리더들은 단지 조직의 우두머리 위치에 있는 것이 아니라 조직 속에 통합되어 있다. 이는 모든 근로자들이 더 많은 헌신을 하게 한다. 상당한 정도로 모든 개별 근로자들이 전체 조직의 중요한 부분이라고 시사하는 것이다. 가치 틀은 그 속에 구멍들이 있으므로 모든 근로자들이 그 구멍을 붙잡는 데 참가하지 않으면 서로 분리된다. 그리하여 성원들에 있어 연결하는 사슬은 가장 약한 데 연결된 부분만큼만 강한 셈이고 전체적으로 보아 가장 약한 성원이 팀의 운명을 결정하게 되는 것이다.

궁극적 가치 - 인적 자산(peoplequity)

여러 해 전에 어떤 회사의 부사장은 담당자들이 흑인 컨설턴트인 짐 디커슨을 대하는 것을 보고 매우 놀랐다. 부사장은 짐이 회사에 명쾌한 분석을 해주고 헌신적이며, 고객에게 최상의 서비스와 만족을 주려는 것을 충분히 인정하고 있었다. 하지만 짐에게는 약간의 언어장애가 있었다. 이 때문에 담당자들은 짐으로 하여금 회사를 나가게 하고 새로운 사람이 들어오도록 일방적이고 교활하게 공작을 폈던 것이다.

분명히 이들 담당자들의 가치들은 짐의 적극성, 현명함, 헌신보다 더 피상적인 것에 초점을 맞춘 것이다. 어쩌면 회사가 그렇게도 둔감하고, 근시안적이고, 경솔할 수 있는가? 간단히 말해 회사 내에 아노미가 존재했고 회사의 진정한 자산에 대한 안목이 없었기 때문이다. 우리는 조직들이 사람에 대한 경제적 가치를 측정하기 위한 새로운 개념을 생각할 것을 제안한다. 우리는 이를 인적 자산(peoplequity)이라고 부를 것이다.

인적 자산(人的資産)은 미래 조직에서 고려해야 할 가치에 토대를 둔 새로운 개념이다. 인적 자산은 인재들에 대한 경제적인 가치이다. 대차대조표 상에 인재의 경제적인 가치를 반영하는 항목을 둔 회사는 아무 데도 없다. 대차대조표는 회사의 자산, 부채, 순이익의 가치를 나타낸다. 회계사들은 대차대조표의 자산 쪽에는 수취계정, 설비, 장비, 물품재고, 현금, 컴퓨터 등을 포함시킨다. 대체로 '자산'은 가시적인 벽돌과 건축재료, 기계, 돈, 기타 유형적인 것들로써 경제적으로 가치 있는 것으로 바꿀 수 있는 것들이다. 시간을 두고 사용하거나 성능저하로 생기는 가치의 감소는 감가상각으로 설명된다. 그래서 이들 모든 가시적인 자산들은 대차대조표 상에서 '증가'로 나타난다. 그러나 무형의 자산들도 포함된다. 회계사들은 특허권, 특허기술, 유통망, 그리고 때때로 고객 리스트, 상표자산, 신용과 같은 것에도 경제적인 가치를 매긴다. 놀랍게도 그러한 무형의 자산들이 종종 대차대조표에서 중요하게 나타난다. 예를 들어 1992년에 블랙 앤 디커사는 전체 자산이 54억 불이라고 발표하였다. 그 중에서 25억 불은 신용이었던 것이다. 우리가 신용에 대한 경제적 가치를 계산할 수 있다면 왜 가장 중요한 인적 자산에 대해서는 별도의 경제적 가치를 부여할 수 없는가?

인적 자산이 조직 내의 근로자의 가치를 측정하거나 평가하는 하나의 인정된 회계관행이 될 필요가 있다. 우리는 상표명, 회사의 인지도와 이미지, 그리고 다른 비가시적인 것들에 신용적 가치를 둔다. 그러나 많은 회사들은 조직에서 장기적 경쟁우위를 가져오는 데 진정으로 기여한 핵심자산인 사람들에 대해서는 일관성 있게 과소평가하거나 더 나쁘게는 전혀 가치를 부여하지 않는다. 회사의 매수나 합병시 사람들의 비가시적인 기여를 평가하는 것이 회계관행이기는 하나, 대부분 회사들의 일상적 재무회계에서는 이런 관행이 포함되지 않는다.

흥미롭게도 주식시장에서는 적어도 최고 경영자의 인적 자산 가치를 인정해 주는 경향을 보인다. 회사에 새로운 최고 경영자가 오거나 떠났을 때 주식 가격이 얼마나 변하는지 보자. 흔히 주식은 5%나 10%만큼 변동하게 된다. IBM, 애플, 메릭, 박스터, 보든에서 주요 경영진이 바뀌었을 때마다 회사의 주식 가격은 떨어졌다. 실제로 금융권에서는 가시적으로 개별 최고 경영자별로 재정상의 가치를 평가하고 있다. 금융계의 인적 자산의 중요성을 잘 보인 것이다.

그러나 단지 최고 경영자만이 아닌 회사 내의 모든 근로자의 인적 자산을 생각해 보자. 그런 생각이 옳다 해도 각 개개인의 경제적인 가치나 기여도를 재는 척도를 개발하는 것은 쉽지 않다. 하지만 재정과 회계전문가들은 기계의 가치를 시간이 지남에 따라 평가절하시키는 방법을 써왔다. 우리가 인적 '사산'을 평가하는 데에도 그러한 방법을 사용해야 한다고 본다.

인적 자산은 조직 내의 사람들에 대한 가치를 경제적으로 산출하여 정기적으로 사용할 필요가 있다. 이것이 대차대조표 상에 추가될 필요가 있다. 회계관행상 회사 내 사람들의 경제적 가치를 평가하는 혁신적인 방안을 개발할 필요가 있다. 우리는 단지 시설, 장비, 기술만이 아니라, 사람들의 특유의 재능들, 기술들, 활용 가능한 역량, 경쟁적 우위 등을 더 잘 측정할 수 있는 방법을 찾아야 한다.

인적 자산은 개인의 근무연한, 과거의 업적, 기술 평가, 그리고 과거의 영업 결산서로 결정될 수 있다. 근로자외 생산성이나 성과가 증가하면 이들 각 개인들의 가치는 조직 가치와 함께 증가한다.

아마도 우리는 이러한 요소들의 몇 가지를 포함한 기술과 경험을 근거

(skill-and-experience-based)로 한 계산을 하는 공식을 개발할 수 있다. 혹은 대안적으로 근로자 대체비용(replacement cost)에 근거한 가치를 계산하는 것은 어떨까? 이 계산서에는 새로운 근로자를 썼을 때 주어야 할 보수뿐 아니라, 채용, 훈련, 그리고 경력개발비를 포함할 것이다. 두 가지 실례들을 보자. 이러한 예들의 목적은 단지 인적 자산이란 개념에 대한 보다 나은 이해를 돕기 위한 것이라는 데 유념하자. 우리가 어느 한 방법론을 권하는 것은 아니고 이는 회계전문가들이 담당해야 할 것이다.

〈표 6-1〉 인적 자산 : 기술 및 경험에 근거한 공식

준거	경제적 가치 변화 요소	32세 된 영업사원		51세 된 담당관	
		준거	경제적 가치	준거	경제적 가치
관련 분야 경험 기간	연당 1만 불	5년	5만 불	25년	25만 불
과거 수행한 순이익의 누계	과거 순이익 100만 불당 100불	350만불	3만 5천 불	3,400만불	34만 불
기능 및 리더십의 기술적 가치	A급 : 20만 불 B급 : 10만 불 C급 : 5만 불 D급 : 2.5만 불	C	5만 불	A	20만 불
손익계산에 영향을 주는 구체적 과제	과제당 1,000불	12	1만 2천 불	94	9만 4천 불
전체 인적 가치			14만 7천 불		88만 4천 불

인적 자산 개념에 깔린 가정은 개인들이 조직의 경제적인 가치를 증가시키는 데 정말로 필요하다는 것이다. 기술과 경험에 근거한 공식에 따르

면(<표 6-1> 참조) 인적 자산을 측정하는 근거로서 네 가지 준거들을 사용한다. 첫째는, 관련 분야에서 종사한 연수가 중요한 요인이며, 미래 성장 잠재력을 추측하게 하는 것으로서 경험은 경제적인 가치를 가지고 있다. 둘째는, 과거에 각 개인이 이끈 모든 조직에서 나온 순이익의 누계이다. 이 준거는 각 개인별 중요한 결산성적을 보인다. 과거의 업적은 경제적인 가치를 가진다. 셋째는, 각 개인의 기능적인 리더십 기술의 가치를 질적이고 주관적으로 평가한 값이다. 넷째는, 특정 개인의 구체적인 성과를 결산결과 조직에 이익을 가져다 준 수행과제의 수로 측정한다. 기술과 경험에 근거한 공식에서 예의 두 근로자들의 합은 1,031,000달러의 경제적 가치 혹은 인적 자산이 된다.

이제 두 번째 안인 대체비용 공식을 <표 6-2>에서 보자. 여기에서 주요 비용 범주들로는 ① 기본급료, ② 보너스, ③ 수당, ④ 주식자산, ⑤ 채용비용, ⑥ 각 근로자별 처음 2년 간의 훈련개발비 등이다.

이 대체비용 공식으로 합쳐진 인적 자산의 합은 두 경영자들의 가치는 약간 다르긴 해도 기술과 경험에 기반을 둔 공식의 합과 동일한 1,031,000달러이다. 다시 한 번 말하지만 하나의 공식이 다른 어떤 공식보다 더 낫다거나 어느 한 쪽이 회계학적으로 우월한 것을 시사하는 것은 아니다. 오히려 이것들의 목적이 인적 자산의 개념을 설명하고 미래 지도자에게 이 개념과 조직 내에 개개인의 가치를 인정해야 할 필요성을 보이려는 것이다.

인적 자산은 근로자에게 "인적 자산은 아주 중요하다"는 명확한 메시지를 전해 준다. 조직 내 각 개인의 가능성과 가치를 인정하고 이해하는 것이 직장의 아노미를 제거하기 위한 가치와 규범의 개발을 위한 출발점이다.

〈표 6-2〉 대체 비용 공식

비용범주	가정		대체비용	
	32세 영업사원	51세 담당관	32세 영업사원	51세 담당관
기본 봉급			7만 5천 불	35만 불
상여금	기본급의 15%	기본급의 40%	11,250	140,000
수당	기본급의 12%	기본급의 20%	9,000	70,000
주식	없음	스톡옵션 (만주)※	-0-	200,000
채용비용	기본급의 33%	기본급의 33%	24,750	115,500
훈련개발비	입사 후 2년 이내 년간 5,250불	입사 후 2년 이내 년간 12,500불	10,500	25,000
인적 자산계			13만 500불	90만 500불

※주당 20불의 가치로 환산

가치에 토대를 둔 환경 안에서의 협력

컨설턴트로서 우리가 일을 하는 가운데 최선의 신상품을 개발하기 위한 지도자로 르네상스식의 인간을 오랫동안 지지하였다. 폭넓고 다양한 관점을 지닌 르네상스형 리더의 생각은 제한된 어느 단일한 기능에서 나오지 않는다. 새로운 상품의 개발이 더 복잡해지고, 많은 회사 안에서 별도의 기능이 바람직해짐에 따라, 우리에게는 필요한 기술들을 충분히 조합할 팀으로서의 협력이 더욱 요구된다. 필요에 의해서 상호기능적인 팀에 의존하는 회사와 조직은 가치에 토대를 둔 리더십을 어떻게 개발해야 하는지를 학습해야 한다. 그렇게 함으로써 공동 리더십을 촉진하고 갈등 해결에 도움을 줄 것이다. 우리는 기능 사이에 다양한 관점과 차이의 존재가 혁신에 필수적이라고 믿는다. 상이한 가치와 개인적 신념으로 생기는 개인간의 긴장은 혁신에 도움이 되고 중요한가? 우리는 그렇다고 믿는다. 하지만 팀의 구성원들은 각 개인의 차이를 인정하는 한편 모든 팀의 성원들이 지지하는 일단의 집단 내 규범과 가치를 세울 필요가 있다고 본다.

공유된 가치 환경 내에서 하나의 팀으로서 협력하도록 다음의 일련의 질문들에 응답해 보자.

- 내가 팀의 일원이 되었을 때 내가 겪을 두려움은 무엇인가?
- 나는 팀의 일원이 되면 개인적으로 무엇을 얻길 원하는가?
- 나는 팀이 무엇을 성취하기를 원하는가?
- 나는 팀 안에서 나의 성공과 실패를 어떻게 측정할 것인가?
- 나는 팀의 성공과 실패를 어떻게 측정할 것인가?
- 나는 각 팀의 성원들과 어떻게 상호작용하기를 원하는가?
- 나는 다른 팀 성원들이 어떤 가치를 갖기를 원하는가?
- 나는 조직 내에 어떤 규범이 있기를 원하는가?

각 질문들은 자신에게 초점을 두고 처음부터 자신과 개인적인 문제에 근거하는 것이 중요하다. 이 첫번째 단계는 팀 전체가 집단의 규범과 가치를 공유하고, 절충하고, 개발하기 전에 진행되어야 한다. 각 성원들과 이런 종류의 개인적 정보를 공유하는 것은 구성원들이 성장하는 유일한 장소인 개인들 안으로부터의 규범들과 가치들을 세우는 출발이 될 것이다. 결과적으로 가치에 토대를 둔 환경 안에서 팀을 이루는 것은 근로자들이 함께 개발한 규범들과 가치들을 세우는 조직을 만드는 것이다. 소외감과 고립감은 사라질 것이다. 한편 조직의 규범과 가치는 모든 조직원들이 '도착점'을 찾는 기반을 제공할 것이며, 행동상의 기대들이 마련될 것이다. 근로자들은 서로 어떻게 상호작용하는 것이 최상인지에 대해서 더 잘 이해하게 될 것이다.

활성화된 조직들 : 아노미 해결을 위한 기반

미국 의학회의 수석 부회장인 제임스 토드 박사는 진보적이고 가치 충만한 지도자의 하나이다. 그는 "리더는 근로자들이 조직에서 설정한 목표를 달성하기 위해 자신의 기여와 가치 확인을 할 수 있는 조직풍토를 조성해야 한다."고 했다. 그는 가치 충만한 리더십은 현재 많은 조직체가 직면하고 있는 문화적 · 풍토적 딜레마를 해결하는 데 적절하다고 하였다.

가치 충만한 비아노미적 조직의 토대에는 다음과 같은 내용들이 포함된다.

- 각 개인들의 고유한 장점과 능력을 인정하는 규범과 가치의 개발
- 조직 전반에 걸쳐 리더십 공유 권장
- 근로자는 조직에 충성하고 헌신하며, 조직은 근로자를 '유지'하고 안정성을 제공하는 문화 육성
- 조직을 함께 지탱할 '구조'로써 규범과 가치의 사용

세계적인 건강산업계의 지도자인 제리 피셔는 아노미를 "건전한 경영의 하부조직을 만드는 데 필요한 영양소가 결여된 기업경영문화의 증상"이라고 하였다. 그의 견해는 오늘날 미국 기업계에 널리 퍼진 질환을 잘

지적한 것이다. 규범과 가치를 건강한 유기체의 영양소들로서 본 것은 적절한 비유이다. 굶주린 사람이 영양실조에 걸리듯이 생명을 유지시켜 주는 가치가 결여된 조직도 서서히 쇠약해져 간다는 것이다.

제리 피셔는 조직에서 변화를 수용하고, 시작하고, 다루는 데 있어서 부족한 내용으로 이해력과 기술들의 부족, 적응적이고 숙련된 리더십의 부족, 그리고 신중하고 민감하게 전달되는 집단가치와 규범의 부재 등 3가지로 요약하였다.

우리의 희망은 이제까지의 손상을 멈출 수 있는 신속한 방안을 기업들이 찾는 것이다. 기업들은 그들의 근로자들로부터 너무 많은 피와 땀을 착취해 왔으며 근로자들에게 생명력을 주는 규범과 가치의 수혈을 해주지 못했다. 위험한 손상을 복구하고 강화하는 핵심은 어느 조직에서나 모든 집단 성원들의 행동과 의사소통을 안내할 가치와 규범의 합의를 이뤄내는 것이다.

당신이 속한 조직의 가치 충만 정도를 측정하기

당신이 속한 조직에서는 얼마나 가치가 충만한가를 평가할 수 있다. 우리는 가치에 기반을 둔 조직에서 볼 수 있는 핵심적 속성들을 알아보기 위해 <표 6-3>에 제시된 질문지를 개발하였다. 질문에 응답해서 당신의 조직이 몇 점이나 되는지 확인해 보라.

〈표 6-3〉 당신의 조직은 얼마나 가치가 충만 되어 있나?

당신 조직의 '가치 충만'(values-ful)의 정도를 측정하라. 다음에 나온 20문항의 질문 문항을 사용해서 평가하라. 만약 당신의 조직에 제시된 특성이 존재한다면 5점, 일부분만 존재한다면 2.5점, 또는 전혀 없다면 0점을 주라. 그리고 나서 당신의 점수를 모두 더한 후 채점판을 참고하라.

 1. 경영자와 근로자가 공동으로 기업의 연간 및 장기적인 재정상의 목표와 전략 목표를 공동으로 개발한다.
 2. 우리의 사명 선언문(mission statement)은 모든 근로자들에게 널리 알려지고, 이해되고, 채택된 것이다.
 3. 우리의 조직에서는 조직 내의 각 개인들에게 무엇이 중요한지를 정의한 개인 서약문 또는 가치 기술문에 동의하고 이해하고 있다.
 4. 개인 서약문이나 가치 신조가 우리의 사무실에 눈에 보이게 게시되어 있다.
 5. 개인별 근로자들은 그들의 개인적이고, 직업상의 목표를 기술한 다음 해의 목표들을 가지고 있다.
 6. 우리 조직에서는 정책, 절차, 규정, 규칙이 존재하지만 과장되거나 남용되지는 않는다.
 7. 우리의 문화는 개인의 차이, 욕구, 문제를 매우 존중하고, 지원해 준다.
 8. 우리의 조직은 전적으로 다원론적 채용 철학을 채택한다.
 9. 우리의 조직은 매년 근로자들의 업무 이외의 측면을 더 잘 이해하게 하기 위해 근로자들과 배우자/친구들을 위해 적어도 5가지의 사교적 행사를 계획한다.
10. 우리의 경영자들과 근로자들은 서로 개인적으로 알고 있다.
11. 우리의 조직에서는 변화를 장려하고, 단기간인 실패가 장기간으로는 긍정적인 결과를 가져올 것이라고 인식시켜 준다.
12. 우리의 조직에서는 공동 리더십을 받아들인다. 즉 각 개인들은 덜 위계적이며 어떤 측면에서 일정한 리더의 역할을 맡는다.
13. 개별 근로자들은 창의성, 혁신, 팀 활동에 대한 보상을 받는다.
14. 우리의 리더십 유형은 갈등해결과 여러 기능간의 팀 활동을 지휘하는 것이다.
15. 조직 전체에 타인들을 배려하는 것이 적절하며 장려되는 분위기가 퍼져 있다.
16. 감정, 느낌, 개인적 신념들이 개인의 내부에 갇혀 있지 않고, 개방적으로 소통된다.
17. 높은 실적과 모험 추구에 높은 대가를 주어 보수 체계가 모험 추구와 실적 준거에 연결되어 있다.

18. 근로자들은 상호간의 믿음, 공정성, 그리고 일관성이 강하다.
19. 개인의 가치는 우리 조직의 통합적이고 의미 있는 부분이다.
20. 직관적인 사고가 의사결정 과정에서 장려된다.

채점판

60+	당신의 회사는 강력하고 가치 충만한 환경을 가지고 있다. 그러나 가치에 기반을 둔 리더십은 기존의 강한 문화를 더욱 발전시킬 것이다.
40~60	문제가 있다. 고위 경영자는 적극적으로 참여해야 하고, 효과적인 가치에 중심을 둔 리더십을 써야만 한다.
40 이하	일단 멈춰서 숨을 깊게 쉬고 각각의 질문으로 되돌아가 보라. 각각의 문제를 다룰 활동 계획을 만들어라.

융통성 있는 채점판

채점 결과는 당신의 조직에서 아노미를 치유하는 데 있어 영구적인 채점표가 아니며 도움이 되도록 사용해야 한다. 당신 회사의 점수는 쉽게 변할 수 있음을 기억하라. 부정적인 면에서 보면 근로자의 신념을 어긴 최고 경영진의 의사결정은 수개월에 걸쳐 형성된 가치를 쉽게 파괴시킬 수 있다. 긍정적인 면에서 보면 가치에 토대를 둔 리더십은 근로자들의 냉소와 무관심을 근절할 수 있다.

우리가 시장점유율의 침식에 대해 경계하듯이 규범의 부식을 주의 깊게 경계해야만 한다. 당신의 조직에서 가치에 근거한 리더십의 기법과 책략을 숙지하고 이들을 성공적으로 이행한 다음에도 거기서 멈추면 안 된다. 당신은 조직의 신념을 강하게 할 수 있고, 근로자들과 동료자들의 행동을 강화시킬 수 있는 무언가를 항상 할 수 있다.

다음 장에서 우리는 그러한 행동을 위한 여러 제안들을 여러분에게 제시할 것이다. 지금으로서는 우리가 요구하는 모든 것은 당신의 가치 충만한 상태를 객관적으로 분석하고, 우리가 제안한 새롭고, 때로 전통적이지 않은 전략들에 마음을 열어 두기를 바라는 것이다.

조직을 활성화하기 위한 원천은 무엇인가? 개인과 집단의 가치들이다. 공유된 가치는 근로자들을 연결시키기 위한 미래의 최상의 접착제이다. "그 일을 하기 위해서는 우리가 동일한 가치를 가져야 한다."고 얼라이드 시그널사의 최고 경영자인 로렌스 보시디는 말한다. 이 공유된 가치에 대한 욕구는 『포천』지(1993년 12월호)에 잘 묘사되어 있다. "우리는 어떻게 동요 속에서 살 것인가?", "관료 체제가 사라지고 나면 조직은 살아나고, 근로자들은 힘을 얻고, 공유된 가치만이 모든 사람이 같은 방향으로 가도록 하기 위한 실용적인 방법이 된다. 그리고 일부 기업인들이 지지하는 가치인 솔직함, 청렴, 현실 감각, 책임감, 신뢰성, 교육에의 투자, 그리고 다양성의 존중들은 훌륭한 것이다. 가장 중요한 가치는 자신과 마찬가지로 이웃을 사랑하는 공동체 의식이다."라고 하였다.

가치에 토대를 둔 10가지 블록 - 에너지 피라미드

우리는 근로자들과 그들의 작업 조직들에 다시 직업적인 열정을 불어넣을 필요가 있다. 그리고 표현하고, 의사소통되는 감정과 느낌들을 알 필요가 있으며 우리의 노동력을 재충전할 필요가 있다. 혁신적 변화가 일어나기 위해 필요한 토대는 개인적인 규범들과 가치들에 대한 인정과 평가이다. 핵심적 가치는 개인이다.

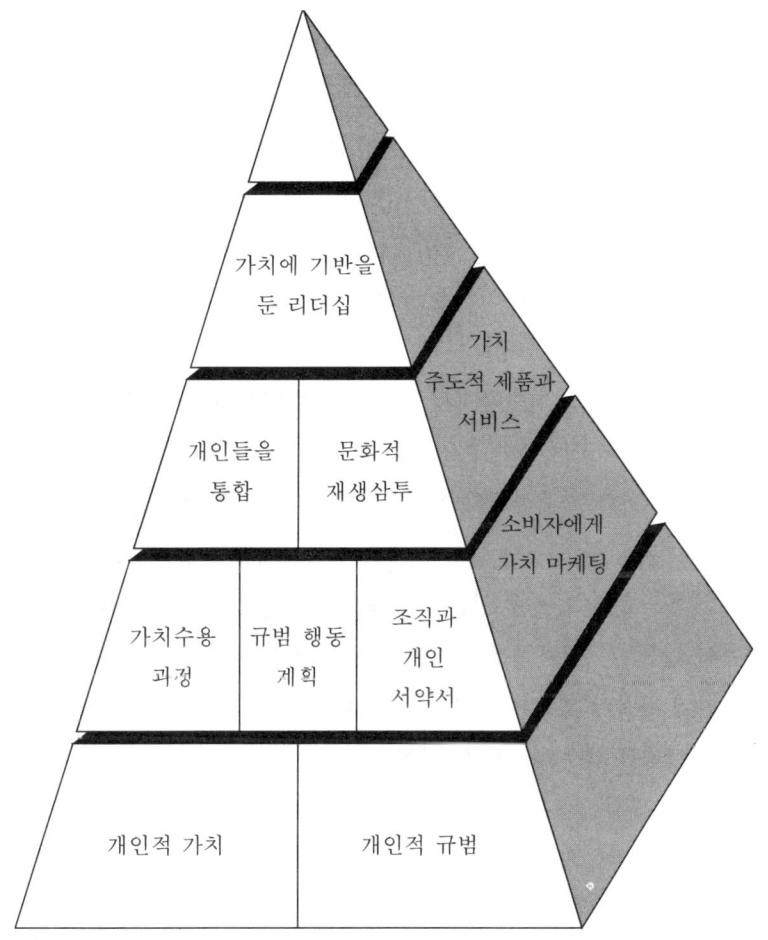

가치 충만한 조직을 위한 10가지 구성 요소
〈그림 6-2〉 가치에 기반을 둔 조직의 에너지 피라미드

조직들을 활성화하는 방법은 가치에 토대를 둔 리더십을 구사하는 것
이다. <그림 6-2>에 묘사된 에너지 피라미드는 가치 충만한 조직 창조를
위한 10개의 블록을 보인 것이다. 피라미드 정면은 조직 내부의 활성화를
목표로 하는 8개의 블록으로 구성되어 있다. 맨 밑층의 두 개의 건축 블록

은 개인적 가치들과 개인적인 규범들로서 그 다음 층의 블록들은 가치 수용 과정, 규범 행동 계획, 그리고 조직과 사람들의 서약(8장과 9장)들을 활성화한다. 세 번째 층의 블록들은 모든 근로자들의 존중과 존엄을 끌어올리는 더 중요한 개념들을 포함하고 있다(10장). 이들은 문화적 재생삼투를 지지하고, 개인을 집단으로 통합하는 관행들을 수용하는 조직을 나타낸다. 맨 위의 블록은 가치에 기초를 둔 리더십을 통해 얻게 된 모든 개념들을 포함한다(12장에서 15장).

에너지 피라미드의 측면에서 보면 조직의 내부 문화에 의해 매우 영향을 받지만 외부 고객에게 주요 영향을 미치는 것으로 두 가지 블록이 있다. 제품과 서비스의 설계와 개발을 이끌 가치들을 개발하는 것은 가치 마케팅(17장)을 하는 것과 합쳐서 에너지 피라미드를 완성한다. 근로자들이 고객들도 동일시할 수 있는 가치들을 전달한다면 이들은 가장 좋은 회사에서 있을 수 있는 최선의 대변인이 될 것이다. 이러한 10개의 블록이 제자리에 정착된 조직은 성공적인 가치에 기초를 둔 조직이 되고 지치지 않는 에너지를 갖는 조직이 될 것이다.

제3부

해결책 제시

제7장

매우 개인적인 과정의 활성화

　조직 안에서 일련의 가치를 공유하고 이에 상응하는 규범을 세우기가 어려운 이유는 가치와 규범을 형성하는 데 근로자 자신이 적극적으로 참여하고 의미 있는 기여를 했다고 진정으로 느껴야 하기 때문이다. 근로자들이 참여할 수 있는 여러 단계의 기회를 주지 않고서는 가치가 '도입'되지도 않고 규범이 시켜시지도 못한다.

　어떤 조직에서의 리더십은 일련의 규범과 가치를 세울 수 없고 이익도 기대할 수 없는 것이다. 경영자들이 근로자의 입에 바람직한 가치를 억지로 넣게 하고, 그렇게 함으로써 어떤 이익을 기대할 수도 없는 것이다. 이러한 가치들은 눈에 두드러지지 않는다. 그러나 집단 구성원의 가치 개발에서의 참여는 활력을 주게 된다. 그 자체가 매우 개인적인 과정인 규범과 가치들을 함께 개발하면 신뢰할 수 있고, 실천 가능하며, 의미 있는 가치 충만한 문화를 낳게 한다. 이러한 작업이 선행되지 않는다면 시간과 노력의 낭비만 가져온다. 더구나 근시안적인 방법을 쓴다면 오히려 근로자들로 하여금 조직 안에서 좌절, 고립, 그리고 소외를 겪게 하며, 불만과 불안을 가져온다.

138 제3부 해결책 제시

그러나, 이와 같이 아주 개인적인 방식으로 조직의 가치와 규범을 정하는 것은 정말 어려운 일이므로 먼저 합의가 이루어져야 한다. 그리고 다음의 정해진 단계들의 구체적인 틀을 따르는 것도 중요하다.

어떤 최고 경영자는 최근에 "우리 회사는 이미 우리의 문화를 주도하는 가족적인 가치를 확립했다. 이러한 가치를 믿지 않거나 받아들이지 않는 근로자들은 우리 회사를 떠나 다른 곳에서 일자리를 찾아야 한다."고 하였다. 이러한 근시안적 생각은 회사에서 일련의 가치를 단지 갖고만 있는 것은 실제로 아무 쓸모가 없음을 보이는 좋은 예이다. 그러나 보이스카웃 맹세와 같은 상세한 가치들의 목록을 작성할 수도 있다. 이들이 적절한 가치들의 목록일 수는 있으나, 가치들은 최고위층에서 하는 것보다 전체 조직에서 개발할 필요가 있다.

궁극적으로 부서나 계층, 프로젝트팀들을 구분하지 않고 규범과 가치들이 공유되지 않으면, 이들의 수명은 기껏해야 단기간에 끝난다. 더 나쁜 것은 흔히 최고 경영자가 규범과 가치를 '말'은 하고 있으나 이들을 지지하고 강화하는 행위·보상을 하지 않는 상황이다. 경영자들이 입바른 소리만 하면 이것이 근로자들에게 부정적인 생각을 더 갖게 하여 개인적인 공허감을 증가시킨다.

공동의 가치와 규범 개발하기

우리는 어떤 조직에서도 공유되는 가치와 바람직한 규범의 개발을 위한 두 가지의 체계적이고 단계적인 과정들을 개발해 왔다. 규범의 중요한 목표와 목적들은 합의된 핵심적인 가치들을 지지하고 강화해 주기 때문에 두 과정들은 서로 조화를 잘 이룬다. 실제로 가치 수용 과정(Values

Adoption Process : VAP)은 공통된 일련의 가치들을 개발하기 위한 조치들, 훈련들, 논의 등을 통하여 조직을 안내한다. 마찬가지로 규범 행동 계획 (Norms Action Plans : NAP)은 확인된 가치들을 강화시키는 일련의 바람직한 행동적 지침과 의사소통의 지침을 개발하기 위한 단계적 과정들이다.

이 단계적 과정들은 여러 계층의 근로자와 경영자 집단들 간의 연속적인 일련의 토론으로 구성된다. 우리는 가치 수용 과정과 규범 행동 계획 개발 전 과정을 위해 조직 안에 가치위원회를 구성할 것을 권고한다. 6~8명의 근로자와 1~2명의 경영자로 구성되는 전문위원회는 이들 과정을 통해 선두에서 조직을 이끄는 조정자의 역할을 할 수 있다.

전문위원 중 한두 명을 이 과정의 리더로 임명하는 것이 필요하다. 이는 가치 수용 과정과 규범 행동 계획 과정의 리더십을 확고히 유지시키는데 매우 중요하다. 이 과정을 시작했다가는 멈추고, 다시 시작하고 멈추고 하지 말아야 한다. 한 번 착수하면 조직이 이해하고, 이러한 방침이 주는 이익을 알 수 있도록 끝까지 밀고 나가야 한다. 인사담당 부사장이나 인사부장이 이 과정을 이끌기 위한 최적의 사람이라고 자동적으로 가정하지 말아라. 이 과정을 주도하기 위한 리더 또는 전문위원을 '선출'할 수도 있을 것이다. 또, 조직 내 각 계층의 경영자 대표로 구성된 다섯 명의 팀으로 구성될 수도 있다. 임무의 성질상 진취적이고 방안에 대하여 적극적일 수 있는 지원자를 찾는 것이 더 바람직하다.

가치와 규범의 개발 과정 동안에 다수의 주관적이고 해석이 분분한 문제들이 나올 것이다. 전체 과정 동안에 동일한 리더를 두면 개인가치서약서와 조직가치서약서라는 최종 결과를 더 유연하게 개발할 수 있다. 전문위원회가 이러한 계획 시행을 시작할 때 좋은 방법은, 12가지 질문들을 함께 놓고 토의하는 것이다.

이 질문들은 허심탄회한 토론을 할 수 있는 지침들로써 쓸 수 있다. 이들 과정의 활성화를 위한 근로자들간의 의사소통 부분에서 일부 문제들은 나중에 논의할 것이다. 이 질문들은 대개 어떠한 조직에서건 해결하기 어렵고 복잡한 것이다. 다음의 내용들이 그러한 질문들이다.

① 왜 우리 조직은 가치 수용 과정과 규범 행동 계획을 시작해야 하는가? 우리가 달성하려는 문화와 현재 문화 사이에 어떤 차이가 있는가?

② 조직에서 가장 중요한 문제점들은 무엇인가?

③ 조직 내에서 현재의 리더십의 유효성 수준은 어느 정도인가?

④ 근로자들의 사기와 근로자들의 전반적인 정신건강 상태는 어느 정도인가?

⑤ 가치 수용 과정과 규범 행동 계획에서 특별히 어떤 행동 영역에 초점을 두어야 하는가?

⑥ 최근 근로자들의 불만이 집중되는 내용은 무엇인가?

⑦ 지난 6개월 간 조직의 방향과 분위기는 어떠한가?

⑧ 지난 한 해 동안 조직에서 일어났던 2~3가지 주요한 문화적 변화가 있었다면 무엇인가? 이들이 근로자들에게 어떤 영향을 주었는가?

⑨ 가치 수용 과정과 규범 행동 계획이 활성화되면 어떤 영향을 받으리라고 기대하는가?

⑩ 조직에서 가치 수용 과정과 규범 행동 계획을 시작한다는 사실을 근로자들에게 알려주기 위해 어떤 방법을 쓸 것인가?

⑪ 가치 수용 과정과 규범 행동 계획을 효과적으로 수행했는지를 평가하는 데 사용되어질 적절한 시간표, 근로자의 참여, 그리고 측정 준거 등은 무엇인가?

⑫ 이러한 노력들이 조직에 긍정적 효과를 가져다 주었다는 것을 어떻

게 알아낼 것인가?

가치와 규범 개발의 예비 단계 동안에 제기될 수 있는 일부 질문은 "그 질문 속에 우리에게 도움이 되는 내용은 무엇인가?"와 "왜 우리가 이러한 것을 해야만 하는가?"이다. 우리는 이러한 일을 해야 할 분명한 이유가 있다고 믿는다.

가치 충만한 문화가 주는 전반적 이익

전 조직 차원에서 철저하게 개인의 규범과 가치를 개인적으로 표현하는 가치 충만한 문화를 개발하면 회사들은 아노미에 효과적으로 대응할 수 있다. 가치 수용 과정과 규범 행동 계획은 조직에 많은 영향과 지속적인 가치를 주는 두 가지 방법들이다. 그렇다, 가치 수용 과정과 규범 행동 계획은 아노미를 현저히 줄이고 궁극적으로 제거할 것이다. 아노미가 없는 조직은 아노미가 가득 찬 조직과는 근본적으로 다르게 보이고, 활동하고, 수행할 것이다. 이 때문에 조직에 규범과 가치를 세우는 것이 조직이 장기적으로 경쟁우위에 서는 데 가장 중요한 방법이 되는 것이다. 몇 가지 구체적인 예들을 살펴보자. 시간이 지나면 가치 수용 과정과 규범 행동 계획은 다음과 같은 이익들이 조직에 나타날 것이다.

· 조직 내의 아노미를 줄인다.
· 규범과 가치의 수립이 가져다 줄 긍정적 효과에 대한 인식(전 조직 차원으로)을 증가시킨다.
· 근로자의 수행, 안전, 자신감, 그리고 자긍심을 증가시킨다.
· 경영자와 근로자의 직무 만족을 증가시킨다.

· 근로자의 사기를 진작시키고 생산성을 향상시킨다.
· 경영자와 근로자, 그리고 전 조직에 걸친 부서별 팀웍을 증진시킨다.
· 보다 효과적인 의사결정과 근로자의 역량을 강화시킨다.
· 업무의 질을 향상시키고 고객에게 좋은 영향을 주는 상호작용을 촉진한다.
· 작업 집단과 팀들 내외에서 효과적인 의사소통을 증가시킨다.
· 조직의 특수한 규범과 가치를 수용하도록 민감성과 관심을 높인다.
· 근로자들에게 높은 동기를 부여해서 경쟁적 우위확보와 순이익을 증가시킨다.

합의 형성 과제

　우리가 앞에서 보았듯이, 개인들은 자신들이 가지고 있는 개인적 가치를 직장으로 가져온다. 평생에 걸쳐 이들은 극히 개인적인 신념들을 형성해 왔기 때문에 근로자들 집단에서 여러 사람들의 규범과 가치들이 조화를 이루게 한다는 것은 매우 힘들 수 있다. 의심할 여지없이 대부분의 조직 내에 그리고 종종 소집단간에도 개인들은 타인들과 갈등을 빚는 가치와 규범을 나타내게 된다. 바로 이점이 이견을 보이는 가치에 대해 생각할 시간을 주고, 자신을 다소 양보하고, 자신의 생각을 일부 바꾸고, 대다수가 받아들인 공통된 가치를 발견하도록 애써야 할 분명한 이유이다.

　다른 견해를 가진 사람들이 공통된 입장을 함께 만들어 합의에 도달하는 데는 충분한 시간이 필요하다. 이것이 우리가 반복적이고, 집중적이며, 구성원들이 참여하는 과정으로서 가치 수용 과정과 규범 행동 계획을 개발해 온 이유이다. 총체적 '투자'는 근로자들간에 충분한 토의를 할 수 있도록 약 3~4개월에 걸친 대략 15~25시간의 과정이 요구된다. 조직의 규모, 바람직한 참여 수준과 문제의 복잡성, 그리고 갈등적일 수 있는 가치들의 수에 따라, 두 과정을 끝내기 위해서는 6~9개월이 소요될 수도 있다. 그러므로 어떤 조직에서 이러한 두 과정을 착수하려 한다면, 최고 경영자는 근로자들이 이 일을 올바로 수행할 수 있는 시간을 낼 수 있도록 충분히 지원해야만 한다. 규범과 가치를 다루는 데 한두 번의 회의로 자신이 속한 조직의 문화가 바뀌고 아노미가 사라질 것이라고는 기대하지 말아라. 훨씬 더 많은 시간을 투자해야 한다.

합의 형성은 근로자들간에 서로 만족하는 가치를 정하는 데 필요하다. 마가렛 대처는 그녀의 최근 저서 『수상 재임 시절』이란 책에서 "합의는 모든 신념, 원리, 가치, 정책들 중 아무도 믿지 않는 것은 버리고 아무도 반대하지 않는 것을 찾아 내는 과정이다."라고 주장했다. 우리는 이 말에 동의할 수 없다. 이 같은 다소 냉소적인 정의는 합의 과정이 집단의 견해들을 우유부단의 덩어리로 바꾸는 것이라고 암시한다. 그러나 이는 사실이 아니다. 근로자 개개인늘의 신념과 생각이 집단의 정의(定義)에 통합될 때 성공적인 합의는 나온다.

집단에 의해 개인의 가치가 승인되고 뒷받침되면 합의 형성으로 개인의 가치는 더 강화된다. 공동체라는 개념은 합의에 달렸다. 합의가 없다는 것은, 이미 허약해진 집단을 지탱하는 고정핀이 없다는 것이다.

합의를 형성하기 위한 방법의 첫째는, 집단이 받아들일 수 있는 가치에 동의하는 것이다. 이러한 과정에는 갈등적 가치들의 강·약점, 장·단점을 찾아 내고 토의하는 것이 요구된다. 집단에서 수용될 수 있는 궁극적인 가치를 만장일치로 얻어 내야만 한다. 과정지도자나 전문위원들이 토의나 의사결성을 하는 데 개입하거나 중난시켜서는 안 된다. 이것이 주인 정신을 해칠지도 모른다. 합의 형성은 조직 내에서 개인적인 규범들과 가치들을 함께 결합시키는 접착제로 보아야 하기 때문에 상당한 시간을 투자할 가치가 있다.

그러나 갈등들이 있을 때 어떻게 합의를 이뤄 낼 것인가? 우리는 다음의 5가지의 접근 방법을 제안한다.

① 각자가 자신의 '견해'를 제시하도록 장려하고, 자신이 말한 가치에 대한 찬성과 반대를 듣게 하며, 그 의견이 집단에게 주는 장점과 단점을 깨닫게 한다.

② 자신이 한 말과 앞의 다른 사람이 표명했던 견해를 고쳐서 진술하면서 토의하도록 장려하라.

③ 갈등적인 가치의 절충을 이루기 위한 긍정적이고 전향적 생각과 해결책을 가진 집단의 모든 구성원들과 함께 하는 브레인스토밍 (brainstorming : 각자가 아이디어를 내놓아 최선의 것을 선택하는 방법)을 하도록 유도하라.

④ 가능한 절충안의 순위를 정하고 구성원 전체가 아닌 다수의 구성원들의 욕구를 가장 잘 만족시키는 하나의 안을 찾아 낸다. 이 방안에 대해 자신이 기여했다고 느끼게 해서 모든 집단 성원들이 그 안을 받아들이도록 하는 것이 여기에서의 열쇠다.

⑤ 집단에서 만들어 낸 가치를 모든 구성원들이 공통적으로 이해하고 공유하도록 구체적인 실용적 정의를 내리거나 기술한다.

여기에서는 근로자들이 집단토의 도중에 타인들을 방해하거나 윽박지르지 않도록 해야 한다. 더구나, 가능한 많은 생각이나 해결안을 제시하게 하여 그 집단에서 최종적으로 선택할 가치에 대한 주인 의식을 갖게 할 수 있다.

매우 개인적인 과정

가치는 개인적인 신념이다. 따라서 조직 안에서 일하는 개개인들의 다양한 가치들을 반영하고 대표할 수 있도록 그 가치들을 찾아 낼 필요가 있다. 그런 가치를 찾아 내려면, 근로자들이 자신들의 신념이 조직에 의해 존중되고, 포용되며, 지지되는 것처럼 느껴야만 한다. 물론, 개개 근로자들의 모든 가치를 받아들일 수는 없을 것이다. 그러나 가치 수용 과정에서의 매우 중요한 장점 중 하나는 모든 근로자들의 가치를 내놓게 하고 이를 조직 가치를 위한 기초로서 쓸 수 있다는 것이다.

이제 여러분은 "그럴듯하다. 하지만 언제 가치 수용 과정과 규범 행동 계획에 대해 상세하게 알 수 있는가?"하고 의아해 할 것이다. 우리는 다음의 두 장에서 각 과정을 실시할 수 있는 세부사항을 기술할 것이다. 그러나 먼저, 성공을 위한 가장 중대한 측면인 아주 개인적 과정으로서의 개인적 가치들을 찾아보도록 하자.

『에코노미스트』지의 기사(1993. 4) 중 '기업에 대한 충성심의 상실'에서는 여러 기업체들에서 직업안정성, 평생고용, 그리고 기업에 대한 충성심이 사라져가고 있다고 하였다. 대기업에서 전례가 없던 일자리 감축, 기구의 축소, 그리고 근로자들의 감원 등은 남아 있는 근로자들의 가치를 변화시켜 왔다. 아마도 IBM이 가장 좋은 예인데, 1987년과 1994년 사이에 IBM은 4만 명의 사원을 2만 명으로 감축시켰다. '과거'의 기업문화에서는 근로자들은 완전한 평생고용의 가치를 추구하여 한 기업에서의 20년간 고용을 하나의 규범으로 여기곤 하였다. 대기업 내에서는 위계도 중요한 가치였다. 그 가치는 기업 환경 내에서 분명한 경력발전을 나타낸다. 어떤 사람이 그 회사에서 수년간 충성을 다하였다면 분명한 보상을 기대하게 되는데 이 기대 속에는 더 나은 지위, 더 높은 봉급, 더 넓은 사무실

등이 포함되었다. 이들은 기업의 가치로서 표상되어 왔다. 미래의 우리 작업 환경에서의 가치는 무엇이 될 것인가?

주요 가치는 개별 근로자의 직업적 발전과 개인적인 발전이 되어야 한다. 이러한 발전은 아주 개인적인 과정이므로 개인의 가치 확인이 출발점이다. 새로운 기술을 개발하고 배울 수 있도록 개개의 근로자들에게 기회를 주어야 한다. 경영자들은 각 근로자들이 재정적인 목표를 달성하는 것과 예산을 맞추는 것과 같은 전통적 목표 이상의 개인적인 목표실현을 이루어 나갈 수 있도록 격려해 주어야 한다. 각 근로자들에 대한 목표는 아노미에 의해 야기된 무력감을 제거하는 것이다. 자신의 직무가 더욱 적절하고, 더욱 개인적이 되며, 개인의 규범과 가치들이 성장해서 근로자들이 통제감을 갖게 해야 한다.

통제는 아주 개인적인 규범과 가치를 정교하게 만드는 데 있어 핵심적인 요소이다. 과거에 기업 환경에 있어 통제는 항상 지도자의 손에 있어 왔다. 근로자들이 어떤 기업에서 새로운 사람을 채용하거나 많이 필요한 사무용품을 구입하려 한다든지, 어느 문제에 대한 응답을 원할 때면 항상 고위층으로부터의 재가가 나와야 한다. 직장 내의 사람들은 아무런 힘이 없었다. 직접 자신이 감독을 해야 하고 집단에서 필요한 것이 무엇인지 가장 잘 알 수 있는 사람들에게 아무런 권한이 없다고 상상해 보자. 이러한 모습은 어느 기업에서나 아주 해롭게 작용한다. 왜냐하면, 어떤 개인에게 통제권을 준다면, 그는 자기 자신의 대해 행복감과 긍정적인 자기 확신감을 느끼게 될 수 있기 때문이다. 그는 이러한 느낌들 때문에 직무를 보다 잘 수행할 것이다. 가장 중요한 것은 어떤 근로자에게 통제력을 준다면 직장의 규범과 가치들은 아주 개인적인 것이 될 수 있다는 점이다. 이와 같이 규범과 가치는 직장 내에서의 각 개인이 발전되도록 돕는다.

근로자들의 개인적인 가치를 이해하기 위한 최선의 방법 중 하나는 그들 자신에게 물어 보는 것이다. 그러나 개인적 가치들을 토론하기란 힘든 일이어서 종종 그러한 근로자들에게는 어색하고, 불안하게 보일 수 있다. 이러한 토론을 시작하기에 좋은 방법은 한 집단의 각 구성원들의 욕구와 특성에 대한 토론을 촉진시키도록 전문 집단의 리더에게 맡기는 것이다. 이로써 각 사람에게 특유한 개인적 욕구와 특성에 대한 대화를 시작할 수 있다.

집단의 특성과 욕구를 아는 것

어떤 집단에서건 개인들의 욕구와 관심에 주의를 기울여야 한다. 동시에 각 개인의 욕구와 관심을 찾아 내는 데 도움을 줄 타인과 상호작용을 해야 한다. 집단 성원들로써 우리들은 우리 자신과 타인에게서 무엇을 배워야 하며 작업 장면에서 구성원들로 하여금 이러한 이중적인 초점을 갖도록 고무해야 한다. 가치와 규범의 개발은 집단 장면에서 시작되기 때문에 개인들과 개인들이 모이는 집단 사이에 상호작용을 이해하는 것이 중요하다. 가치 수용 과정과 규범 행동 계획의 개발이 시작되면, 이 맥락은 중요해진다. 다음에 나온 연습(<그림 7-1> 참조)에서 볼 수 있듯이 개인과 집단 양자에 이중 초점을 두는 것은 매우 개인적인 과정인 것이다.

이런 연습은 소집단 장면에서 잘 할 수 있다. 전문위원회 지도자는 개인들에게 "나는 누구인가(Who am I)?"에 응답하게 하되, 자신들을 개인적으로 가장 잘 묘사할 수 있도록 한다. 그리고 "나의 욕구는 무엇인가(What are my needs)?"에 대해서 깊은 생각을 한 후에 토론을 하게 해야 한다. 일부 예들이 <그림 7-1>에 나와 있으며, 실제 연습시는 빈칸을 제시한다.

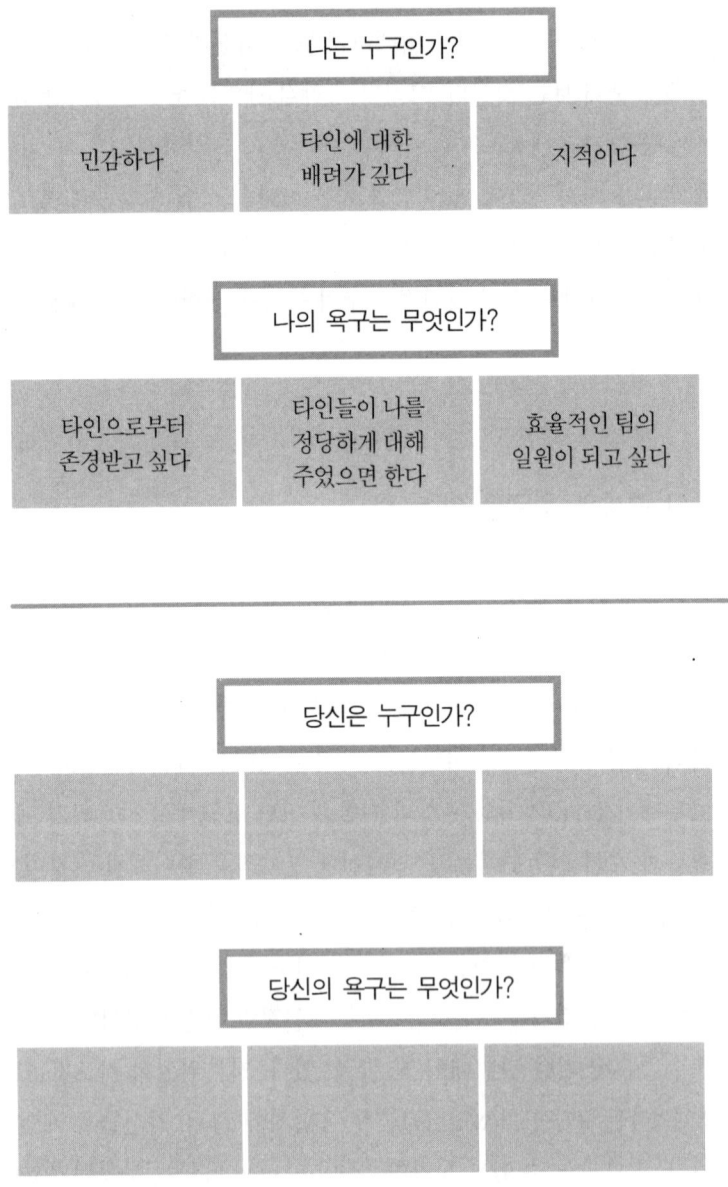

〈그림 7-1〉 개인의 정체성과 욕구를 확인하기 위한 절차

다음에는 집단을 두 사람씩 나눈다. 참가자들에게 "당신은 누구인가 (Who are you)?"와 "당신은 무엇을 원하는가(What are your needs)?"에 대해 상대방을 가장 잘 기술하는 특성을 적게 해야 한다. 둘이 서로에 대해 기술을 마친 다음에는 이 정보를 나누어 가지는 것이 중요하다. 당신이 상대방에 대한 기술과 본인의 기술을 비교해서 어느 것이 더 정확한가를 판단할 때 어떤 경우에 아주 근접된 내용이 될 수 있다. 또 다른 경우는 전혀 다를 수 있다. 그 이유는 우리들이 동료 근로자들과 충분히 시간을 갖지 않았거나, 동료들과 충분히 관심을 나누지 않았기 때문일 수도 있다. 또 자신의 아주 개인적인 특성을 숨기려 했을 수도 있다. 또 우리는 집단 내에서 타인을 이해하고 타인에게 민감해야 하며 그들의 욕구와 특성을 알아야 한다. 집단이 발전해 감에 따라 구성원들은 서로의 욕구와 특성을 더 잘 알게 된다.

이 정보를 가지고 무엇을 할 것인가? 자신이 누구인지와 자신의 욕구가 무엇인지를 알면 개인적 성장을 위한 행동을 찾는 데 도움을 줄 수 있다. 당신이 직장에서 성취하려는 것, 학습하려는 것, 획득하려는 것, 그리고 숙달하고자 하는 것은 무엇인가? 자신의 개인적 목표를 이루는 방법을 어떻게 찾을 것인가? 작업 환경은 이런 개인적 성장을 촉진하는 데 어떤 영향을 주는가? 직장은 수지 맞추기와 안전 이상의 다른 것에 가치를 두어야 하는데 그 가치는 개인적인 성장을 이끄는 것이어야 한다.

만약 당신이 교사로서 교수 방법을 개선할 필요가 있다면, 과제를 소개하는 방식, 자료를 제시하는 방식, 새로운 교수 방법을 연습하는 것이 포함된 여러 가지 가르치는 방법을 이수할 수 있다. 직장이나 기업 장면에서의 욕구는 동료들로부터 더 많은 인정을 받는 것일 수도 있다. 행동은 중요한 과제의 팀 리더가 될 수도 있고, 다른 팀 성원들에게는 그들의 기대를 능가할 동기를 부여하는 것일 수도 있다. 시간이 되면, 각자의 동료들은 지도자에게 좋은 평가를 해줄 것이다.

이러한 욕구와 특성 훈련에서의 맥락은 집단에 대한 개인의 헌신과 자기 이익 사이에 궁극적으로 얻어져야 할 균형을 이해하는 데 토대를 두어야 하므로 집단의 가치를 개발시, 이러한 균형을 유지하는 것이 중요하다.

모든 개인적 특성과 욕구는 적어도 하나의 행동이나 행위와 짝지어질 수 있다. 이들은 우리 개인의 성장 목표와 계획이다. 집단은 우리가 누구인지에 초점을 둠으로써 개인들의 욕구를 말할 수 있으며 동시에 우리는 집단 내의 다른 사람들에 대해 초점을 두고 배울 수 있다.

가치 수용 과정과 규범 행동 계획의 개요

아주 개인적인 제안으로서 가치 수용 과정은 모든 근로자들이 참가 및 관여하게 하며, 이러한 반복 과정의 핵심 부분은 합의 도출을 이끌어 내는 것이다. 조직 내에 지속 가능한 가치 체계를 움직이게 하려는 것이다. 가치는 적어도 3~5년 정도 오랜 기간을 두고 육성되어야만 한다. 이를 올바로 수행하는 데 드는 시간 투자로 미래에는 긍정적인 보상을 얻게 된다. 가치는 사업계획처럼 매년 바꾸면 안 되므로 가치 형성시에 근로자와 경영자들이 적극적으로 참여하게 해야 한다.

가치 수용 과정을 시작하면 몇 가지 중요한 성과들이 나온다. 가치 수용 과정의 최종 결과물들은 다음의 내용이 포함된다. ① 개인과 소집단의 가치와 신념의 정의, ② 어떤 일련의 가치들에 대해 근로자들의 약속으로서의 계약서인 개인 가치 서약서, ③ 일련의 합의된 가치에 대한 조직의 약속을 기술하는 조직 가치 서약서 등이다. 종종 개인 가치 서약서와 조직 가치 서약서는 일부 중복되는 가치들을 담고 있어 양자가 서로 반대로 작용하지 않고 함께 영향을 준다.

가치 수용 과정과 밀접히 연결되는 것은 규범 행동 계획이다. 가치 수용 과정과 같이 반복적인 집단 과정이다. 이 과정이 완료되어 나오는 마지막 결과는 다음의 내용을 포함한다. ① 바람직한 것과 바람직하지 않은 개인과 집단 규범의 정의, ② 행동 규범을 강화할 보상의 인정, ③ 변화에 필요한 사람, 관행 등을 정의하는 문화적 변화를 위한 행동 계획이다. 시간을 두고 이 결과물들은 바람직한 규범에 생명력을 불어넣게 될 것이다. 다음의 두 장에서 이 두 과정들의 세부 내용을 살펴보자.

제8장

가치 수용 과정의 시작

사람들은 자신들이 자랑스러워할 만한 일을 하기를 바란다. 자긍심은 가치 충만한 제품의 개발, 근로자들과의 이익 공유, 그리고 모든 근로자의 자신감과 자기 가치를 증진시킬 내부 환경 조성에서 나온다. 조직은 살아 숨쉬는 유기체로 보아야 한다. 조직이란 용어의 앞부분인 '기관'(organ)은 우리가 전달하려는 개념을 기술한다. '기관'이 기능을 잘 하려면 강하고 건강한 근로자들이 필요하다. 가치 충만한 조직의 발전 과정은 실제로 조직을 재충전할 수 있다.

우리와 함께 매일 일하고 있는 사람들에게 우리의 신념을 되돌려 줄 때다. 우리는 그들을 공동의 비전과 공동의 가치들을 공유한 높이 존경받는 사람들의 공동체로 볼 필요가 있다. 직장에서 열정과 사기가 되살아나게 해야 한다. 근로자들이 믿을 만한 근거를 마련해 주는 것이 필요하다.

우선, 개인적 가치들이 뿌리를 두고 있는 조직 내의 가치 수용 과정을 살펴보자.

단계 Ⅰ : 개인적 가치 개발

개인적 가치를 확인하는 일은 가치 수용 과정(Value Adoption Process : VAP)이 성공하는 데 결정적이다. 따라서, 우리는 개인적 가치의 인식과 개발로부터 시작한다. 조직은 전반적인 VAP 과정을 <그림 8-1>과 같이 가장 결정적인 단계를 시작하기 위해 몇 가지 제안들을 동시에 활성화해야 한다.

소단계 1 - 조직에게 알려 주고 개인의 가치와 신념을 목록화하기

VAP 리더들은 전반적인 계획의 목적을 기술한 고위 경영자의 문서를 분배하여야 한다. 다음에, 리더들은 조직 전체에 VAP를 설명하는 소규모 워크샵을 열어야 한다. 이러한 초기의 회의는 한 사람의 VAP 리더나 지정된 담당자에 의해 모든 근로자들과 1 대 1(대면)로 시행되어야 한다. 조직이 이 과정을 시작하는 의도는 아주 개인적인 과정이기 때문에 개별적으로 해야 가장 잘 전달된다. 근로자들과 경영자들은 이러한 가치 설정의 목적, 사용, 그리고 의도뿐만 아니라, 그러한 과정의 이익 및 의도된 효과에 대해 알 필요가 있다.

VAP 워크샵을 주관하는 리더들은 각 개인들이 작업 환경에서 자신이 갖고 싶거나 동료 근로자들과 공유하고 싶은 개인적 가치를 각 근로자에게 적어 내도록 한다. 이는 3장에서 논의된 5가지 가치의 원천을 다시 참조하면 도움이 될 것이다. 이러한 요인들을 살펴보는 것은 무엇이 그들 자신의 가치를 형성했는지를 이해를 할 수 있게 하며 자기 발견은 새로운 수준의 가치 인식을 할 수 있게 한다.

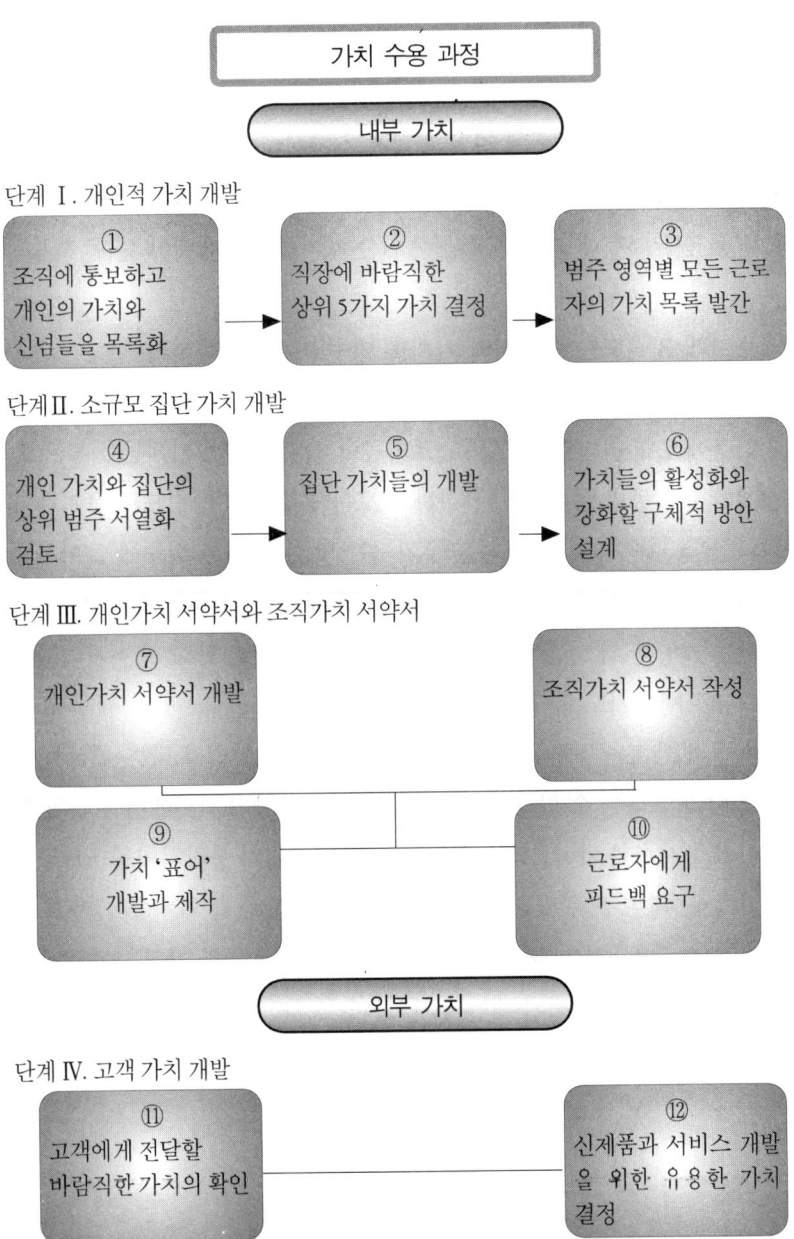

가치 수용 과정

내부 가치

단계 Ⅰ. 개인적 가치 개발

① 조직에 통보하고 개인의 가치와 신념들을 목록화

② 직장에 바람직한 상위 5가지 가치 결정

③ 범주 영역별 모든 근로자의 가치 목록 발간

단계Ⅱ. 소규모 집단 가치 개발

④ 개인 가치와 집단의 상위 범주 서열화 검토

⑤ 집단 가치들의 개발

⑥ 가치들의 활성화와 강화할 구체적 방안 설계

단계Ⅲ. 개인가치 서약서와 조직가치 서약서

⑦ 개인가치 서약서 개발

⑧ 조직가치 서약서 작성

⑨ 가치 '표어' 개발과 제작

⑩ 근로자에게 피드백 요구

외부 가치

단계Ⅳ. 고객 가치 개발

⑪ 고객에게 전달할 바람직한 가치의 확인

⑫ 신제품과 서비스 개발을 위한 유용한 가치 결정

〈그림 8-1〉 가치 수용 과정의 절차

소단계 2 - 직장에서 요구되는 상위 5가지 가치들

다음에는 근로자들에게 작업 환경에서 자신이 갖길 원하는 상위 가치들을 순서화하도록 한다. 근로자들은 앞 단계에서처럼, 일상적으로 쓰이고 동료 근로자들에 의해 공유될 수 있는 가치들을 선택해야 한다.

소단계 3 - 모든 종업원의 가치를 범주별로 목록화하기

다음에 VAP 리더들은, 모든 근로자들이 제시한 상위 가치들을 모으고, 수집된 응답들의 목록을 문서화하고 모든 응답들은 익명으로 유지해야 한다. 보통, 대부분의 근로자들의 가치는 몇 개의 다른 범주에 들어가게 되어 작은 회사에서도 15개나 20개의 가치군들이 나올 수 있다. 큰 조직에서는 가장 흔히 언급된 가치들의 빈도를 결정하기 위해 전산 처리해서 일람표로 만들기도 한다.

개인적 가치는 또한 부서, 기능, 작업 집단, 팀, 그리고 다른 조직상 구분에 따라서 나눌 수 있다. 예를 들어, 고도로 분산된 회사에서는 하위 부서들의 유사성과 차이를 비교하는 것이 유익하거나 통찰적일 수 있다. 마찬가지로, 매우 큰 종합대학의 독립된 학교들도 다른 가치들을 가질 수 있다. 요약하면, VAP 담당자들은 과정이 진행됨에 따라 가장 효과적으로 사용될 수 있도록 수집된 개인적 가치들을 요약해야 할 것이다. 다음에서 보듯이 이러한 가치의 요약들은 2단계에서 근로자 집단들에 의해 검토될 것이다.

단계 Ⅱ : 소집단 가치 개발

개인적 가치들을 확인하고, 순위를 매기고, 그리고 분류화가 끝나면, 가치 수용 과정은 소집단 가치 개발인 두 번째 단계로 들어간다. VAP 리더들은 8명에서 12명의 근로자들과 1명 내지 2명의 관리자들로 구성된 소규모 집단을 구성해야 한다. 우리들은 가장 이상적인 집단들이라면 다양한 관리자와 근로자 층이 망라된 것으로 본다. 최소한, 각 집단별로 2~3시간에 걸친 집단 가치에 대한 주제를 놓고 2시간짜리 회의를 3번 정도 해야 한다.

소단계 4 - 개인적 가치의 검토와 집단의 상위 범주들의 순위 매기기

첫번째 회의에서는, 각 집단은 이전에 정리된 개인적 가치들을 검토하고, 가장 중요한 범주를 찾아 내야 할 것이다. 이전의 단계들에서와 마찬가지로 VAP 리더들은 이러한 회의를 촉진할 수 있다. 실제로 이 단계에 의해서 VAP 담당자는 더 나은 VAP 리더십을 위해 자발적인 지원자를 찾을 수 있고 이들을 지원하도록 장려하고 환영해야 한다.

소단계 5 - 집단 가치들의 개발

그리고 나서, 약 2주(길어야 3주) 정도 지난 후에, 집단의 두 번째 회의는 특정한 집단이 수용하길 원하는 구체적 가치들의 목록을 개발하는 데 초점을 두어야 한다. 이러한 것들이 결국 집단 가치 기술문이 될 것이다.

소단계 6 - 가치들을 활성화시키고 강화시킬 구체적 방안들의 설계

3차 회의에서는 VAP 리더들은 이 목록들을 마무리한다. 조직 전반에 걸친 모든 집단 가치 기술문들을 1차 가치, 2차 가치들로 순서화한다. 컴퓨터의 출현으로, 그러한 집단가치 기술문들은 아주 빠르고 쉽게 종합하고 유형화할 수 있다. VAP 리더들은 개인과 집단 가치를 모두 나타내도록 주관적인 결정을 하고 분석하여야 한다. 상위 10개는 '반드시 가져야 할' 가치를 나타내야 하고, 그 다음 10개는 '가지면 좋은' 가치로 기술되어야 하며 이들 개략적인 20개 가치들의 목록은 그 다음의 회의에서 각 집단에 의해 검토되어야 한다. 각 집단이 목록들을 검토하면서, 집단에 의해 개발된 내용을 다시 확인하고, 필요하다면 고치는 것도 논의해야 할 것이다.

집단들은 또한 일상적으로 바람직한 가치들은 활성화하고 강화할 수 있는 구체적이며, 가시적인 방안을 개발해야 할 것이다. 우리가 나중에 보겠지만 이러한 행동 제안들은 규범 행동 계획(NAP)의 토대를 마련할 것이고, 이 계획은 이들 가치를 더 강화할 수 있도록 개발되어야 한다.

단계 Ⅲ : 개인 가치 서약서와 조직 가치 서약서의 작성

모든 근로자들에게 조직의 바람직한 가치의 가시적이고 '살아 있는' 신호를 해줄 가장 효과적인 방법의 하나는 개인 가치 서약서(People Value Pledge)와 조직 가치 서약서(Organization Value Pledge)의 2가지 문서의 개발이다. 이 두 가지 별도 서약서의 중요성은 장기적인 가치를 심어 주는 데 있어서 성공의 열쇠라는 것이다. 구체적인 방법으로는 서로간의 합의된 일

련의 공약들을 표명하는 것이다. 개인 가치 서약서는 근로자 한 사람 한
사람이 조직의 다른 모든 구성원에 대하여 계약한 가치 공약을 말한다.
개인 가치 서약서와 조직 가치 서약서 모두 근로자가 받아들이고 이에 근
거해 생활할 수 있도록 개발되어야 한다. 이제 어려운 일이 남아 있다. 여
러 VAP 리더가 이러한 두 가지 문서의 초안을 만들어야 할 단계이다. 둘
다, 근로자들의 집합된 가치에 토대를 두어야 하고, 궁극적으로는 조직을
위한 내적 가치 기술서로 인쇄해야 할 것이다.

한편, 조직 가치 서약서는 최고 경영자와 조직 전체가 모든 근로자들에
게 하는 일련의 가치들과 행동 공약이다. 이와 같이 가치들은 규범 행동
계획의 기초를 묵시적으로 제공하며 이 가치들은 개인적 습관, 의사소통
방식, 경력 개발 방법, 피드백 기제, 채용 관행, 그리고 보상 체계로 바꾸어
놓게 한다. 동시에 이들 두 서약서들은 모든 근로자들에게 가치들이 중요
하며 이 가치들이 회사의 내부 문화와 성격을 결정함을 입증하게 된다.

대체로 이들 서약서는 3년 동안을 동의한 것으로 보아야 한다. 이 가치
들은 1년 시행해 보고 다음 해에는 다시 바꾸어서는 안 된다. 가치들은 어
떤 문화에 의해서 도입되고 수용된 규범과 가치들이 되려면 몇 년이 걸리
기도 한다. 가치들을 매년 바꾼다면 추진력도 부족할 것이며 바람직한 가
치들이 자리잡아 '성숙되기'에도 충분치 않을 것이다. 그래서, 일단 서약
서들이 개발되면 전반적으로 새롭게 검토하기 전에 3년 동안 기다리는
것이 현명하다.

소단계 7 – 개인 가치 서약서의 개발

소집단을 구성해서 실시한 앞서의 가치 확인 작업은 이러한 서약서를
만들기 위한 토대를 마련해 준다. 개인 가치 서약서는 흔히 다음의 차원

들 상에서 회사의 가치를 기술한다.

- 모든 근로자끼리의 의사소통과 상호작용하는 방법
- 조직 내에서 모든 개인들에게 기대되는 행동
- 집단 가치와 팀의 신념
- 피드백의 유형과 방법
- 구체적인 가치에 근거한 행동 지침

개인 가치 서약이 무엇인지에 대한 예를 보이기 위해서, 규모가 다른 두 조직체의 서약서를 보자.

〈표 8-1〉 중간 규모 조직의 인적 가치 서약서

- 좋은 소식은 여러 사람이 있는 곳에서, 건설적인 비평은 직접한다.
- '완벽'하기를 강요하지 마라 - 우리는 완벽하지 않다는 것을 인정하자.
- 비평을 겸허하게 받아들이자.
- 나를 지지하고 믿자.
- 모든 사람을 공평하게 대우하자.
- 개선하려고 노력하고, 해결책을 내놓자.
- 정시에 회의를 시작하고 끝내자.
- 인내심을 갖자 - 타인을 경멸하지 말자.
- 다른 사람의 생각을 받아들일 수 있도록 한 걸음 뒤로 물러서자.
- 긍정적인 성장을 강조하자.
- 모험을 취하고, 보상을 얻자.
- 팀을 위해 노력하자 - 우리가 어떤 일을 결정했으면, 끝까지 최선을 다하자.
- 개인의 성장 기회를 강조하자.

〈표 8-2〉 대규모 조직의 개인 가치 서약서

- 고객에게 초점을 맞추자.
- 사람들을 존중하자.
- 팀워을 이루자.

- 품질을 위해 노력하자.
- 개방적이고 효과적으로 의사소통하자.
- 다양성을 가치 있게 보자.
- 결정적이고 효율적인 문제 해결자가 되자.
- 정직하게 행동하자.
- 비전을 개발하고 전략적인 데 초점을 두자.
- 혁신적이고 적응적이 되자.
- 자신과 다른 사람을 개발하자.

소단계 8 - 조직 가치 서약서의 작성

개인 가치 서약서가 지속적이고 신중하게 개발되어 왔다면, 가치 수용 과정은 관련된 모든 근로자들이 가장 공통적으로 공유한 내적 가치로 확인되고 표현하는 것이다. 지금이 조직 전체가 포용할 가치를 전달할 적절한 시기이나. 오늘날 우리가 일고 있는 조직들에서의 조직 가치 서약서는 상급 경영자들이 근로자들에게 한 서약이나. 개인 가치 서약을 어느 정도는 조직 가치 서약서가 지지하고, 강화하고, 뒷받침해야 한다. 그러나, 대부분의 조직 가치 서약서는 승진, 보상, 타인들과의 상호작용의 스타일의 근거를 명문화한 것으로서 일부 조직 가치 서약서에는 고객과의 관계에 대한 가치가 들어 있기도 하다.

조직 가치 서약서를 개발하는 과정은 개인 가치 서약서 개발에서처럼 여러 단계들이 반복된 것이다. 각 단계에서는 최종적으로 조직 가치가 모두에 의해 지지되고 확인될 때까지 이전 단계로 되돌아간다.

조직 가치로 제시한 내용에 정오답이 있는 것은 아니지만 잘못된 접근이 있다는 것을 기억하는 것이 중요하다. 조직 가치 서약서가 소집단의 가치는 무시한 채, 상급 관리자들끼리만 작성한다면, 그 가치는 무의미해

질 것이다. 가치 서약서를 믿을 수 있게 하는 것이 절대로 중요한데, 경영
자들이 합의된 가치를 따르지 않는 행위와 행동을 하지 않는다고 근로자
들이 믿으면 모든 신뢰성이 사라질 것이다.

우리는 일부 회사에서, 최고 경영자들이 조직 가치 서약서를 작성해서,
모든 근로자들에게 발표하고 난 다음 코 앞에서 이를 지키지 않는 모습을
보아 왔다. 그래서 가치 체계를 믿게 하려면 모든 근로자와 경영자가 함
께 선언문을 만드는 것밖에는 다른 방법이 없는 것이다. 조직 가치 서약
서에는 여러 집단들이 원하는 핵심 가치를 포함해야 한다. 폭넓은 참여,
경청, 완전한 통합이 없는 가치 서약서는 실제로는 이익보다는 해를 줄
수 있어 경영자들이 가치에 대해서 말로만 떠드는 것으로 근로자들이 보
면 그 다음의 모든 신뢰성은 상실되고 말아 불신과 아노미가 지배할 것이
다. 다음에 조직 가치 서약서의 4가지 예가 나와 있다. 여기에는 시카고에
있는 작은 마케팅 자문 회사인 Paladin, IBM 자문 집단, 저자들의 회사인
Kuczmarski & Associate, 그리고 제조 회사인 Norcross Footwear 등이 들어 있
다. 이들의 특이성과 다양함은 가치 서약 과정이 얼마나 개인적인 것인지
를 보여 준다.

〈표 8-3〉 Paladin의 조직 가치 서약서

- Paladin사는 우리가 접촉하는 사람들이 동료, 고객, 그리고 동업자이건 간에 각
  자의 개인적 가치를 진정으로 존중하는 가운데 사업한다.
- Paladin사는 매일같이 그리고 오랜 기간에 걸쳐 회사나 개인 모두가 도덕적이
  고 솔직하고 공명정대한 방식으로 행동한다.
- Paladin사는 우리가 제시하는 후보자의 절대적인 적절성, 서비스의 친절과 전
  문성, 봉급, 청구, 보고 체계에서의 정확성과 효율성으로 우리 고객들을 완전
  히 만족시키도록 노력한다.
- 최상의 생산적인 작업 환경을 위해 창조성, 자기 도전, 적절한 모험 추구와 현
  상 유지의 타파를 모색한다.

- 단기적 성공을 보장하기 위해서 근로자들은 공식적이거나 비공식적으로 정보를 자유롭게 공유하고, 조언을 자유롭게 받아들이고, 아이디어가 자유롭게 교류되는 관계를 공유해야 한다.
- Paladin은 인력충원 산업 부분에서 오래되지는 않았으나 장기적인 시각을 가진 업체다. 그렇기 때문에 경영의 발전과 혁신이 매년 사업 계획의 일부가 되는 것이 중요하다.

〈표 8-4〉 IBM 자문 회사의 조직 가치 서약서

<비전>
IBM 컨설트사의 비전은 우리 고객들이 성장하고, 성공하는 조직으로 변화를 가속시키도록 우리의 지식과 기술을 쓰는 것이다. 따라서 우리의 성공은 우리가 얼마나 고객들을 성공시키느냐로 측정될 것이다. 우리의 목표는 이 사업 분야에서 세계에서 제일의 회사가 되는 것이다.

<우리의 가치>
우리의 세계적인 자문 실시에 따른 가치는 IBM의 기본 신념과 유사하다.
- 자문에 있어서, 팀으로 일하는 사람들은 우리의 가장 중요한 자산이고, IBM의 '개인적 존중'과 일치한다.
- 우리가 가장 먼저 오는 고객을 자문하는 것은 '가능한 최상의 고객 서비스'를 제공하려는 IBM의 신념과 일지된다.
- 마지막으로, IBM의 '최상 추구'를 우리가 하는 모든 일에 있어서 최고의 결과를 얻는 것으로 바꾼다.

〈표 8-5〉 Kuczmarski & Associate의 조직 가치 서약서

- 각 개인의 탁월한 수행과 우수함을 인정하고 보상하자.
- 상호 신뢰뿐만 아니라 일련의 공통적인 규범과 가치에 기초한 팀 환경을 만들고 유지한다.
- 모든 팀의 성원들이 모험을 하고, 의사결정을 하며, 실수하는 것을 두려워하지 않도록 격려하자.
- 팀원들이 결과에 대해 책임을 지되 성과를 얻기 위해 창의적이고 융통성 있는 접근을 하게 하라.
- 적절한 훈련을 지속적으로 하자.
- 장점에 따라 승진시키자.

- 항상 타인을 배려하고 다른 사람을 희생시키고 앞서려 하지 말자.
- 우리 회사를 세우는 데서 즐거움을 찾자!

〈표 8-6〉 Norcross Footwear사의 조직 가치 서약서

- 우리는 우리 회사의 사람들이 가장 가치 있고 중요한 재산으로 본다.
- 우리는 우리의 사업의 모든 측면과 우리가 하는 모든 것에서 최고의 기준을 정하자.
- 우리가 일하는 우리의 고객들이고 이들의 100% 만족을 위해 일한다는 것이 우리 임무임을 자각하자.
- 우리 생산품과 서비스의 질이 항상 고객의 기대를 넘을 때는 우리는 결코 가격에 대해 양보하지 않는다.
- 우리는 회사의 이익을 위해 책임을 공유할 것이며, 우리의 생존과 성장이 중요함을 인정한다.
- 우리는 전문가이고, 이에 따라 우리는 행동한다.
- 우리는 늘 우리가 하는 모든 일이 할 만한 가치가 있다고 믿는다.
- 모든 Norcross Footwear 사원 전체가 즐겁게 일하는 것이 필수적이라고 믿는다.

각 조직들의 근로자들은 이들 공유된 가치를 함께 개발해 왔다. 근로자들은 그 가치들을 믿고 이들 원칙에 따라 매일 직장 생활을 하고자 노력했다. 조직 가치 서약서들은 그들의 조직의 행동을 안내하는 데 도움을 주는 신념과 가치들을 보여 준다.

소단계 9 - 가치 '표어'(reminders) 개발과 생산

서약서들의 내용과 정신을 가시적으로 전달하는 서약 '표어'를 개발, 생산, 전파하는 것은 그 가치를 강화시키는 중요한 부분이다. 우리가 찾아 낸 효율적인 표어들은 다음과 같은 것들이다.

- 명함 뒷면에 하나 혹은 그 이상의 서약들을 인쇄
- 연간 사업 계획 및 장기 계획에 두 가지 서약서들을 넣기
- 각 근로자들의 서약서가 새겨진 개인 액자나 문진을 나눠 주기
- 2개의 서약서들이 새겨진 액자를 통로나 로비 벽에 걸어 놓기
- 조직의 사보에 가치 서약서에 대한 기사를 쓰거나 토론하기
- 근로자의 봉급표와 고객 의견서에 서약서 내용을 넣기
- 제기된 가치에 대한 신념을 일관성 있게 보인 개인과 팀에게 해마다 포상한다. 동료 근로자들 중에서 심사자를 선출한다.
- 일상 행동에서 조직의 가치 서약을 모범적으로 실천한 근로자들을 표창하기

이 목록은 끝이 없다. 중요한 점은 주기적으로 여러 직위나 직능의 근로자들 눈앞에서 서약서가 지켜질 수 있는 방안을 찾는 것이다. 2개의 가치 서약서들을 개발하고 난 다음에 치워 버린다면 개발된 가치들이 문화를 강화시키거나 변화시킬 수 있는 힘을 갖지 못할 것이다.

소단계 10 – 종업원에게 피드백을 요구하라

이러한 가치들을 규범 행동 계획에서 통합하기 전에, 내적 가치 수용 과정의 마지막 단계는, 그 과정에 중요한 종결점을 마련하는 것이다. 근로자들의 피드백은 최종 가치 서약서들을 나눠 주기 전과 직후에 얻어져야 한다. 합의된 가치들에 의거해 생활하기 시작하면, 사람들은 그 서약서들의 내용들을 향상시키고, 변화시키고, 혹은 강하게 할 방안들을 더 잘 알 수 있다.

대체로, 어떤 가치들은 더 명확히 하고, 다른 것들은 추가적인 설명이 필요하다. 근로자들로부터의 피드백은 두 가지 중요한 목적 때문이다. 첫

째, 피드백은 근로자들에게 단지 시간을 때우는 훈련이 아니고, 반복되는 일련의 과정이라고 보게 한다. 근로자들의 피드백은 한 조직과 그 구성원들의 가치가 변화하고 발전하는 것을 효과적으로 통합하게 한다. 둘째로, 일상적으로 이들 가치들에 따라 살고 근로자들이 가치들의 효율성을 평가하고 잠재적인 욕구와 변화를 찾아 내기 위해 가장 적당하다는 것을 인정하는 것이다. 흔히 그러한 피드백은 본래의 집단에서 하나의 소규모 집단의 회의를 개최함으로써 얻어질 수 있는 것이다.

단계 Ⅳ : 고객 가치의 개발

이 단계는 내적으로 확인된 가치를 고객이 알 수 있도록 외부로 지각된 가치로 바꾸는 것이다. 이것은 우리가 17장에서 논의하게 될 미래의 신상품과 서비스를 위한 초석으로서의 가치 마케팅 프로그램과 행위들의 토대를 제공한다. 실제로, 가치 마케팅 고객들은 한 조직의 가치를 쉽게 알고 경험할 수 있다. 가치들은 고객들이 대우받는 방식, 고객의 질문이나 불평에 대한 기업의 반응, 그리고 고객들의 마음 속에 있는 전반적인 평판과 이미지들에 의해 전달된다.

1970년대와 1980년대 초기에는 고객들은 미국의 주요 자동차 제조업체들의 가치를 쉽게 느끼고 통찰적으로 인식하였다. 실제로, 그들의 가치는 디트로이트(역자 주 : 자동차 제조업자)가 잘 아는데, 고객들은 자신들에게 무엇이 좋은지를 정확히 알지 못하여 무조건 큰 것이 좋은 것이며 가격과 가치는 그렇게 중요하지 않다는 것이었다. 게다가 제품의 질, 생산된 자동차의 신뢰성, 그리고 희망 소매가격의 일방적인 상승은 "고객에 대해서는 신경 쓰지 않는다"는 다소 이기적인 디트로이트의 가치를 전달하는 것이었다. 같은 시기에 우리 모두가 알고 있듯이 일본인들은 고객들에게 다른 일련의 가치를 전했다. 이 가치들에는 상품의 질, 일관성, 신뢰성, 안락함, 가격/가치, 그리고 기능적 수행들을 포함했다. 이 가치들은 일본에서 생산된 제품 속에 '내장'된 것이다. 고객들이 일본인들의 차를 사면, 그 가치들도 함께 산 것이었다.

그런데 이제 와서는 미국의 자동차 업계도 마침내 깨달은 것 같다. 1994년 겨울에 GM사는 대량으로 '가치' 기업 이미지 광고를 시작하였다. 그런 광고들의 몇 가지 예들은 17장에 포함되어 있다. 이러한 광고들은 회사의 내부 가치가 자동차를 만드는 방식에 들어 있고 영향을 줌을 시사한다. 그들은 고객의 반응에 민감하며, 회사의 자동차와 생산 과정에 근로자들의 '관심'을 반영한 것이다. 이러한 '약속한' 광고를 지키는 것은 성공하기 위한 도전일 수 있고, 기업이 고객들에게 알리려는 가치를 전달하는 흥미있는 예이다.

〈표 8-7〉 IBM 자문 회사의 고객 가치 서약시

- 우리 회사 사람들은 :
  - 고객과 함께 일을 잘 한다.
  - 서로 잘 어울린다.
  - 노련하고, 박식하다.
- 우리의 과정은 :
  - 고객들과 공동 작업하는 팀이 포함되어 있다.
  - 증명된 접근법들을 사용한다.
  - 최선의 관행에 근거하고 있다.
- 우리의 수행은 :
  - 실제적이고, 생존할 수 있는 권고를 할 것이다.
  - 우리의 고객의 기대를 넘어설 것이다.
  - 고객들의 목표 달성을 가능하게 할 것이다.

• 고객들에 대한 우리의 '약속' :
  - 고객들이 팀의 성원으로써 함께 일한다.
  - 그들에게 꼭 필요한 전문가를 배치한다.
  - 실천 가능한 권고를 해준다.
  - 고객들의 기대를 넘어선 수행을 한다.
  - 고객의 목표 달성을 돕는다.

소단계 11 – 고객들에게 전달할 바람직한 가치들의 확인

이 단계를 활성화할 최선의 출발은 밖으로 나가서 고객들과 다음의 4가지 주요 문제들, 즉 ① 제품, 자세, 그리고 배달 서비스를 통해 고객들이 느끼는 조직이 현재 전달하는 가치는 어떤 것이고, ② 고객들은 조직이 어떤 가치들을 전달하기를 원하는지, ③ 조직에 가장 우선시되어야 하는 가치는 어떤 것인지, ④ 고객이 수용하고 전달하기를 바라는 새로운 가치는 무엇인가에 대해 논의하는 것이다.

이 단계를 위한 방법은 다시 한 번 일정한 수의 자발적인 가치 수용 리더들이 주도하게 하는 것이다. 고객으로부터 이러한 정보를 확보하기 위한 방법은 우편 조사, 전화 조사, 공식적 초점 집단, 혹은 소수의 내부 토의 집단을 포함한 다양한 방법들이 있을 수 있다. 어떠한 전통적인 시장 조사도 좋다. 그러나 열쇠는 고객들에게 가치 문제를 함께 논의할 기회를 주어야 하는 것이다.

이러한 조사가 시행되면 외부의 VAP 리더는 고객들의 예비 가치 목록을 수집·개발한다. 첫번째 초안은 조직 내의 근로자들에게 나눠 주어야 한다. 다음에 VAP 리더는 모든 근로자들이 피드백과 제안을 하는 소규모 집단 토의를 실시한다. 이 단계는 조직의 내부 가치와 외부의 환경을 연결하는 것이기 때문에 중요하다. 개인 서약과 조직 서약서에서처럼 고객 가치 서약은 전 조직 전반을 통해서 개발되고 전파될 수 있다.

소단계 12 - 신제품과 서비스 개발에서 쓸 가치의 결정

조직은 어떤 가치들이 신제품 개발을 이끄는지를 연구할 수 있다. 제품과 서비스도 역시 가치에 근거할 필요가 있다. 언뜻 보기에 제품 가치에 대해 말하는 것은 다소 이상하게 들릴지도 모른다. 그러나, 제품과 서비스를 설계하고 그것들을 만드는 사람은 그들의 발전을 위한 지침도 필요하다. 제품과 서비스의 설계를 위한 가치들의 확인은 조직의 내부 가치 개발 과정과 유사하다.

다시 한 번, 조직은 이러한 외적 가치의 결정 과정을 담당할 자발적인 가치 리더들을 찾아야 한다. 조직의 제품과 서비스가 고객들에게 주는 장점을 밝힘으로써 시작한다. 생산품과 서비스가 고객들에게 주는 이익을 고객의 입장에서 느끼도록 제시한다. 그리고 나서, 경쟁적인 제품이나 아주 유사한 제품들이 줄 이익의 목록과 비교하라. 이것은 당신의 생산품과 서비스가 줄 특이한 이익들과 경쟁 제품이 줄 이익들을 비교하게 될 것이다. 이러한 방법은 종종 시장에서 다른 회사의 것들과 당신의 회사의 생산품들과의 차이에 따른 차별화된 가치를 강조한다.

약간의 예시가 도움이 될 수 있다. 러버메이드사는 신상품의 가치를 내구력으로 내세웠다. 모든 러버메이드의 시장 조사자에서부터 공장설계 기술자에까지 모든 근로자들은 회사에서 생산하는 어떤 소비제에서도 핵심적 가치로서 내구성을 염두에 두었다. 또 다른 예로 페더럴 익스프레스사는 그들의 배달 서비스에서 신뢰성의 가치를 전달한다. 그들은 일관성 있게 하루 저녁에 고객들에게 배달해 주는 서비스를 한다. 이 원리는 회사의 체계와 사람의 핵심이다. 일단, 이 단계가 끝나면 조직은 미래의 모든 신상품과 서비스의 설계에 도움이 될 가치 목록을 성공적으로 개발할 수 있을 것이다. 우리가 나중에 17장에서 보겠지만 그러한 가치들은 조직이 경쟁적 우위에 올라서게 해준다.

이제는 조직들이 시간 투자를 해야 할 시기이다. 내·외적 가치를 개발하는 것은 근로자들과 그들의 일에 의미를 가져올 수 있다. 가치 수용 과정(VAP)은 게임이나 체면 세우기 경영 전략이 아니다. 최고 경영자의 태도는 성공에 있어서 결정적이다. 경영자들은 가치 수용 과정에서 강한 약속과 지지를 나타내야 한다. 이러한 과정에 모든 근로자들을 포함한 모든 개인에 대한 기본적인 존중과 신뢰가 있어야 한다. 근로자들은 직장에서 인생을 투자하는 데 자기 삶의 투자에 대한 가치를 느끼고 싶어하므로 근로자들이 참여하도록 하고 그들의 기여에 대한 보상이 있어야 한다. 가치 수용 과정은 근로자들에게 조직의 미래 가치를 형성하는 데 도움을 주도록 초청하는 것이다.

제9장

●

규범 행동 계획 개발하기

규범 행동 계획은 가치 수용 과정에 근거한다. 규범 행동 계획을 만드는 것은 바람직한 가치를 강화하고 그 계획을 마음 자세와 행동으로 옮기는 것이다. 간단히 말하자면 가치만 가지고는 안 된다. 행동 규범은 바람직한 가치들을 지지하고 활성화시키기 위한 가시적이고도 구체적인 신호를 제공한다.

규범은 특정 집단 성원들의 공유된 행동에 대한 기대이다. 규범은 어떤 행동이 적절한지 어떤 행동이 부적절한지를 명시하는 사회적 규칙으로서 집단 성원들에게 해야 할 일과 하지 말아야 할 일을 알려 준다. 규범은 개인의 행동이 다른 사람의 행동과 어울리게 해주며 어떤 행동을 허용하거나 금지하며 어떤 행동은 요구하거나 억제시킨다. 그래서 규범은 상호작용을 위한 지침으로써 집단 성원들이 함께 행동을 하는 사회적 도구나 청사진이다.

규범은 또한 목표다. 규범은 우리의 행동을 맞추는 사회적 기준 또는 목표가 된다. 규범은 공식적이거나 비공식적인 자리에서 행동을 지시한다. 직원회의에서는 어떻게 행동하고 어떻게 말해야 하는가를 말해 준다.

무엇이 허용된 행동인지 분명히 말해 주며 어떤 집단이 경험을 통해 특정한 행동이 좋고 나쁜지를 말해 준다. 조직에서 좋은 행동은 긍정적 가치를 얻으며 장려를 받지만 조직에 나쁜 행동은 집단에서 억제하고 금지시킬 것이다.

그러므로 규범은 집단의 행동을 만드는 지침이다. 규범이 집단을 동기화하고 합의된 대로 집단을 움직이고 의사소통하게 하는 한 규범은 집단의 공통된 기대들을 반영한다. 규범들은 특정한 상황에서 개인들이 어떻게 행동해야 하는지를 알려 주는 '합의 사항'들이다. 규범 행동 계획은 가치 수용 과정 동안에 수용된 가치들에 맞게 특별히 설계된 행동 지침을 만드는 과정이다. 규범 행동 계획과 가치 수용 과정의 최종 목적은 아노미를 감소시키는 가치 충만한 조직을 만드는 것이다.

어느 조직에서나 모든 근로자들이 일상적으로 살아가고 행동하는 데 쓰일 바람직한 규범과 행동들을 확인하는 것이 필요하다. 한 번 확인되면 조직에서는 여러 행동들을 형성하고 강화하거나, 억제시키는 행동들에 보상을 주거나 회피하게 할 가시적이고 구체적인 '도구'를 만들어야 한다. <표 9-1>에서 보듯이 현재의 규범을 수정하고 새로운 규범을 만들수 있는 네 가지의 상이한 행동들이 있다.

〈표 9-1〉 네 가지 규범 형성을 위한 행동 방안

	보 상	회 피
현재의 규범들	1. 강화 / 유지	2. 억제
새로운 규범들	3. 새로 만듦	4. 제거 / 차단

이 표는 조직에 바람직하거나 바람직하지 않은 규범과 행동들을 분류

하는 것을 도울 수 있다. 이 표를 쓰면 궁극적으로 조직의 행동과 의사소통 체제의 일부가 될 규범과 행동들의 우선 순위를 정하는 틀을 마련해 줄 것이다. 규범 행동 계획을 만드는 실제 과정은 가치 수용 과정의 거울 상과 거의 같다. 적절한 보상과 '표어'에 대한 생각뿐 아니라 근로자들에게 바람직한 규범을 만들어 주기 위해 가치 수용 과정과 유사하게 규범 행동 계획 담당자가 주도하는 일련의 반복적인 소집단 토의가 실시된다. 이전에 활동했던 가치전문위원회는 규범 행동 계획의 전 과정에 적극적으로 계속 참여해야 한다. 이들의 존재는 규범 행동 계획을 만드는 데 연속성과 일관성을 제공한다. 덧붙여서 규범 행동 계획의 많은 행동들이 전반적인 인사정책들과 보상에 많은 영향을 줄 것이기 때문에 최고 경영자가 이 계획을 재가하고 지지하는 것이 필요하다.

규범 행동 계획 개발시에는 세 가지 중요한 단계를 거친다. 첫 단계는 근로자들이 싫어하거나 원하지 않는 규범뿐만이 아니라 그들이 원하고 좋아하는 규범들을 찾아 내는 개인 규범의 확인이다. 두 번째 단계는 바람직한 규범들은 강화해 주고 바람직하지 않은 것들은 억제하는 데 쓸 수 있는 조직의 잠재적 도구들의 기술인 보상 체계의 수립이다. 정해진 보상과 확인된 규범의 조합이 규범 행동 계획을 개발하는 데 중요하다. 세 번째 단계는 조직에 규범을 정착시키는 것인데 이 규범은 보수, 인사 정책, 정보 시스템, 그리고 의사소통 방법을 포함한 회사 전반의 관행이 된다.

과정이 진행됨에 따라 참여자들은 규범 행동 계획 개발의 맥락을 확실히 알 필요가 있을 것이다. 사실상 규범은 가치의 '통역관' 역할을 하며 가치의 실제적 해석을 일상적 행동과 의사소통으로 바꿔 준다. 규범들이 없으면 가치들은 단순히 신념들의 목록에 불과할 수 있다. 우리들이 잘 알듯이 행동은 말보다 중요한데 가치들은 말이고 규범들은 행동이다. 가치들은 개인들 속에 있는 내면적인 것이고 규범은 개인들이 나타내는 외적인 것이다.

단계 Ⅰ : 규범의 확인

규범 행동 계획 개발의 전반적 과정은 <그림 9-1>에 나와 있다. 가치 수용 과정과 마찬가지로 규범 행동 계획의 초기 단계에서 몇 단계들이 거의 동시에 발생한다. 규범 행동 과정이 진행됨에 따라 이 단계들의 조성을 조심스럽고 신중하게 진행하는 것이 점점 중요해진다. 성공적으로 이행된 규범 행동 계획은 조직이 운영될 수 있게 하는 힘을 제공한다. 1단계는 개인과 조직 규범의 확인 과정이다.

소단계 1 : 바람직한 현행 규범의 목록화

각 근로자들에게 그들이 속한 조직이 현재 지지하는 규범과 행동, 특히 개인으로서 더 강화하기를 원하는 규범들과 행동들을 목록화한다. 이 목록은 근로자 각자에게 가장 중요하고 의미 있은 상위 5~6개의 행동 규범들이 되게 한다. 이 규범들은 개인적인 가치를 지지해야만 하며 자기 만족의 원천이 되며 조직에 대한 소속감을 제공한다.

여기 적힌 것은 각자의 회사에서 규범 행동 계획을 개발하는 데 참가한 근로자들이 언급한 바람직한 규범들의 일부들이다.

- 정시에 시작하고 마친다. 시간을 정확히 지키는 것은 다른 사람의 시간 과 약속을 존중하는 것이다.
- 과제가 끝난 후에 수행을 평가하지 말고 과제 진행중에 건설적인 비판

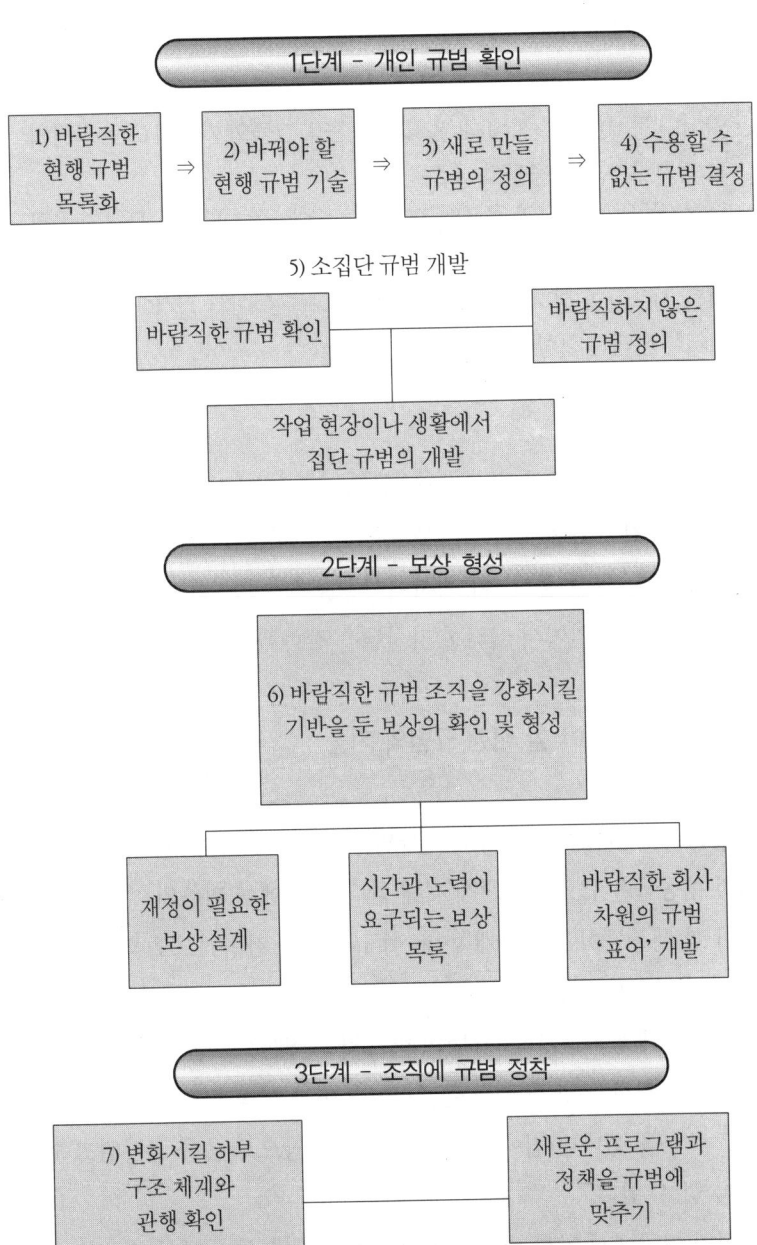

<그림 9-1> 규범 행동 계획(NAP)

과 긍정적 피드백을 주라. 간헐적인 피드백은 개인 발전의 가치를 강화
해 주고 타인들이 학습하고 발전될 수 있도록 도와 준다.

- 말이나 문서로써 업적에 대해 평가해 주라. 그들의 기여에 대해 격려하
고 동기화하는 데 긍정적 강화를 하라.
- 근로자들의 발달상의 욕구와 개인의 기술에 맞는 훈련을 자주 제공하
라.
- 다른 사람들과 한 시간 약속을 지켜라. 예를 들어서 정각에 보고하면
이러한 신념은 강화된다.
- 팀의 성적과 기여의 가치에 따른 팀별 보너스 제도를 만들어라.

바람직한 규범의 훌륭한 예로써 맥도널 더글러스사를 예로 들어 보자.
이 세계적 조직은 개인적인 성장을 촉진하는 데 신념이 얼마나 놀라운 일
을 해내는가를 보여 준다. 이 회사에서는 근무 시간 이후라는 전제하에
자기 발전 과정을 열어서 이러한 가치들을 강화했다.

소단계 2 : 고쳐야 할 현행 규범의 기술

다음은 근로자들이 싫어하고 그들의 직장으로부터 제거되었으면 하는
규범과 행동들을 근로자들에게 적게 한다. 여기에는 기존의 행동들 중 제
거해야 할 행동들이 들어가게 한다. 이 규범들은 전형적으로 의욕을 잃게
하는 작업 환경으로 범주화된다.

근로자들의 동기를 꺾는 규범의 예로써 페어몬트 호텔에 종사하는 근
로자들의 엄격한 복장 규정을 들 수 있다. 어느 여성 근로자가 느슨한 복
장으로 출근을 했다면 집에 가서 스커트나 정장으로 옷을 갈아입고 와서
야 일을 할 수 있다.

우리가 연구에서 밝힌 제거해야 할 다른 예들을 들어 보자.

- 근로자들에게 거만하게 굴거나 '무시'하는 행동을 보이기
- 성과 기여에 초점을 둔 '생산적 시간'이 아닌 다른 사람에게 보이기 위한 '체면치레'적 시간 보내기
- 동료 근로자들을 헐뜯기
- 다른 사람들에게 비난받을까봐 어떤 문제나 행동에 대한 감정과 기분을 숨기는 것
- 얼마나 좋은 제품을 만들고 업적을 수행할지가 아니라 어떻게 '대인관계를 잘 하냐'로 승진하기
- 직접 사람을 만나서 하기보다는 전화나 메모로만 의사소통하기

소단계 3 : 새로 만들 규범의 정의

근로자들이 일상 생활 중 타인들이 수용하기를 바라는 행동, 상호작용, 다른 사람과의 의사소통을 이끌 3~4개의 새로운 규범을 찾아 내게 한다. 이것들은 조직에서 대부분의 사람들이 현재 전달하거나 활성화되지 않은 규범들이어야 한다. 우리의 연구에서 자주 나온 새로운 규범들의 예는 바람직한 행동과 수행을 강화하도록 더욱 긍정적인 피드백과 자상한 칭찬을 쓰는 것이었다.

소단계 4 : 수용할 수 없는 규범의 결정

규범의 마지막 부분은 근로자들이 분명히 수용할 수 없는 3~4개의 행동들일 것이다. 우리가 '수용할 수 없는'이라는 용어를 사용할 때 이들 관행들이 어떤 상황에서도 근로자가 자발적으로 조직을 떠나기에 충분하다는 것을 의미한다. 근로자의 작업 환경에서 좋은 감정을 갖기 위해서 제거되어야 하고 매우 흥미없게 보여지는 규범들이 3~4개 보다 훨씬 많

을 수 있다. 그러나 여기서는 정말로 수용할 수 없는 3~4개의 행동을 찾아 내야 한다.

예를 들어 국제 회계회사인 델로이트사와 터치사에서는 희롱하는 것을 수용할 수 없는 행동으로 규정하고 있다. 업적과 상관없이 다른 사람을 괴롭힌 근로자는 직장을 그만두고 회사를 떠나야만 한다.

개인 규범 확인 훈련의 한 예가 다음 <표 9-2>에 나와 있다. 이 표는 <표 9-1>과 같은 틀을 유지하고 있으나 어떻게 근로자가 이 과제를 완료할 수 있는지를 보여 준다. <표 9-2>에서는 확인된 예시적 규범들을 보여 준다.

〈표 9-2〉 규범의 예들

	1. 강화 / 유지	2. 억 제
현재의 규범	· 개방적, 직접적 의사소통 · 상호 존경의 표시 · 정직한 실수를 용서 · 타인의 욕구에 대해서 진정한 배려	· 당황하게 만들기 · 타인의 아이디어를 새치기하기 · 파괴적 비판 · 성에 관한 농담 · 타인의 욕구에 둔감 · 타인에게 거만하기
	3. 새로 만듦	4. 제거 / 막음
새로운 규범	· 고객을 만족시키기 위해 어떤 것이든 한다. · 재치로 사람을 대한다. · 자신의 우선 순위를 지키게 한다. · 긍정적 피드백을 자주 제공한다. · 여러 기능 팀에 대한 지원 · 근로자들이 자신의 근무 시간을 결정할 수 있게 함.	· 구별(차별), 괴롭힘, 거짓말 · 타인을 배려하지 않음 · 자신들의 견해와 다른 이의 표현을 억압 · 리더의 개인 스타일에 다른 사람들이 동조하도록 강요

소단계 5 : 소집단 규범의 개발

개인적으로 개발된 규범이 요약되면 가치수용 과정에서처럼 소집단 토의를 실시한다. 규범 행동 계획의 리더는 일련의 소집단 회의를 소집하는데 여기에는 조직 내의 각계 각층의 최고 경영자, 중간 경영자, 근로자들이 모두 포함된다.

이러한 토론들이 가치 수용 과정과 결부시켜 진행할 수 있다는 것이 중요하다. 그러나 별도로 규범 행동 계획 마련을 위한 소집단 토론에 시간을 투자하는 것은 가치가 있는 일이다. 8~12명으로 구성된 각각의 소집단 회의는 한 주에 2시간씩 두 번 정도 모이게 한다. 최초의 소집단 회의는 집단에게 바람직한 규범들과 바람직하지 않은 규범들을 찾아 내고 기술하는 데 목표를 두어야 한다.

이 첫 회의 동안 규범 행동 계획 리더는 집단에서 관계 형성을 위한 규범 연습을 하여 소집단 토론을 시작한다(<표 9-3> 참조). 이 연습은 타인과의 전문적 관계를 형성하는 맥락에서 규범이 무엇을 의미하는지를 개인들이 더 이해하기 쉽게 해줄 수 있다. 조직 내에서 개인들은 과거에 함께 작업을 했고 상당히 잘 아는 누군가와 한 짝이 되어야 한다.

질문은 두 부분으로 나누어진다. 앞의 여섯 가지 질문은 근로자 자신들에 대한 정보를 표현한 것이다. 뒤의 여섯 가지 질문은 자신의 동료가 생각하고, 행동하고, 느끼리라고 보는 방식을 쓰게 하는 것이다.

각자는 다른 사람과 서로 의견을 나누기 전에 12가지 질문에 답을 써야 한다. 그리고 나서, 각자는 처음 여섯 가지 질문에 대한 답을 보여 주어서 어떻게 상대방이 직업적 관계를 더욱 증진시키려 하는지 이해를 하게 한다. 그 다음 여섯 가지 질문에 대한 응답도 함께 보아야 한다. 이런 훈련은 종종 다른 사람에 대한 이해가 부족하다는 것을 알게 해준다. 우리는 자

〈표 9-3〉 규범 연습 - 관계 맺기

1. 나는 당신과 다음과 같은 유형의 직업적 관계를 맺고 싶다 :
   _____

2. 관계를 유지하고 성장시키는 데 필요한 나의 욕구는 :
   _____

3. 우리 관계에서 나의 가장 큰 두려움은 :
   _____

4. 당신이 고려해 보도록 내가 요청하고 싶은 세 가지 행동은 :
   _____

5. 당신과의 관계에서 나는 다음과 같은 이익을 얻고 싶다 :
   _____

6. 당신과의 관계에서 당신이 하지 않았으면 하는 세 가지는 :
   _____

7. 나와의 직업적 관계에서 당신이 원하는 유형을 어떻게 표현할 것인가 :
   _____

8. 우리들의 관계가 유지되고 성장되는 가운데 당신이 원한다고 생각하는 것은 :
   _____

9. 우리 관계 속에서 당신이 갖고 있는 가장 큰 두려움이라고 보는 것은 :
   _____

10. 당신이 나에게 고려해 주기를 원한다고 보는 세 가지 행동은 :
    _____

11. 나는 당신이 나와의 관계에서 다음과 같은 이익을 얻고 싶어할 것이라고 생각한다 :
    _____

12. 당신이 나와의 관계에서 내가 하지 않았으면 하는 세 가지는 :
    _____

신의 바람직한 규범을 정의하기가 쉽지 않을 뿐만 아니라 다른 사람의 욕구를 알아 내는 것은 아주 어렵다. 그러나 이것이 훈련의 중요한 요점이다. 각 개인들은 그들의 동료를 이해하는 것뿐만 아니라 자신의 바람직한 규범들을 표현할 필요가 있다. 이와 같은 민감하고 통찰력 있는 이해가 없이 성립된 규범의 힘은 오래가지 못할 것이다.

분명히 응답 내용 중에서 맞거나 틀린 답은 없다. 그러나, 흔히 다른 사람들에 대한 몇 가지 오해들이 있다. 관계 형성 훈련의 최종 단계는 앞으로 두 사람의 관계 발전을 위해 수용하기를 원하는 일련의 규범들에 대해서 합의하는 것이다.

규범 행동 계획 리더들은 제거해야 할 바람직하지 않은 규범뿐만 아니라 집단에서 바람직한 행동 규범을 찾아 내도록 하기 위하여 활발한 토론을 할 소규모 집단을 구성해야 한다. 규범 행동 계획 리더들은 머리 속에 떠오른 생각을 잡을 줄 알아야 한다. 이 생각은 소집단 규범 개발의 단계에서 두 번째 토론을 위한 기초가 될 것이다.

두 번째 모임 동안에 각 소집단은 직업인으로서 생활하고 일할 때의 규범들 중 높은 우선 순위의 규범들을 요약하고 순위를 매긴다. 규범의 최종안을 작성하고 이것을 각 집단 구성원에게 나누고 다른 소집단들과도 공유한다.

규범 행동 계획 리더들은 이들 소집단 규범들을 모으고 합성한 후에 소직을 위한 일련의 규범 초안을 개발해 낸다. 이 초안은 모든 소집단 규범 행동 계획 리더들에게 나눠 주어서 작업하게 하여 '업무와 조직 규범'과 같은 제목으로 최종안이 나오게 한다. 고유한 규범 행동 계획 개발을 통해 조직이 발전됨에 따라 이러한 조직 규범들은 보상을 통해 강화되고 나중에는 '표어'로 머리 속에 자리잡게 된다. 훨씬 나중의 단계에서 이들 집단에서 개발된 규범들은 프로그램과 정책의 변화를 통해 조직의 하부구조에 정착될 것이다. 저자들의 자문회사의 '업무와 조직규범'의 예가 다음에 나와 있다.

〈표 9-4〉 업무와 조직 규범

- 서로 약속 지키기.
- 잘 생각하고 정직하게 '아니오'라고 하거나 남의 응답을 받아들여라.
- 적절한 때 건설적인 피드백을 주어라.
- 서로 주기적으로 긍정적인 피드백을 해주고 인정해 주어라.
- 본보기를 먼저 보여라.
- 서로 존중하고, 정직하고, 전문적이고, 예의 바르고, 성실하게 대하라.
- 공개된 의사소통을 예외적이 아니라 일상적 규범으로 써라.
- 우리 개인들이 먼저이고 회사는 두 번째이며 개인과 회사의 입장이 다르더라도 이를 인정하라.
- 동료 직원들과 개인적이고 신뢰로운 관계를 성립·유지하고 다원론을 지지하라.
- 종종 유머를 사용하라.
- 서로 다른 사람의 말을 새겨서 들어라.
- 시간을 두고 회사의 성장과 변화를 이해하고 받아들여라.
- 팀의 장점을 믿고 개인이 팀보다 강할 수 없으며 팀은 가장 약한 구성원만큼만 강하다고 생각하라.

단계 Ⅱ : 보상 형성

회사들은 종종 이 규범 행동 계획의 단계에서 경영자들이 실천에 옮기고자 할 때 어려움에 처한다. 이러한 과정에 대한 신뢰성을 주고 행동으로 옮기기 위하여 보상이나 유인책, 그리고 표어를 만들 필요성이 있다. 우리는 이러한 노력에 많은 예산이 필요하다고 하는 말이 아니다. 그러나 실질적이고 적절한 인식을 하게 하는 데는 충분한 보상이 필요하다. 이 단계에서는 규범과 가치 전문 팀이 조직에 의해 활성화될 수 있는 여러 금전적, 비금전적 보상 체계를 개발해야 한다. 이 단계에서 성공하는 데 중요한 것은 최고 경영자가 가시적인 약속을 하는 것이다. 최고 경영자들은 이러한 보상을 말로만 지지할 것이 아니라 그것들을 가시적이고 주기적으로 주어야 한다.

소단계 6 : 바람직한 규범을 강화하는 조직의 보상 확인 및 형성

회사 차원에서 바람직한 규범의 목록은 이들을 강화할 보상을 만들고 적용할 지침의 청사진이 된다. 금전적, 비금전적 보상은 집단의 바람직한 규범에 맞추어야 한다. 실제로 이 보상들 중 많은 것들은 실제로 비용이 들지 않지만 조직의 규범을 지지하고 강화하기 위해서 동료들의 인정이 필요하다. 보상 범주의 몇 가지 예로 <표 9-5>의 내용을 쓸 수 있다.

〈표 9-5〉 조직에 기반을 둔 보상의 예들

금전적 보상	비금전적 보상
• 탁월한 규범 활동에 대한 상금	• 훈련과 발전 증가
• 팀의 실적에 따른 보너스	• 문서화한 인정
• 개인별 보너스	• 의사결정의 책임 부여
• 이익-분배 보너스	• 상패 등으로 동료의 인정
• 과제 완료에 따른 금전적 보상	• 일의 책임 증가
• 집단 여행 상금	• 더 큰 예산 통제권 부여
• 신제품 스톡옵션	• 특별 집단행사
• 공평한 투자 프로그램과 보너스	• 최고 경영자와 식사

발생된 개인의 내적 이익
• 자긍심 증가
• 동료의 인정
• 자신감과 자기 가치 증가
• 수행에의 동기 부여 증가
• 개인적 상호작용의 효율성 증가
• 바람직한 규범의 인식 강화
• 아노미 감소와 더 큰 직무 만족
• 자기 성취 향상

규범 '표어'도 전문위원회에 의해 개발되어야 한다. 근로와 조직규범들을 집단으로 개발한 가치들(포스터, 액자, 기, 메모지 등)도 확인된 것과 유사하게 규범 표어로 바꿀 수 있다. '규범 표어'를 제작하는 것은 수시 임원 모임이나 근로자 모임뿐 아니라 연간 계획회의와 사내 분기모임에서도 할 수 있다.

단계 Ⅲ : 조직에 규범 정착시키기

규범 행동 계획의 마지막 단계는 이 규범을 회사의 정책, 절차, 체제, 그리고 인사관행 등으로 바꾸는 것이다. 조직의 하부구조에까지 이들 규범들과 가치들이 정착되지 않는다면 이 규범과 가치들이 조직 속에서 제대로 기능을 하지 못할 것이다.

소단계 7 : 하부구조 체계와 관행의 확인 및 규범에의 조율

바람직한 규범을 만들기 위해서 근본적인 하부조직의 변화가 없으면 전체 과정에 신뢰성과 진실성이 결여된다. 우리는 바람직한 규범에 맞출 세 가지 하부구조의 범주로 ① 인력구조, ② 정책과 관행, ③ 물리적 구조를 든다. <표 9-6>에서 보듯이 이들 범주들에는 보상, 근무, 평가, 채용관행, 통신기제 등과 같은 다양한 하위 범주들이 포함된다.

이러한 범주들에 걸쳐서 변화를 만들고 새로운 프로그램 정책과 절차를 개발하는 것은 조직에 규범과 가치들이 정착되고 있다는 신호를 말해 주는 것이다. 몇 장의 포스터나 액자만으로는 안 되고 가시적이고 의미 있는 하부조직의 변화가 있어야 조직 내의 가치 충만한 마음 자세와 문화

〈표 9-6〉 조직에 규범을 주입시키기

하부구조 시스템과 관행	규범의 예		
	능력에 따른 채용, 승진	근로자들의 혁신 및 모험 추구 장려	근로자들이 고객 만족하도록 장려
인력 시스템			
교 육 훈 련		×	×
보 수		×	×
보 상 및 인 정		×	×
근 무 평 가	×	×	×
진급및경력관리	×	×	×
정책 및 관행들			
근로자선발채용 관 행	×		
경 영 스 타 일 과 의 사 결 정		×	×
근 로 자 참 여		×	×
'물리적' 시스템			
조 직 구 조			×
직 무 기 술			×
의 사 소 통	×		
정 보 시 스 템			×

×는 바람직한 규범과 하부구조 시스템이나 관행이 높은 일치를 보이는 것

를 만들 것이다. 그러나, 새로운 구조의 변화나 관행을 설계하고 활성화하려면 최고 경영자와 전문 위원회가 밀접하게 일하는 것이 요구된다. 조직의 주요 부서나 모든 기능을 대표하는 회원들로 구성된 다기능 팀들과의 일련의 토론이 필요한 것이다. 다시 한 번 어떤 새로운 프로그램이나 정책을 확정하기 전에 근로자의 피드백이 있어야 한다.

가치 수용 과정과 규범 행동 계획은 직장에 더 큰 의미와 안전, 그리고

자기 만족을 주도록 돕는 도구들이다. 우리는 가치 수용 과정과 규범 행동 계획이 견고한 규범과 가치 기반의 구축을 가속화할 것이라고 굳게 믿는다. 규범과 가치의 개발은 긍정적인 장기간의 변화의 시작을 나타낸다. 그러나, 이러한 과정들이 규범과 가치 충만한 문화를 주도하는 토대를 마련하기도 하지만 이것으로 끝나는 것은 아니다. 종착점은 아직 먼 곳에 있다. 그러나 적어도 경주는 이미 시작한 것이다.

제10장

집단의 가치 확립

가치에 근거한 조직은 개인적 규범과 가치를 반영하는 집단의 가치와 집단 규범에 바탕을 두어야 한다. 구성원들에게 만족과 동기 부여를 제공하는 규범을 확립하는 것은 집단의 잠재력과 힘을 증진시키고, 근로자의 직무 만족을 증가시키며 아노미에 대처하는 한 방법이다. 집단을 위한 규범의 올바른 환경은 그 속에 있는 개인의 잠재력을 최대화할 것이다.

우리는 집단 행동을 촉진시키고 개인들을 발전시키는 데 5가지 규범들이 특별히 도움이 됨을 일관성 있게 찾아 내었다. 이 규범들에는 직관적 사고를 장려하기, 서로 돌보는 공동체를 육성하기, 인정하는 분위기, 자신의 재능을 개발하기, 학습 공동체의 형성 등이 포함된다. 이들 규범들은 집단 구성원의 잠재력을 증진시키고, 집단이 유지되게 하고, 내부로부터의 성장을 활성화시킬 수 있는 규범들이다.

내생적 규범

규범들은 집단에게 활력을 줄 수 있다. 규범이 있으면, 집단 성원들이 최선의 상호작용을 하려면 어떻게 해야 하는지에 대한 '억측'이 필요없다. 모르면 약이다가 아니다. 어떤 집단에서 지킬 규범이 확립되어 있지 않다면, 집단 성원들은 많은 시행착오로 시간 낭비를 할 것이다. 더구나, 합의된 규범이 확립되지 않았기에 각 사람들은 좌절을 겪기 쉽다. 규범이 없는 행동들은 비생산적이고, 혼란스럽고, 갈등적이다.

집단에 의해 확립된 규범이 있으면 ① 집단 구성원은 더 효과적이고, ② 집단 목표를 더 잘 성취하고, ③ 명확한 규범으로 대인 관계를 하기에 자신감이 증가되고, ④ 집단에서 과제를 더 신속하게 하고 목표 달성과 성공의 가능성을 현저히 증가시킨다는 4가지 주요한 이점이 있다.

그래서, 행동 규범은 효율성을 높이고, 성과를 최대화하며, 자신감을 찾게 하고, 수행의 촉진을 시킬 수 있다. 그렇다면 행동 규범이 얼마나 유용한가? 그렇다면 대부분의 집단들에서 집단 규범을 개발만하고 실천하지 못하는 이유는 무엇인가? 대부분의 경우, 집단 성원들이 그러한 필요성을 인식하지 못하거나, 규범 개발을 두려워하거나 회피하기 때문이다. 물론 집단이 자기 중심적인 사람들로 구성되어 있다면 규범 형성을 해도 최소한의 이익만을 줄 것이다. 효과적 규범이 되려면 집단 성원들은 서로 간에 어느 정도의 관심과 집단이나 팀의 잠재력을 인정해야 한다.

우리는 이제까지 좀더 생산적인 개인의 행동만 설명하고 집단 행동이 왜 필요한지는 설명하지 않았다. 전에는 사기가 저하되고, 갈등적인 집단을 활성화하는 규범의 과정이 의욕을 불어넣고 한 마음 한 뜻이 되는 집단으로 바꿀 수 있었다. 이는 집단의 모든 구성원들이 긍정적인 피드백을 즐기는 아주 강력한 경험이 될 수 있으며, 집단 성원들이 더 만족하고 더 집단에 몰입하게 되기 때문이다.

　그러나 개인에 의해서만 효과를 느끼는 것이 아니고 집단 자체도 힘이 붙는 과정을 경험하게 되므로 안으로부터 성장을 한다. 의사들은 이런 종류의 성장을 '내생적'(endogenous)이라고 말한다. 그것은 유기체의 구성 단위인 세포 안으로부터 오는 것이다. 내생적 성장은 인체 혹은 유기체 내부의 요소들에 의해 이뤄진다. 어떤 집단에서 내생적 성장이 일어난다면 곧바로 변화가 일어나게 하여 집단 성원들의 사기가 올라가고, 활력을 찾고, 단결시킨다.

개인 가치와 내생적인 규범의 일치

　집단의 규범들은 내면화된다. 개인들은 올바른 행동이라고 느끼기 때문에 규범을 지킨다. 그들이 집단의 규범을 지키지 않을 때는 그들의 행동이 적절하지 않다고 보기에 그러는 것이다. 규범이 어떻게 행동하고, 느끼고, 생각해야 하는지에 관한 것이라면, 가치는 자신이 믿는 것이 올바르고 좋은 것인지를 말하는 것이다. 가치들은 보다 이기주의적, 개인적, 그리고 추상적이다. 가치들은 우리의 신념과 연결되어 있고, 신념은 정서에 근거한다. 이것은 가치들의 원천(5장에서 논의한)들이 모두 내부의 자아로부터 비롯되는 강한 정서적 근거를 갖고 있음을 뜻한다. 우리의 가치들은 성적인 본능과 같이 기본적인 것으로 시간이 흐름에 따라 정교해지고 통제되는 것들이다. 그러나 실제로 규범과 가치의 세련되지 못한 정서적 기제가 우리 일생 동안 존재하며 우리 개인의 가치와 정열의 발달에 영향을 주게 된다.

　그래서 개인적인 가치들은 개인들의 내면에 깊숙이 자리한 정서들인 것이다. 우리가 핵심적이고 내면 깊숙한 곳에 있는 정서적 가치를 개인적인 것으로 확인해 내면, 우리들은 이들 가치들과 이 가치들을 강화할 규범들과 짝지을 수 있다.

우리가 어떤 것이 가치 있다고 할 때, 우리는 그것을 믿는다고 말하는 것이다. 이는 그것은 우리 집단, 혹은 우리 조직에 중요하다는 뜻이다. 예를 들어, 어떤 소규모 제조회사에서 근로자들이 평등하게 대우받아야 된다고 믿는다면, 회사는 다원적이며 공유된 리더십에 가치를 부여하는 것이다. 이 가치들은 관련된 규범을 움직일 것이다. 제조회사에서 공유된 리더십을 가치로 인정하면 회사 안의 특정한 상황 속에서 근로자가 공식적이건 비공식적이건 어떻게 행동해야 하는지에 대한 구체적 규범들이나 지침을 만든 것이다. 예를 들어, 모든 근로자들에게 모든 회의에 참석해서 그 자신들의 생각과 의견을 말로 표현해도 어떤 불이익을 받지 않는다고 격려할 수 있다.

어떤 점에서는, 가치와 규범이 서로 얽혀 있어서 어느 것이 먼저인지를 파악하기가 어렵다. 어느 것이 다른 것보다 먼저 온다는 것은 중요치 않다. 중요한 것은 양자간의 주요 차이를 밝히는 것이다. 규범은 행동에 대한 지시이다—어떤 행동이 그 집단 안에서 그리고 각 개별 구성원들에 의해서 기대되어지나? 가치는 개인적인 신념을 표현한다— 무엇이 좋고, 올바르고, 바람직한지? 이 개인적 신념들은 상호작용을 위한 지침인 가치들을 강화하는 집단 규범들을 받아들이게 한다.

개인들의 성장 발전을 위한 5가지 집단 규범들

1. 직관적 사고를 장려하라

가치를 개발하고 찾아 내는 것은 직관적으로 행동하고 생각하는 것으로부터 시작한다. 직관적 사고는 개인들로 하여금 자신들의 정서를 더 잘 파악하게 하고 의사결정을 함에 있어서 그들의 가치를 더 잘 활용할 수 있게 한다. 의사결정에 직관적 사고를 쓰는 것은 점점 더 인기를 얻고 있으며 바람직하게 인식되고 있다. 이것이 강력한 기법이 될 수 있으리라는 인식이 더욱더 커지고 있다. 직관적 사고는 종래에 널리 받아들여지던 사고 방식이나 직업훈련과는 판이하게 다르다. 우리들은 반복하여 분석적이고 직선적이며 사실에 토대를 둔 방법들을 배웠고 장려해 왔다. 하지만 성공적인 리더와 효과적인 팀의 성원들은 직관력을 썼을 때의 이점을 더 인정한다. 직관은 감정과 정서적 입력 사이에 다리를 놓아 준다. 다음에는 어떤 분명한 사실이나 자료와 함께 직관은 개인의 경험과 가치구조로부터 영향을 받는다. 직관은 효과적이지만 드물게 활용되는 도구이다.

좀더 많은 리더와 조직원들이 왜 직관력을 활용하지 않는가? 첫째로, 우리 사회는 직관력은 여성적 기질이라고 보는 낡고 어리석은 개념에 빠져 있기 때문이다. 창조적이고 직관적인 사고는 남성적이지 않고, 힘이 없는 것으로 지각되는데 이것은 말도 안 되는 소리이다. 강한 남성 리더가 마음을 열고, 어떤 감정을 표현하며, 자신들의 내적 감정을 전하고, 그들의 '정신'에 관심을 두기 시작하면 그들의 직관력은 신속하고도 심오하게 개발될 것이다. 직관적 사고는 의사결정, 의사소통, 리더십, 동기 부여, 신뢰를 형성하는 데 아주 적극적으로 기여할 수 있다.

우리는 어떻게 가치를 개발하고 선택하는가? 헌터 루이스는 『가치에 대한 물음』이라는 책에서 우리가 개인적 선택을 할 때 사용하는 여섯 가지의 방법에 대해서 아주 통찰적인 설명을 하였다. 그는 어떻게 가치가 개발되는가에 대해서 여섯 가지의 사고 방법을 구분하였다. 이 여섯 가지는 5장에서 말한 다섯 가지 가치의 원천들과 잘 조화된다. 루이스는 각각 이 어떤 지식이 얻어지는 방식으로 서술한다. 우리는 그것들이 가치들과 이들의 근원에 대한 흥미있는 생각이라고 본다. 가치들은 권위, 연역적 논리, 감각 경험, 정서, 직관, 그리고 과학으로부터 온다.

루이스는 다른 사람의 말이나 행동을 따르거나 상사의 행동, 교회, 또는 성경을 믿는 것을 권위라고 하였다. 연역적 논리는 다수의 실험을 통해서 일관성 있게 진실로 밝혀졌기에 어떤 것을 진실이라고 정의하는 것이다. 그는 관찰 가능한 사실들의 수집, 검증 가능한 가설의 구성, 실험을 구성하고 실시하는 논리의 사용에 필요한 다수의 과학 기법 양식들을 결합한 것이 과학이라고 하였다.

대부분의 개인적 의사결정의 방법들이 개인의 한계 내에서 이루어지므로 대부분의 조직 장면들에서 의사결정 정보는 권위, 논리, 그리고 과학의 세 가지로 얻는다. 우리는 직관, 느낌, 그리고 감각 경험의 영향을 의사결정에까지 연장하려 한다. 조직들은 직관, 정서, 그리고 감각을 억제하는 경향이 있다. 어린이들이 이들 세 가지 학습 방법에서 어른보다 더 나은 능력을 보인다. 어린이들은 어떤 것이 진실이라고 느끼거나(정서) 만지고, 듣고, 냄새 맡고, 맛을 보고, 눈으로 보아 사실이라고 아는 것(감각 경험)에 있어서, 그리고 무의식적으로 생각하는 것(직관)에 있어 어른보다 훨씬 더 나은 능력을 보인다. 조직 내의 신입사원들도 이런 방식으로 학습하면 훨씬 나을 것이다. 조직들은 신입사원을 더 많이 존중해 주어야 한다. 종종 신입사원들의 시각이 훨씬 더 직관적이고, 객관적이고, 통찰적이다. 실제로 이들의 입사는 집단에 새로운 직관적 에너지, 신선한 시각, 그리고 창의력을 주입시킬 수 있다. 경영자들은 이들의 직관을 흐지부지 만드는데, 직관적 사고를 전혀 쓰지 않으면 조직은 약화되고 무력해진다.

다른 방식으로 아는 것을 장려하는 것도 중요하다. 조직의 성원들은 더 많은 자유를 느끼기를 원한다. 다른 방법으로 정보가 들어오게 하면 조직의 개인들은 새로운 조망을 갖게 되는데 직관적 사고, 느낌, 그리고 감각을 통해 아는 것은 권위, 논리, 과학을 통해 아는 것을 강조하는 것과는 아주 대비된다. 그럼에도 대부분의 경영자들은 이러한 행동(직관적 사고, 느낌, 감각에 의한)들을 억제한다. 또는 그들은 그것들이 시시하다고 보며, 의사결정 전에 더 많은 증거들을 요구한다. 경영자들은 권위, 논리, 또는 과학적 사고로 얻어진 증거를 원한다. 이 과정에서 잃어버린 것은 바로 우리가 찾고자 하는 것들인 내부의 감정이 실린 직관적 에너지, 비전, 통찰 등으로서 이들이 어떤 문제에 대한 새로운 시각을 갖게 하는 것이다.

개인들에게 직관을 활용하게 하는 것은 그들에게 힘을 실어 주는 것이다. 근로자들이 직관적이도록 장려하는 것은 각 개인들의 가치를 인정한다는 것을 알려 주는 것이다. 직관, 감정, 그리고 감각을 일깨워 줄 수 있는 여러 방법들이 있다. 지금으로서는 이들이 조직에 에너지, 행복감, 사기를 불어넣는 역할을 한다는 것을 꼭 알아야 한다. 그리고 중요한 것은 직관이 조직을 움직이게 하고 집단 내의 개인들이 결속하도록 돕는 아교(접착제)와 같은 역할을 할 수 있다는 것이다. 직관, 감성, 감각을 더 개발하는 규범은 내생적 성장 또는 심층 세포조직의 성장을 촉진시킨다.

2. 서로 배려하는 공동체의 육성

"소수의 사려 깊고 헌신적인 사람들이 전 세계를 변화시킬 수 있다는 것은 의심의 여지가 없다. 실제로 이 세상을 변화시켜 온 사람들은 바로 이들 소수의 사람들이다."라고 유명한 인류학자인 마가렛 미드는 말했다.

저자들 두 사람은 컬럼비아 대학 국제관계 대학원에서 마가렛 미드의 강의를 들을 때 특이하고 개인적인 보상을 많이 경험하였다. 그녀의 과목은 다른 대부분의 과정들과는 매우 달랐다. 그녀가 강의하는 모든 과목에서 모든 학생들의 보고서를 직접 고쳐 주고 논평을 해주는 열성을 보여주었다. 다른 교수들과 다르게 그녀는 대학원생들의 보고서를 '학점'으로 평가하지 않았다. 그녀는 학생들이 학습에 관심이 있고 그녀의 메시지와 '학과'에 대해서 관심이 있는지로 평가하였다. 그녀는 72세의 나이에도 관심을 보이는 태도와 배려적인 학급 공동체를 만들었다. 이로 인하여 아주 성숙하고 동기화된 학생 집단이 되도록 만들었다.

인류학자로서 그녀는 전 세계에 걸쳐 많은 다른 문화와 다양한 인종 집단들이 혼합된 것을 경험하였다. 그녀가 했던 것들처럼 우리는 공통적인 규범과 가치들로 묶인 응집력 있는 집단의 힘을 믿는다. 미드는 이들 집단의 사람들이 적절하게 기능하면 그 집단의 성원들 각자를 특별하게 배려하게 된다고 하였다. 상호 배려로 각 개인들이 서로 존경하게 된 것이다.

진실로 다른 누군가가 당신에 대해서 그리고 당신을 위해서 진심으로 관심을 가진다는 것을 알 때―이것이 직업상이거나 개인적이거나 간에― 당신은 그 사람에 대해서 다르게 반응하고 행동한다. 대개 당신은 더욱 마음을 열고, 신뢰하고, 안정적이 될 것이다. 관심을 보이는 환경에서 개인들은 동기화되고, 생산적이고, 행복하다. 이것은 더욱더 마음을 열고, 직접 말하고, 대화하고, 어떤 산발적이고 폭발적인 아노미를 크게 줄이고, 신뢰로운 관계를 구축하는 데 도움을 준다. 이러한 관심이 종종 효과적 집단들과 아주 역기능적 집단들을 구별하게 한다.

가치에 근거한 리더십을 발휘하기 원한다면, 공동체가 지닌 관심에 대한 감각이 있어야 한다. 수많은 사회과학자들은 과거 25년 동안 공동체 개념에 초점을 두어 왔다. 공동체는 목적에 대한 내적인 느낌과 개인적 안정감을 제공한다. 또한 공동체에는 공통된 목표, 가치, 사명, 그리고 관련 행동들이 있다. 공동체는 성원들에 대한 강한 지원 의식도 제공한다. 지원적인 분위기가 자리잡으면 집단 성원들은 모험을 추구하고 자유롭게 실험을 할 수 있다. 이것이 관심(caring)이다. 관심은 우리의 일터에서 서로 상호작용하는 지침이 되어야 한다.

밀튼 메이어프는 『관심에 대하여』(On caring)에서 우리가 다른 사람이 성장하게 돕는 방법이 관심이라고 정의하였다. 그는 그의 저서에서 "관심은 그 자체 주변에 활동과 가치의 순서를 정해 준다. 관심 있는 활동이 가장 중요한 것이 되고 다른 활동과 가치들은 이차적인 것이 되게 한다. 관심을 가질 수 없거나, 관심을 가질 사람이나 대상이 없는 때는 다른 것에 관심을 갖게 되고, 이전에 중요했던 많은 것들의 중요성이 상당히 시들고 관심과 관련된 것들이 새로운 중요성을 띤다."고 하였다. 관심이 직장에서 존재한다는 증거가 있다면, 다른 중요한 문제들은 덜 중요해질 수 있다. 이러한 것 중에는 많은 돈, 지위, 승진의 기회들이 포함될 수 있다.

어떻게 관심을 보이고, 어떻게 활성화할 것인가? 우선 관심을 보이는 태도와 사고 방식을 가져야 한다. 사람들에게 진심으로 흥미가 있음을 보이는 개인적인 질문하기, 문제가 있는 사람에게 구체적 행동방안을 제시해서 돕기, 작업동료를 포옹하기, 타인이 자신에 대한 지지와 믿음을 느끼기 등이 모두 가시적인 형태의 관심들이다.

부가적으로 타인을 무조건적으로 돌볼 의무가 있다는 세계관이 중요하다. 관심을 보였다고 해서 상대방으로부터 같은 관심을 기대하거나 보상을 받으려 해서는 안 된다. 관심을 보이는 태도는 다른 사람들에게 주고자 하는 욕구를 전하고, 타인을 배려하며, 타인들에 대한 진정한 공감과 관심을 전달하는 것이다. 관심을 보이는 마음 자세가 바로 관심을 행동으로 전하는 데 필수적인 것이다.

관심을 행동으로 옮기는 방안들은 끝이 없다. 그러나 '관심을 보이는' 의사소통과 행위를 강조하는 세 가지 주요 원칙들이 있다. 첫째로 일관성이 있어야 한다. 월요일에는 관심을 보였다가 화요일에는 무관심해서는 안 되는데 왜냐하면 사람들은 비일관적인 관심을 보게 될 때 불신감을 느끼게 되기 때문이다. 두 번째는 진심에서 우러나오는 관심이어야 한다. 소위 '관심'이라는 것을 무감각하고 아무런 열정 없이 '제조'한다면 이보다 더 나쁜 결과가 없을 것이다. 세 번째는 관심은 보편적이어야 하고 널리 적용되어야 한다. 공동체 또는 집단에서의 관심을 갖게 하려면, 일부 선택된 사람에게만 나눠 주어서는 안 된다. 관심은 집단 내에 있는 모든 성원들에게 전달되어야 한다.

3. 인정해 주기

집단이 운영되는 데 필요한 세 번째 규범은 인정해 주는 것과 폭넓게 긍정적인 피드백을 주는 것이다. 교사나 부모들도 항상 이러한 것들을 하는데 우리 직장에서 이것이 빠지는 것은 이상하지 않은가? 일생 동안 우리가 집이나 학교에서 시간을 보낸 만큼 그 이상의 시간을 직장에서 더 보낸다고 할 수가 있다. 세 명의 아들들이 특별히 어떤 일을 잘했을 때 이들은 금방 밝아진다. 작업 환경에서도 근로자들에게 그렇게 해야 한다. 인정을 해주는 것은 주는 사람이나 받는 사람에게 보상이 되는 것이라서 양자의 기분이 좋게 된다. 시간이 지나면 타인을 인정해 주는 만큼 자기 자신도 인정받게 된다.

당신이 지금 나이가 많기 때문에 인정받을 필요가 없는 것은 아니다. 고용주들은 이렇게 하는 방법을 잊어버렸는가? 만약 근로 장면에서 상황이 아주 악화되어 왔다면 우리는 인정해 주기를 즉각 실시해야 한다. 인정이 부족한 조직들이 분명히 존재하는데 이렇게 인정해 주기를 시작하는 것만으로도 극적인 도움이 될 것이다.

여기에 몇 가지 아이디어를 제시한다. 고맙다고 말하는 것이 가장 쉽고 빠르다. 당신은 최근에 당신의 일을 도왔던 사람에게 고맙다는 것을 짧막한 글로 쓴 적이 언제인가? 아마도 한 번쯤 당신과 팀으로서 함께 할 수 있는 기회에 대해 감사의 답장을 쓸 것이다. 그러면 당신은 그들이 특별히 잘했다는 것을 알려 주고 싶다는 것을 써라.

인정해 주기는 실제로 어떤 사람에게 피드백을 주는 것과 다르다. 인정은 하나의 개인으로서 그 사람에 대한 감사의 마음을 전달하고 지속적인 격려를 묵시적으로 담고 있는 것이다. 인정의 초점은 부과된 일을 완성한 것, 말해 준 논평, 성취한 목표에 둔다. 그러니 인정이 최대한의 가치를 수려면 단지 개인의 행동을 인정해 주는 것보다 근로자들이 그들 자신에 대해 큰 가치를 느끼는 것이 더 중요하다. 더 큰 자신의 가치는 자신의 기여에 대한 더 큰 만족을 가져온다.

인정은 여러 상황하에서 다양한 방법으로 제공될 수 있다. 또한 인정은 다양한 과제의 단계에서 해줄 수 있다. 근로자들이 과제를 수행하는 동안에 긍정적인 강화를 해주면 과제가 성취될 때까지 기다리는 것보다 낫다. 그래서 문제를 찾아 내고 근로자의 통찰력을 인정해 주고, 창조적 문제해결을 하는 동안 직면하게 될 어려움을 이해해 주며, 문제의 정확한 해결책으로부터 이익을 인정해 주는 것 등의 3가지는 긍정적인 강화를 해주어야 할 내용들이다.

효율적인 리더는 항상 인정을 해줄 타인들을 찾고 그 방법들을 찾는다. 그러나 우리는 흔히 다른 사람을 인정하는 데 아주 인색하다. 우리는 경영자들이 "그러나 근로자들에게 지나치게 과신하거나 분수에 넘치게 자기의 가치를 과대평가하는 것은 바람직하지 못하다. 근로자들은 더 많은 돈을 요구할 것이기 때문이다."라는 불평도 듣는다. 이는 아주 순진한 생각이다. 인정이 정당하고 진정한 것이라면 에고인플레이션을 일으키지는 않는다. 오히려 인정은 개인들 내부의 핵심을 더 강화시키고 지지해 주며, 자신들에 대해 더 기분좋게 느끼게 하고, 일을 더 효과적으로 하게 만든다. 사람들이 자신감을 상실하고 자기 회의로 가득 차면 일을 제대로 수행할 수 없다. 그들의 행위가 인정받는지 긍정적인지 아닌지에 대해 궁리하는 데 시간과 에너지를 보내면 그들의 집중력은 분산될 것이다.

팀이나 집단의 리더들은 팀 성원들에게 인정을 해주는 효과적인 방법에 대해 심사숙고해야 한다. 그러나 집단 성원들도 그들의 리더들에게 긍정적인 인정과 강화를 해주어야 할 책임을 가지고 있다. 대부분의 사람들은 인정은 위에서 아래로만 흐르는 것이라고 기대한다. 얼마나 자주 당신의 상사가 일을 잘했다고 칭찬하는가? 아마 드물 것이다. 그렇지만 위에 있는 사람들에게 인정을 해주는 것이 상사들을 격려하고 동기를 부여하는 데 도움을 줄 수 있다. 요약하면 자주 인정해 주는 것은 아주 유익한 수단이며 집단을 더 강하게 만들고, 더 자신감 있게 하고 더 생산적으로 일하도록 한다. 결과적으로 걱정스런 자기 회의가 아닌 부여된 과제에 더 집중하게 만든다. 여기에서 핵심은 개인들이 일을 하도록 동기를 주고 전체적으로 집단이 계속 운영되도록 하는 강력한 엔진으로서 인정을 본다는 것이다.

4. 자신의 재능을 개발하기

현명한 부모들은 그들의 아이들이 스스로 행동하게 내버려 둔다. 그러나, 상당한 수의 부모들은 그들의 아이들이 습관, 관심, 가치, 사고 방식에 있어서 부모들과 같기를 원한다. 사람은 저마다 특성이 다르고, 자기 나름의 장점과 단점을 갖고 있다. 집단이 운영되기 위한 네 번째의 규범은 각자의 재능과 솜씨를 개발하도록 장려하는 것이다. 이렇게 하는 것이 간단하게 보이기는 하지만 큰 어려움이 있다. 경영자들은 근로자들이 같은 가계(家系)에서 온 것처럼 관리자들과 닮기를 바라고 경영자를 지지하기를 바란다. 마치 경영자들은 대부분의 부모들이 자신의 아이들이 자기(부모) 방식대로 행하고 자기(부모)처럼 되기를 바랬던 것처럼 부하들이 그들의 방식대로 일하기를 원한다. 그러나 이는 집단이 움직이는 규범을 만드는 최선의 방식이 아니다.

부모들은 자기 아이들에 대한 소유권을 주장할 수 없다. 이렇게 어린아이들도 사기 자신의 정체성을 갖고 있다. 마찬가지로 고용주가 근로자를 '소유'할 수 없는 것이며, 그들을 자기 뜻에 따르게 할 수 없다. 부모들과 고용주가 할 수 있는 최선의 방법은 개인의 타고난 재능과 장점을 개발하도록 장려하고 향상되고 변화할 분야에 집중하게 하는 것이다. 개인을 교육하고 발달시킬 수 있는 최선의 장소는 '학습 공동체'에 있다. 이 공동체에 대하여 말하기 전에, 어떻게 근로 장면에서 개인의 재능을 개발하는 데 도움을 줄 수 있는지 자세히 보기로 하자.

사람들이 자신의 재능을 발달시키는 데 중요한 요소 중에 하나는 그들이 실수를 하도록 하는 것이다. 사람들은 배우기 위해서 실수를 해야만 한다. 우리들은 수영 교본을 읽고 강사의 강의만을 들어서는 유능한 수영 선수가 될 수 없다. 수영을 하려면 실제로 수영을 해보고 배우면서 많은 실수를 해야 한다. 일할 때에도 마찬가지이다. 의사결정, 보고서 작성, 발표, 회의, 연구과제 팀의 운영, 새로운 기술을 습득하는 일 모두는 우리의 고유한 재능과 내부의 재능에 달렸다. 우리는 사람들이 모험을 하다가, 실수를 하더라도 상사로부터 질책을 당하지 않는 근로 환경을 만들어야 한다.

자신의 재능을 발달시키는 또 다른 측면은 다른 사람이 재능을 개발하도록 돕는 것이다. 그들의 장점을 강조해 주어라. 여러분이 보기에 상대방이 갖고 있는 잠재력을 그들에게 말해 주어라. 그들의 '개인적인 영역'에 들어가는 것을 두려워 말아라. 여러분이 다른 사람들의 내적인 재능에 대해 이야기하려 한다면 그들 속에 파고 들어야 한다. 흔히 조직 내에서는 너무 개인적인 관계가 되는 것은 피하도록 해왔다. 사람들의 성적(性的)인 기호를 논의하는 것이 부적절하다는 것은 분명하다. 하지만 특정인의 내적인 재능과 장점에 대하여 의논하는 것은 적절한 것이다.

다른 사람들에게 그들 자신의 특유의 재능을 발전시키도록 도와 주는 것은 집단들이 잘 운영되고 아노미를 제거하는 또 다른 강력한 수단이다.

5. 학습 공동체를 창조한다

학습 공동체는 학교에서만 존재한다고 생각해 왔지만 우리는 다르게 보고 있다. 우리는 개인적인 발전과 학습이 끊임없이 일어난다고 믿는다. 리더들은 근로자들이 더 발전하도록 해야 하며 공장이나 사무실, 회의실, 그리고 근로조직도 모두 '학교'가 되어야 한다.

1938년 존 듀이(John Dewey)는 『경험과 교육』이라는 책에서 학교와 교육의 목적은 '안으로부터의 발달'이어야 한다고 보았다. 학생 중심의 학습과 능동적인 학습은 듀이의 핵심 개념이었는데, 이들이 가르치는 것과 배우는 과정의 본질을 강조했기 때문이었다. 그는 학습을 권위적인 교사가 쏟아 놓는 정보를 얻는 것이 아니라 개인적인 발달로 보았다. 듀이는 능동적인 학습 모델의 창시자였다. 교사는 지식을 전해 주는 권위적인 인물이 아니라 집단 활동을 이끄는 지도자라고 하였다.

1940년에 발간된 『우리는 어떻게 생각하나』라는 책에서 듀이는 교육은 '공동 탐구'라는 사회적 과정으로 묘사했다. 우리는 그의 생각을 개별 근로자들이 집단 내에서 함께 문제를 해결해야 하는 근로조직으로 옮겨 놓을 수 있다. 권위주의적인 경영자들이 신속한 답을 요구하지 않고 소집단으로 하여금 대안적인 생각이나 방법을 알아본 후에 그 문제를 맡아서 해결책을 제시하도록 한다. 이것은 어떤 문제를 해결하기 위해 집단이 함께 해결해 나가는 하나의 과정인 것이다. 이 과정에서는 질문도 하고 정보를 모으고 함께 문제를 해결해야 하는데 여기에서 팀의 힘을 얻게 되는 것이다.

결국 교실 앞에서 권위적인 교사가 정보를 머리 속에 쏟아 붓는 형태로는 학습이 되지 않는다. 이 과정에는 오직 침묵만이 존재하여 권위적이고 전통적인 접근 방식으로의 학습은 배우는 사람과 가르치는 사람들 사이에 거리만 멀게 한다. 학습을 본질적으로 사회적 과정으로 본다면 교육은 매우 능동적이고 참여하는 과정이라고 볼 수 있겠다. 근로자들은 위에 있는 경영자들이 준 답을 통해서 배우는 것이 아니다. 팀이나 소집단에서 주어진 문제를 해결할 기회를 갖는다면 함께 문제를 해결하고 위에 있는 경영자의 지시를 받은 때보다도 더 훌륭히 해결할 수 있다.

능률적인 리더들은 단순히 지식을 전달하지 않는다. 오히려 학습과정에서의 '교사-리더'는 하나의 동반자이다. 마찬가지로 경영자들은 문제의 해결책을 알려 주어서는 안 되고, 경영자가 문제 해결 과정에서 동반자가 되어야 한다. 근로자들은 각자 나름대로의 특유의 배경, 관심, 포부,

그리고 경험을 갖고 직장에 들어오게 된다. 이들 모두는 학습자와 '교사-리더'가 협력하는 학습 공동체를 구성시 중요하다. 근로자들은 특유의 관심, 목표, 과거 경험을 바탕으로 상이한 문제 해결 방안을 제시하게 된다.

'내부로부터의 성장'이 일하는 조직 장면에서 최고의 목표가 되어야 한다. 직장 장면을 '능동적 학습' 기회로 보아야 한다. 직장에서는 학습 기회를 거의 주지 않는 지루하거나 수동적인 장소가 아닌 적극적인 참여와 근로자의 발전에 초점을 두어야 한다. 일하는 곳은 배우기도 하는 장소가 되어야 한다. 이런 곳이 아노미의 현상이 존재하지 않는 미래의 직장이다.

집단들은 개인적인 근로자의 욕구뿐 아니라 조직의 욕구도 수행하도록 근로자들이 모이는 학습의 중심 또는 장소를 제공해야 한다. 모든 팀, 위원회, 기동팀, 행정회의, 특별한 이해 집단, 심지어는 직원회의 등의 작업 집단들은 학습할 기회를 제공한다. 집단의 리더들인 교사들은 '공동탐구' 과정에서 학습자들이나 집단 성원들과 협력해서 일한다. 개별 근로자의 발전은 이런 과정에서의 최종 목표이다.

유감스럽게도 대부분의 기업 환경에서는 근로자들 개인의 발전에 대해서는 흥미를 보이지 않는다. 고용주들은 그들이 근로자들의 욕구와 성장에 도움이 될 발달과 학습을 촉진시키기보다 무슨 일을 하라고만 지시한다. 대부분의 근로 장면에서는 교사가 학생들에게 지식을 전해 주는 것이 학습이라고 생각하는 전통적 교실의 요소들을 갖고 있는 것이다.

규범 활성화를 통한 내적 성장

조직들은 집단의 효율성을 배양하는 것이 시급함을 인식해야 한다. 이

장에서는 집단이 운영되는 데 필요한 다섯 가지 규범을 제시하였는데, 목표는 기운을 불어넣어 집단을 활기 있게 하는 데 있다. 우리는 이것을 개인이나 집단의 사회적 틀 내부로부터의 성숙 또는 심층세포 조직의 성장이라고 부른다. 활성화시키는 규범들을 요약하면 다음과 같다.

① 직관적 사고를 장려한다.
② 관심을 보여 주는 공동체를 육성한다.
③ 인정을 해준다.
④ 자신의 재능을 개발한다.
⑤ 학습 공동체를 만든다.

이 다섯 가지 규범들은 사고를 자유롭게 공유하고, 다른 사람에 대하여 관심을 가져 주고 지원해 주며, 주인 의식을 갖고, 모험을 감행하고, 질문을 하고, 다른 의견을 표현하고, 지식과 학습을 의미 있게 하고 모든 집단 성원들을 인정해 주는 태도를 깆게 하다. 학습 내 공동체의 공유된 탐구 과정에서 에너지를 얻는다. 조직들에 이들 집단 규범들을 주입하면 개인들 스스로가 성장과 발전을 할 수 있는 환경이 마련된다.

이 에너지는 또한 어떤 집단에 소속되어 생긴 부산물이기도 하다. 집단들 자체는 소속감과 개인적 안정감을 주는데, 특히 이들 다섯 가지 규범들을 활성화한 경우에 그렇게 되는 것이다. 그들은 협동적 학습 기회를 넓히거나 아이디어나 문제를 함께 탐색하거나 해결책을 찾는다. 효율적인 집단들은 또한 다른 사람의 의견에 대한 비평을 할 수 있게 한다. 동료 성원의 견해를 듣는 것은 자신의 의견을 다시 한 번 생각하게 한다. 새로운 에너지는 이런 과정 속에서 집단에 주입되는 데 효과적이고 교육적인 집단은 조직으로부터 아노미를 제거하도록 도울 수 있다.

더구나 사람이 협동적이거나 집단적 노력에서 아주 훌륭한 일을 했을 때 집단이 주는 피드백은 아주 강한 동기가 될 수 있다. 이것은 "내가 일을 잘 해냈다."는 지적 에너지를 만들고 개인적인 자신감을 갖게 한다. 집단작업을 하게 되면 또한 매우 복잡한 일도 이해할 수 있게 한다. 일을 같이 해봄으로써 일의 복잡성을 충분히 알게 되는 것은 아주 값진 것이다. 집단탐구 과정은 학습자로 하여금 조직이나 집단, 동료, 그리고 자기 자신과 접촉하게 한다. 이는 근로자들에게 신뢰할 근거를 주는 매우 고무적인 과정이다.

제11장

●

개인을 조직에 통합하기

고립에서 벗어나려면 사람은 조직의 구성원이 될 수 있어야 하는데, 이는 단지 어떤 집단을 찾는 문제에 그치지 않는다. 자기 자신을 다른 누군가와 쉽게 관계 맺을 수 있어야 하고 이 능력은 선천적인 것이 아니라 경험과 훈련의 결과이며 그 경험과 훈련은 그 자체가 사회적인 것이다.

호만스는 『인간 집단』에서 특정 집단의 성원이 되는 방법을 학습하는 것이 중요하다고 하였다. 이 장에서 우리는 이를 근로조직의 근로자가 되는 방법과 관련지을 것이다.

미래의 조직에서 아노미를 제거하려면, 근로자는 애착심, 연계 의식, 집단의 일부분이라는 것을 느껴야 한다. 그들은 그들 조직에 자신이 속해 있으며 조직의 성장에 아주 중요한 역할을 수행하고 있다고 느껴야 한다. 그들은 그들이 일하는 문화를 형성하는 데 참가해야 한다.

흔히 문화가 고위 경영층에게 의미하는 것과 근로자들에게 의미하는 것이 아주 다르다. 우리의 연구에서는 조직 내에서 동의되고, 받아들여지고, 효과적으로 유용될 수 있는 규범과 가치가 없이는, 리더와 근로자 사이에 넓은 문화적 틈이 존재한다는 것을 확인했다. 우리는 인터뷰에서 종종, 근로자들이 '문화'를 최고 경영자들이 만들어 낸 환경이라고 보고 있다는 것을 알 수 있었다. 반면에, 조직의 리더들은 문화를 근로자들이 서로 상호작용하는 방식이라고 보고 있다. 이러한 시나리오는 근로자와 경영자 사이에 존재하는 단절의 또 다른 실례이다. 우리는 모든 개인을 조직 속에 함께 엮어 주고 연결시키며, 궁극적으로 전통적인 계층조직과 조직의 '층'들 사이에 있는 선을 제거시키는 명확한 규범과 가치를 가진 조직을 만들 필요가 있다.

문화적 전통, 의식, 그리고 작업 습관은 종종 고위 경영자들에서 비롯되는 것처럼 보이지만, 근로자들이 항상 경영자들의 결론을 받아들이거나 인정하지는 않는다. 근로자들은 아마도 고위 경영자들이 주도한 전통과 태도에서 가치를 찾지 않는 것일지도 모른다. 그들은 왜 그래야 하는가? 문화는 근로자들의 가치와 신념을 반영하지 않고, 오직 고위 경영자들의 가치와 신념만을 반영하기 때문이다.

그러나 다른 때는, 문화가 혼합된 메시지를 보내고, 근로자들은 문화를 냉소적으로 거부하거나 문화로부터 특정한 것을 골라 버리거나 다르게 문화를 받아들인다. 과거의 전통을 현재와 미래의 근로자들의 행동을 인도하는 기준과 의미를 공유한 규범과 가치를 지닌 것으로 바꾸어 기존 문화에 통합시키는 것이 열쇠이다.

우리는 제7장(매우 개인적인 과정을 활성화하기)에서 모든 근로자들의 가치 위에 마련될 환경을 창조하는 방법에 대해 논의하였다. 이제, 우리는 근로자들이 문화를 어떻게 정의하며, 조직의 문화는 무엇이고, 그들 조직의 미래의 행동지도를 어떻게 설계하는지 이해해야 한다. 특히, 근로자들이 조직이라는 '직물'에 자신들을 촘촘하게 엮는 문화적 가치와 규범 확립에 참여해야 한다. 그리하여 조직은 자기들의 조직이 된다. 우리는 근로자들의 목적이 조직에 봉사하는 것이라기보다 조직이 근로자들에게 봉사하는 방법을 찾아야 한다고 확신한다.

문화란 무엇인가?

『The Funk and Wagnalls』사전에서는 문화를 "특정 기간이나 사람들이
이루거나 학습한 행동 패턴의 총합"이라고 정의한다. 우리는 이 정의를
약간 수정하려 한다. 문화는 일련의 행동이나 의사소통, 반응으로 나타나
는 정신 상태이다. 이것은 언어적, 신체적, 정서적 신호를 포함하는 일련
의 인간신호이다. 그러므로 문화는 우리의 뇌에 들어 있어 우리가 매일
다른 사람으로부터 얻은 신호를 해석한다. 사실, 우리들 각자가 어떻게
문화에 반응하는지는 문화가 어느 특정한 개인들의 집단에 효과적인지
로 설명된다.

문화는 인간의 생산물이어서 문화가 어떠해야 하는지를 사람들이 정
한다. 사람들은 문화를 향상시키기도 하고 해악을 주기도 한다. 그렇지만
문화는 인간의 몸과 정신 속에 들어 있는 모든 조직의 한 측면이다. 문화
는 공통의 신념, 규범, 태도, 목표, 정보를 개발하고 공유하는 것이다. 문
화가 의식적으로 창조될 수 있지만, 흔히 근로자들이 문화가 어떻게 되어
야 하는가 하는 것을 원하는 것에 초점을 둔 비전이나 합의된 노력 없이
무의식적으로 개발된다. 이는 문화가 잘 짜여진 직물처럼 모든 실들을 함
께 단단하게 짜야 하는 이유이다. 인간은 문화를 창조하는 실이다. 그렇
게 되면 문화는 조직 내 모든 개인들을 통합한다.

조직 내의 다른 사람들이 당신이나 당신의 행동을 받아들이려면 어떻
게 해야 하는지 알고자 하는 것이 문화이다. 모든 나라가 공통의 전통과
문화적 정보를 갖고 있는 것과 마찬가지로, 모든 근로 현장이나 조직 또

한 나름대로의 문화를 갖고 있다. 저명한 문화인류학자인 제임스 스프래들리에 의하면 문화는 공유된 규칙, 지도, 계획이다. "사람은 적절한 행동 규칙을 배운다. 그들은 관찰한 행동이나 사건을 해석할 수 있는 정신적인 지도를 획득한다." 그리고 나면 조직 내에 규범과 가치가 개발되고, 이러한 정보는 문화적 구성원들이 함께 공유한다. 스프래들리는 그의 저서 『문화와 인지』에서 "문화는 집단 성원들에게 받아들여지기 위해서 알거나 믿어야 하는 모든 것들이다."라고 강조한다. 문화는 물리적인 현상이 아니며 사람들의 마음 속에 갖고, 지각하고, 관련짓고, 해석하기 위한 모델의 형태로 존재한다.

조직의 문화는 근로자들의 머리 속에 있는 무엇이라고 강조하기 때문에 우리는 이 정의를 좋아한다. 이것이 조직의 문화를 바꾸기가 아주 어려운 이유이다. 일터에 존재하는 규범과 가치는 조직의 문화적 규칙과 신념이다. 특정한 규범과 가치－문화적 정보－는 집단 내의 한 구성원으로부터 다른 구성원으로 상호작용을 통해 교환된다. 문화는 이와 같이 전달된다. 이런 일이 어떻게 일어나는가?

집단의 구성원은 다른 구성원과의 관계 속에서 행동해야 할 방식에 대한 기대를 대개 암묵적으로 공유한다. 그들은 그들의 규범과 가치를 그들의 대화와 행위를 통해서 공유한다. 어빙 고프만은 『일상 생활에서의 자아 표현』에서 집단 구성원은 집단 문화에 대한 정보를 아주 자연스럽게 교환한다고 하였다. 고프만은 조직에서의 상호작용을 처음에는 대본이 없이 무대에 서는 것에 비유했다. 집단 구성원은 다른 배우들과 함께 상호작용을 한 후에 연극이 어떤 내용이라는 것을 배워야 한다. 무엇을 해야 하고 말해야 하는지에 대한 대본은 없다. 그들은 일상 생활 중 조직에서 그들 자신을 어떻게 표현할지를 배워야 한다. 그들이 이러한 방법을 배우면 그들은 문화 경계선의 '가장자리'를 형성하는 것이다. 구성원은 아주 서서히 집단의 구성원이 되어 가고 일터의 가치와 규범 속으로 사회화된다. 연극의 대본을 배우는 데에도 시간이 걸리듯이, 문화의 규범과 가치를 배우는 데에도 시간이 걸린다.

사회화는 시간을 두고 일어난다. 여러분은 직장 동료 중에서 누구를 존경하고, 존중하고, 우러러 보는지, 동일한 말의 선택, 안면 제스쳐, 표현 방식 등을 모방하기 시작한다. 이러한 것에 대한 완전한 지식이 없으면 여러분은 역할 모델을 정하여 이 모델들의 신호를 모방하려고 한다.

이것이 사람들이 좋아하고 다른 누구를 존경하는 조직에서 행위들이 다소 동질적으로 보이는 이유가 된다. 어떠한 방식으로든, 개인들이 '동조'하도록 강요를 받지 않았지만, 누군가를 존경하는 나머지 '그들과 닮기' 위한 열망에서 의식적으로 모방을 선택하는 것을 이해하는 것이 아주 중요하다. 가치 충만한 문화에서 근로자는 조직과 더 접촉하게 되고 더 많이 알게 되고, 의식적으로 자신들을 조직에 통합할 수 있게 된다. 가치와 규범이 정해진 명확한 문화가 없으면, 특히 신입 근로자들은 종종 무의식적으로 묵시적인 가치와 조직에서 눈에 띄는 규범만을 따를 수밖에 없다. 코터와 헤스킷에 의하면, "문화는 상호의존적인 신념 체계, 가치, 행동 방식이며, 삶의 도구로써 공동체에서 너무 흔하게 때로 오랜 시간을 두고 저절로 지속된다. 이러한 연속성은 사람들이 집단의 규범과 가치를 받아들이면 보상받고 받아들이지 않을 때는 배척되는 흔히 미묘하고 눈에 보이지 않는 다양한 사회적 힘들의 결과"이다.

문화는 인간의 산물이므로, 근로자들은 그들 자신의 상호의존적인 문화적 규범과 가치를 세우는 데 참가해야 한다. 우리는 문화가 근로자들이 어떻게 행동해야 하며(규범) 집단에서 무엇이 중요한 것인지(가치)를 말해 주는 공유된 정보라고 하였다. 우리는 조직의 규범과 가치를 학습하려면 시간이 걸린다고 했는데 이는 특히 '배우'인 근로자들에게 아무런 대본도 주어지지 않았기 때문이다. 그렇다면, 조직의 문화가 강력하고, 확산적이지만 극히 민감한 힘이라는 점은 놀라운 일이 아닐 것이다. 이러한 핵심적인 생각을 염두에 두고, 이제 조직이 어떻게 문화적 가치와 규범을 창조할 수 있는가를 자세히 보자. 특히, 개별 근로자들이 그들의 문화 개발을 위한 지침을 어떻게 그려 내는가? 개인은 집단과 집단의 리더십을 위한 문화적 규범과 가치를 확립하는 데 어떻게 참여하는가를 보기로 하겠다.

가치와 규범의 영속화

우리는 경영자와 근로자들에게 조직에서 개인을 통합시키는 것이 무엇인지 알아 보기 위해서 문화에 관련된 몇 가지 질문을 하였다.

- 당신은 당신의 조직 문화를 어떻게 정의하는가?
- 지난 3년 동안 당신의 문화는 어떻게 변화했는가?
- 근로자들이 그들의 일에 전념하게 하며 직업에서 만족을 주는 요인은 무엇인가?
- 여러 기능을 포함한 집단들 안에서 근로자들이 효과적으로 팀을 구성하고 일을 잘하려면 어떻게 해야 하나?
- 어떤 행동들이 집단 성원들에 의해서 받아들여지는가?
- 리더가 문화에 미치는 영향은 어떤 것이며, 문화를 형성하는 데 무슨 역할을 하나?

이런 질문들은 우리 팀의 조사에서 근로조직 안에서의 많은 문화적 규칙과 행동들이 다른 사람들을 보고 관찰하는 참여적 관찰을 통해서 학습

됨이 점점 더 명확해졌다. 요약하면 새로 온 종업원들과 현재 있는 종업원(예를 들면 2년이 채 안 된)이 다른 것을 참조할 것이 아무것도 없기 때문에 문화적 규범이 저절로 지속된다. 다른 선택 없이 그들은 다른 사람들이 어떻게 행동하고, 입고, 쓰고, 말하는가를 따른다. 이는 이 과정이 반드시 나쁘다는 것은 아니지만 명시된 규범과 가치가 정해지기 전에는 문화가 바뀌지 않음을 의미한다.

근로자들이 조직의 문화를 어떻게 배우고, 그 속에 통합되고, 어느 정도 그것에 영향을 끼치는지 이해하기 위해서 우리는 문화화(culturbation)와 문화적 재생삼투(cultural regenerative osmosis)의 두 가지 새로운 용어에 대해 논의해 보아야 할 것이다.

첫번째로 문화화는 가장 흔히 사용되나 근로자들을 조직에 통합시키는 데 가장 바람직하지 못한 접근 방법이다. 근로자들이 문화화될 때 그들은 무엇이 받아들여지고 무엇은 되지 않는다는 동작들의 반복을 통해서 조직의 가치와 규범을 배우고 가정한다. 자신이 '규칙'에 따라 행동하여 받아들여진 것이지 개인이 실제로 통합되는 것은 아니나.

반면에 누 번째 개념인 문화적 재생삼투는 통합 과정에 개인적인 가치가 조정된다. 개인은 처음에 삼투를 통해서 조직의 가치와 규범을 배우고 다음에는 그들 자신의 가치를 갖고 문화를 고양시켜 조직에 재생적 이익을 주게 되는 것이다.

문화화

문화회(文化化)란 집난의 규범을 계속해서 반복하여 어떤 문화 안으로 동화되어 자동화적이고 습관적인 행동이 되게 하는 과정이다. 이는 집단 성원이 아닌 성원들이 집단 성원으로 바뀌는 과정이다. 문화화는 시간을 두고 집단의 문화가 지속되게 한다. 이렇게 하기 위해서는 비집단 성원들과 집단 성원들이 서로 상호작용하거나 의사소통할 때 사용하는 언어적·비언어적 신호와 기호를 통찰력 있고, 주의 깊게 보아야 한다. 비집단 성원들이 조직의 문화적 '의식'(儀式)을 관찰하게 되면 문화화가 시작된다. 그들은 집단 안에서 그들이 무엇을 말하는지, 어떻게 행동하는지를 진정으로 오래 생각지도 않고 집단에서 관찰한 행동을 모방한다. 그들은 고유성, 특수성, 특이한 문화를 배우고 이에 적응한다.

문화화는 비집단원들(또는 신입 근로자들)을 집단에 통합시키는 데 효율적인 방법이다. 그러나 이는 어떤 면에서는 다소 맹목적이고 무신경한 접근 방법이다. 우리는 오늘날 기업조직들이 실제로 근로자의 환멸을 확산시키는 한 예를 의도적으로 보이려고 '문화화'라는 단어를 선택했다.

사람들이 문화화되면 문화를 바꾸거나 그 문화를 덧붙이고 더 풍성하게 하고 향상시키지 않고 자신들이 듣고 본 것을 반복한다. 그들은 단순히 모방하고 흉내 내게 되는데 불행하게도 대부분의 조직들은 종업원들이 단지 문화화하기를 원한다. 그들은 근로자들이 받은 문화 정보들을 획득하고, 여과하고, 풍부하게 하고, 상호작용하기보다 단순히 관찰하기만을 원한다. 그러나 이런 각본 아래서 유감스러운 것은 새로 온 근로자들의 반짝이고 독특한 창조적인 믿음, 통찰력, 시각이 기존의 조직 문화에 더하거나 개발할 수 있는 기회가 전혀 없다는 것이다. 그러므로 근로자들은 생각 없이 현행 규범들을 받아들이고서는 자기 영속적이 되는데 이들은 문화를 개선하거나 풍부하게 하거나, 영향을 줄 기회를 갖지 못한다.

슬픈 사실은 우리의 대부분이 결코 문화화를 능가하여 배울 수 없다는 것이다. 불행하게도 조직 내에서의 성인 근로자는 가장 어린 시절인 학교 때 문화화를 배워 왔다. 대부분의 교육제도들은 아이들이 문화화되기를 기대하고 요구한다. 대부분의 '전통적'인 교사들은 아이들이 교사들의 바람직한 행동에 부응해서 행동하길 바란다. 아이들은 매일 단어, 사실, 계산, 정보를 기억하고 모방하고 반복하라고 요구받는다. 이들에는 종종 지시에 따르도록 교육받고 특정한 방법으로 놀고, 거의 모든 질문에 대해서 기계적인 반응을 보이도록 교육받는다. 교실의 문화는 가장 위에 있는 한 사람의 교사에 의해 결정되고 지시되므로 아이들이 어떤 창조적인 행동을 원한다 해도 과제나 노력에 아이들 자신들의 믿음이나 동기들을 주입시키지 못하게 하며 학생들이 그러한 행동을 하지 못하게 한다. 아이들은 선생님에 의해 창조된 문화에 충실해야 한다.

마찬가지로 조직에서도 우리가 일하는 방법의 변화가 필요하고, 우리의 학교 환경에서도 이런 상황의 변화가 필요하다. 왜 아이들이 믿고 있는 규범과 가치를 교실 문화에 주입시키지 못하나? 아마도 당신의 첫번째 대답은 "그렇지만 그들은 단지 아이들일 뿐이지 않은가?" 그러나 교실은 곧 대개가 아이들이 헛되고 효과 없는 노력임을 배우는 곳이다.

학교 문화는 그곳의 고객인 학생들의 바람직한 규범과 가치를 포함해야 한다. 만약 당신이 아이들의 수준을 벗어나는 것이라고 생각한다면 열 살 된 아이들에게 그들의 가치가 무엇인지 물어 보아야 한다. 당신은 아이들의 통찰력에 놀랄 것이다.

고등학교와 대학교의 학생들에게는 대부분 일주일에 5일 동안 머무는 문화의 영향을 주도록 허용되어야 한다. 그러나 사실은 그렇지 않으며, 마치 더 많은 조직화, 규칙들, 정책들, 제한들, 엄격한 행동 지침들이 높은 수준의 학습처럼 보인다. 12년에서 16년 동안 정반대로 배웠다면 어떻게 그들에게 자신의 작업 환경을 형성하고 영향을 주는 데 통제감을 갖도록 기대할 수 있는가? 그들은 문화화되도록 학습된 것이다. 그들은 이 교훈을 너무 잘 배워서 성인으로서 조직에 어떻게 영향을 줄지를 잊어버린다.

직장에서 우리는 종종 새로 들어온 근로자가 "왜 이런 방법으로 합니까?" 또는 "왜 그 결정에 생산직 근로자들을 포함시키지 않습니까?", "왜 사람들은 항상 사장이 제안하는 것에 반박을 합니까?" 사람들이 전형적으로 듣는 대답은 항상 같다. "여기서는 그저 이렇게 하는 거야."라고 하는 것은 문화화의 부정적 측면의 생생한 예시이다.

실제로 앞에서 언급했듯이 문화화의 일부는 실제로 긍정적이고 건강하다. 사람들은 '받아들여지는' 참가자이고 집단 성원이 되는 방법을 배우게 된다. 이들의 통합은 비집단 성원들이 성숙한 '종신' 성원들이 되도록 돕는다. 그러나 지나친 문화화는 집단 성원들이 문화에 영향을 주는 것을 실제로 막고 개인에게 영향을 주는 것도 막는다.

문화적 재생삼투

우리는 조직이 문화적 재생삼투라고 정의한 것을 수용하고 뒷받침 한다면 문화화가 효과적으로 진행될 것으로 본다. 이 새로운 용어는 근로자들이 참여적인 관찰에 의해 규범과 가치를 배우고 이들 관찰들이 자신의 가치들에 통합된다는 것을 의미한다. 다시 말하면, 근로자들은 이 과정에서 발달된 새로운 규범을 통해 문화에 영향을 준다. 이것은 물론, 변화에 개방적이고 대안적인 접근 방식과 다른 스타일과 행동을 받아들이고, 모든 개인의 가치에 믿음을 주는 경영자와 리더에 의한 사고 방식이 필요하다. 과제는 근로자 모두가 존중되고, 평등한 대우를 받으며, 조직의 문화를 만드는 데 명백한 기여를 했음을 진정으로 믿는 데 있다.

문화적 재생삼투는 집단 성원들로 하여금 강한 공동체 의식을 갖게 한다. 이 과정은 기존의 조직의 규범과 가치에 근로자 자신의 개인적 가치를 통합하는 것이다. 결과적으로 공동의 정체성, 공동의 목표감, 그리고 공동의 규범과 가치를 얻는 것이다. 시간을 두고 이 공동체 의식은 개인의 자신감과 자기 가치, 그리고 궁극적으로는 집단의 단결을 가져온다.

작업 집단, 특별위원회, 프로젝트 팀에 참여해서 근로자들은 동료 성원들의 기존 문화에 접촉하여 개인적인 가치와 신념을 학습하기 시작한다. 그들은 재생삼투를 통해 효과적으로 다른 사람이 생각하고 느낀 것을 알게 된다. 이것은 개인이 작업 집단에서의 사회적인 상호작용에 효과적으로 참여할 수 있게 한다. 그것은 어떤 행동과 의사소통 스타일이 통하는지 다른 것은 안 되는지 더 잘 이해하게 한다. 이 기술과 배운 행동을 연습해서 집단 성원들은 차츰 다른 사람들이 자신들에게 기대하는 역할을 맡게 된다. 이 과정을 통해 집단 성원들은 다른 집단 성원들이 가졌던 다른 역할의 의미를 배우게 된다. 이것은 그들로 하여금 집단의 사회적인 질서에 참여할 수 있게 하는 것이다.

재생은 삼투를 통해서 집단의 규범과 가치를 획득한 후, 개인이 자신의 개인적 가치를 이들 학습된 것과 통합하고, 기존의 문화를 흔들어 집단 규범의 일부를 조금씩 바꾸거나 더하거나 지워서 일어난다. 이것은 집단의 모든 구성원들을 배제하는 것이 아니라 포함시키는 문화의 재생이다. 이는 조직의 규범과 가치의 재탄생과 성장을 가져온다. 이것이 우리가 조직들에게 가치에 토대를 둔 문화를 갖게끔 권고하는 과정 접근인 것이다.

실제적인 직무에서 성공하기 위해서는 직장에서 반드시 타인들과 진실된 협동을 해야 한다. 집단으로의 인정이나 소속감 없이는 협동이 생기지 않는다. 이것은 문화적인 성공을 위해 매우 중요하다. 근로자들은 서로 어떻게 하면 협동할 수 있는지를 배워야 한다. 문화적 재생삼투는 집단의 협동 정신을 강화할 수 있는 새로운 규범을 촉진하고 공유된 지식을 통해 이러한 협동심을 촉진할 수 있게 한다.

공유된 지식으로서의 문화

문화에 대한 인지적인 정의에서 우리는 특정한 직장에서 적절히 행동하려면 근로자들이 알아야 할 것이 문화라고 하였다. 근로자는 그들이 조직 안에서 질서 있고 합리적으로 상호작용하려면 지식 또는 문화적 정보를 갖고 있어야 한다.

예를 들어, 큰 사립대학 연구처에 신규 임용된 직원은 직원회의에서 어떤 사람도 부정적인 발언은 하지 않는다는 것을 바로 알게 되었다. 이것은 재단에 얼마나 많은 제안서가 얼마나 많은 예산으로 들어왔다는 등의 직원들이 긍정적인 소식만을 '과시하는' 시간이다. 긍정적인 정보는 연구처의 리더가 좋아하기 때문에 공식적으로 더 잘 발표된다. 그는 어떤 창의적인 브레인스토밍이나 잠정적인 아이디어를 싫어하고 의문을 제기하는 것을 원치 않는다. 이 특정한 직장의 문화는 그러한 행동이 부적절하다고 강요하는 것이다. 근로자들은 정확히 행동하기 위해서 문화적인 지식을 배워야 한다. 이것은 행동에 있어서 문화화된 한 예이다. 그러나 이것이 재생삼투가 일어나고 문화를 향상시킬 가능성을 보이는 것이다. 재생삼투 과정을 통해 신입 근로자들의 창의적 생각, 의문, 그리고 직원회의에 대한 비관론을 표현하는 방식이 문화가 긍정적인 방법으로 형성되거나 재생되게 할 수 있다. 불행하게도 이것은 특별한 직장에서만 일어나는 현상이 아니다. 전직은 빈번하고 문화화가 만연되어 있다.

일상적인 직장 생활에서 타인들과의 상호작용은 다른 사람의 규범과 가치에 빈번히 접촉하여 항상 영향을 받게 된다. 근로자들과 리더들은 그들의 문화를 나타내는 직장의 일상적 행동들을 통해서 영향을 받게 된다. 지식이나 정보의 공유는 사람들이 보다 조직에 더 잘 통합되게 할 수 있다.

소집단에서 근로자들은 더 잘 통합된다

참가자들이 10명 이하인 파티와 100명 이하인 파티의 두 가지 다른 규모의 파티에 당신이 참석했을 때를 생각해 보라. 당신은 두 군데에서 다르게 행동하는가? 당신은 소규모 파티에서 더 편안함을 느끼고, 대규모 파티에서는 조금 불편했었는가? 많은 사람들은 100명의 집단에서보다 10명인 집단에서 더 쉽게 사교적이 된다. 왜냐하면 매우 짧은 시간에 새로운 사람들을 알게 되는 과정에서 사교 과정이 가속화되기 때문이다. 그들의 직장이 어디인지, 가족은 몇 명인지, 그들의 부업과 운동은 무엇인지, 관심거리는, 그리고 그 밖에 … 등등의 정보를 신속하게 얻는다. 10명의 집단에 있을 때의 과정은 대규모보다 파티에 나온 다른 구성원들을 아는 데 충분한 시간이 할당되므로 더 효율적일 수 있다.

100명 이하의 파티에서는 어떤 일이 일어나는가? 우리는 과잉 사교화를 경험한다. 실제로, 우리는 감정적인 혼수상태에 있게 되고 긴장해서 구석 어딘가에 있는 우리가 아는 3~4명의 소집단과만 이야기하려고 한다. 실제로 사교가 불가능하다. 우리는 숨막히게 되며 사교적 상호작용과 대화를 중단하게 된다.

직장에서도 같은 현상이 일어난다. 동료와의 빈번한 상호작용은 평균적으로 10명이나 그 이하의 수의 사람들로 제한되어져 왔다. 우리는 여행, 회의 등에서 여러 다른 사람들과 접촉하고 있다. 그러나 우리의 사교적 활동의 대부분은 소집단으로 이뤄진다. 이것이 과제 집단, 위원회, 품질 동아리와 같은 작업 집단에 소속되어 있을 때가 100명으로 된 다른 분야의 근로자들 속에 있을 때보다 더 효율적인 이유이다.

모든 조직에서 조직의 크기와 상관없이 소집단 구성을 장려하고 활성화시켜야 한다. 근로자들이 조직 내에서 통합된 느낌을 갖도록 조직의 구성원들이 느낄 필요가 있다. 이들은 소집단 공동체를 지지하고 유지하고 세우기 위해 지속적인 노력을 받아들이고 참여해야 한다. 공동체를 세우는 과정은 경험, 규범, 가치, 전통, 감정, 그리고 다른 문화적인 정보의 공유를 통해서 다른 성원들과의 공동의 정체감을 갖게 한다. 구성원들이 이 문화적인 정보를 배움에 따라 그들은 집단의 일부가 된다. 집단적인 활동은 직장이나 공동체의 단결을 유지하고 강화시킨다.

작업 집단의 단결이 소과제 집단으로부터 큰 조직으로 확대되면 소집단이 그 구성원들을 통합시키는 활동을 한다. 이렇게 하여 근로자들에게 어떻게 더 큰 작업조직의 구성원들이 되는가를 가르침으로써 공동체를 세우는 과정은 사교적이 되는 데 기여한다.

그리하여 직장에서 관찰되거나 경험될 수 있는 활동과 경험의 많은 부분들은 조직의 문화를 재생하는 데 도움을 줄 수 있다. 어떻게 문화적 재생삼투가 일어나도록 장려하고 어떻게 근로자들이 통합되도록 돕느냐 하는 것은 조직마다 차이가 있다. 그렇지만 통합적 기능을 수행하고 문화적 재생삼투에 참여함으로써 근로자들이 직장의 핵심적인 규범과 가치에 충실하며 단체 행동을 하게 하고 반면에 작업조직들은 규범과 가치를 전달해 준다. 무엇이 이 전달을 위한 통로인가? 그것은 더도 아니고 덜도 아닌 공동체 의식이다.

감정의 접착 - 공동체 의식

문화적 재생삼투는 근로자들에게 강한 소속감을 갖게 한다. 근로자들은 진정으로 변화를 느끼기 시작한다. 조직 가치를 개개인의 가치와 접목시키고 새로운 가치나 규범을 보급하고, 이를 수행하는 문화를 봄으로써 근로자들은 각 개인의 힘에 대한 긍정적 사고를 하게 된다. 이들은 실제로 그들의 가치가 문화에 영향을 주는 것을 볼 수 있다. 이는 아노미가 감소하고 고립감이 약화되어 생긴 자기 만족을 통해서이다.

직장은 구성원들 사이에 강한 감정적 연결을 마련해 주는 데 있어 표현적 기능을 한다. 그러나 일련의 상호적 가치와 규범에 강한 상호의존감과 정체감도 있다. 이러한 방식으로 직장은 결속적 기능을 한다. 말하자면 직장은 근로자들에게 공통된 경험을 제공하여 그들의 직장 또는 공동체에 대한 동일시를 갖게 한다. 직장 성원들간에 강한 내적 집단 지향을 하게 된다. 전체적으로 표현적이고 결속적 기능은 조직문화의 형성 과정을 나타낸다. 강한 공동체 의식의 발전은 공동의 정체, 공동의 경험, 공동의 가치 등 모두가 별개인 문화적 특성들도 나타난다. 각 직장에서 발견되는 이러한 문화는 소집단을 통해 근로자들이 학습하는 것이다.

로자벳 캔터는 그녀의 저서 『헌신과 공동체』에서 집단의 정의가 성원들에게 명백할수록 헌신감은 더 커진다고 하였다. 그녀는 세 가지 종류의 헌신을 정의했는데, 그 중 첫째는 제도적 헌신으로서 공동체 내 지속적 참여를 자극한다. 두 번째는 감정적 헌신으로서 응집성이나 집단 결속을 촉진하여 감정적 유대를 통한 관계와 만족을 강조한다. 세 번째는 도덕적 헌신으로서 공동체 내의 통제를 촉진하고 집단의 규범, 가치, 권위를 지지한다. 헌신은 내부 추진력을 제공하여 각 개인 앞에 놓인 주요 장애물을 극복하게 해준다. 헌신은 물론 시간이 지나야 강화되는 것으로 개인이 집단의 일원임을 강하게 느끼고 자신의 개인적 가치가 집단과 어떻게 연결되어 있는지를 알기 시작하면 생긴다.

우리들은 면접과 연구를 통해서 기존 근로자들이 새로 들어오는 근로자들을 위한 그들 나름의 신입 의식을 규정하고 실시함을 알 수 있었다. 기존 근로자들은 신규 근로자들에게 "같은 성원의 신분으로 허용해 주는" 과정을 만들었다.

통합적 규범의 6가지 유형

조직의 문화적 특징은 동료 근로자들이 공유한 규범으로부터 나온다. 즉, 별도의 조직 문화 속의 한 '정규 성원'은 다른 성원들과 일련의 규범들과 가치들을 공유하는 것이다. 이들 규범과 가치들은 개인적으로나 집단적으로 성원들의 행동 지침의 역할을 한다. 이들 묵시적 문화 규범들은 모든 유형의 작업조직(예, 기업, 비영리 등)에 걸쳐 쓸 수 있는 6개의 범주들로 구분된다. 규범들이 실제로 문화를 어떻게 예시하는지 예를 보이기 위하여 저자들의 컨설팅 회사 내에 있는 규범들을 보기로 한다.

1. 통용될 수 있는 대화 주제의 폭과 종류를 정하라

이 범주는 근로자들이 조직 내에서 어떤 것을 말하고, 어떤 것은 말하지 않아야 하는 것을 밝히는 것이다. 근로자들은 고객에 대하여 이야기를 하고, 보고서를 쓰고, 자료를 수집하고, 새 사업을 구상하고, 그들 자신을 알리고, 상황에 대한 조언을 하게 되는데 현금 유통 문제, 개인적 문제, 직업 발전의 욕구, 고객 문제, 그리고 창조적 해결책에 대한 것들이 저자들의 회사 내에서 이야기되는 내용들이다. 직원회의시에 공식적이거나 비공식적인 잡담은 어떤 문화에서 용납 가능한 대화의 범위를 확인하는 좋은 장소이다. 복도에서의 대화는 흔히 더 개인적 대화를 하게 하므로 상당한 문화적 깊이를 보여 준다.

2. 개인들이 자기의 정체성을 표현할 수 있도록 한다

저자들의 직장에서는 서로 다른 개인적이고 직업적인 정체성이 존재하도록 허용하는 것을 강조한다. 이는 직장 안에서 타인들에게 전달되는 이미지에 초점을 두는 것이다.

저자들이 근무하는 회사의 근로자들은 실무 분야를 다루고, 문제 해결의 책임을 지며, 적극적으로 근무에 임하며, 창의적이고 유연하게 성과를 달성하며, 윤리적 기준과 타협하지 않고, 항상 고도의 지적 수준을 유지하고, 비웃음에 대한 두려움 없이 브레인스토밍을 하고, 실수하는 것을 두려워하지 않음으로써 직업적 정체를 보인다. 개인적으로 타인에 대한 감정, 감수성, 배려, 동료 근로자들에 대한 존중을 표현하는 것이 적절하다.

3. 개별 성원들이 해야 할 업무의 성격을 명확히 하라

세 번째 범주에서는 근로자들이 그들의 일, 기능, 팀 프로젝트에서 무엇을 기대하는지 근로자의 역할을 확인해 주는 것이다.

저자들의 회사에서는 이에 내외 규범들이 모두 포함된다. 고객들과 상호작용시 컨설턴트들은 그들의 문제에 대한 책임 의식을 가져야 하고, 자료에 근거한 해결을 강조하며, 고객의 처지에 대한 깊은 이해와 지식을 보여야 한다. 내부적으로, 컨설턴트는 그들의 직무에 자긍감을 갖고, 수준 높은 과제를 수행하며 기업가 정신을 갖고, 지속적인 개인 평가 과정을 갖고, 개인에 적합한 훈련을 하고, 필요시 도움을 자발적으로 주고자 하며, 능력에 따라 승진하고, 탁월한 수행을 인정하고 보상을 받도록 기대된다.

4. 집단의 결속을 도모하라

네 번째 범주는 성원들의 통합을 위하여 무엇을 해야 할지를 강조한다. 각 직장마다 성원들의 일체감을 확립시키기 위한 고유한 공유 체계가 있다. 또한 저자들의 회사에도 리더십의 공유, 팀웍, 여론 수렴, 팀원들에게 책임 지우기, 그리고 특히 고객 관계 업무, 행정적 요구, 기업 운영에 있어서의 팀의 환경을 유지하고 육성하는 데 초점을 둔다.

5. 양질의 팀웍 구축 시간을 배정하라

다섯째 단계는 팀웍 구축을 위해 근로조직의 외부에서 구성원들이 할 일은 무엇인가에 대한 것이다.

근로자들은 회사 주관의 행사와 프로젝트/팀 행사 등 모든 팀웍 구축 활동을 같이 한다. 회사에서 주관하는 행사로는 연례 회식, 우수사원 격려연회, 크리스마스 파티, 하계 일일 단합대회, 겨울 해양행사 주간, 테니스 대회 등이다. 회사의 프로젝트 팀 행사로는 점심, 저녁 간식, 술자리 모임, 팀 자축행사 등이 있다.

6. 지도층과의 강한 유대를 육성하라

여섯째 범주는 조직의 리더와 구성원들이 어떻게 상호작용하는가이다.

저자들의 회사에서는 지도층에서 공유된 리더십을 쓰는 특성을 갖고 있다. 회사원들은 최고 책임자의 역할도 해보고 책임을 지도록 기대된다. 이들은 또 훈련을 시키는 사람이거나 교사의 역할도 하게 된다. 특히 컨설턴트들은 컨설팅이란 무엇인가? 자료 수집과 분석은 무엇인가? 어떻게 내가 면접을 하는가? 나는 보고서를 어떻게 쓰는가? 컨설팅 팀을 어떻게 움직이는가? 품질은 어떻게 측정하는가? 어떻게 발주를 받는가? 행정팀 은 어떻게 운영되는가? 회사를 어떻게 홍보할 것인가?의 주제들을 회사 내 다른 사람들에게 가르친다. 이런 규범을 갖게 되면 조직은 매우 헌신 적이고 동기화된 근로자 집단이 된다.

내부 훈련 이외에 저자들이 속한 회사에서는 외부에서 직업 발달 과정 을 이수하는 것도 장려한다. 개인적 발전과 훈련(잡지 구독, 회의 참석, 야간 과정 이수, 외부 근무)을 장려하는데 이들은 개인의 직업적 발전 목표들을 포함하는 것이다.

통합적 도구로서 조언하기

조언하기(mentoring)는 개인들을 조직에 통합시키기 위한 또 다른 도구 이다. 조언자는 개인의 경력 발전을 돕고 그들의 직업적 문제를 해결하는 것을 도와 주는 지원자이다. 조언자는 "나는 당신이 가장 관심 있는 것을 찾고 있으며 당신의 공명판(악기의 공명판으로서 연단 위에 설치하여 음향을 뚜렷하게 전하는 도구)이 되기 위해 여기에 있다."는 정신 자세를 가져야 한 다. 조언자는 근로자들을 직장의 문화에 적응하게 해야 한다. 그러나 조 언 관계가 진정으로 잘 되려면 조언자와 도움을 받는 근로자 사이의 관계 에 대한 합의가 필수적이다. 만약 조언자를 근로자에게 단순히 '배정'했 다면 대개 잘 되지 못할 것이다. 상호 신뢰와 서로에 대한 존경심이 바탕 이 되는 파트너십이 시간을 두고 향상되는 데 필요하다. 그러므로 조언자 는 다음과 같은 다양한 역할을 해야 한다.

권 고 자   : 고객이 연구소 컨설턴트에게 찾는 것은 에너지, 품질, 좋은
            태도이다.
훈 련 자   : 인터뷰에 대해 배우는 시간을 갖자.
친 구   : 커피 한 잔 하러 가자.
상 담 자   : 마케팅 전략이 당신에게 가장 좋은 분야인 것 같다.
현 인   : 내가 당신과 함께 과제를 한다면 나는 그 업무 분담을 이렇
            게 할 것이다.
교 사   : 내가 과거에 했던 방식은…
막역한 친구 : 당신의 자기 평가는 훌륭해 보인다.
큰 언니 / 형 : 나는 상여금을 받는 것에 대해 감사카드를 보내는 것이 좋
            다고 본다.

두 사람 사이에 조언이 잘 되고 진정한 동반자나 관계가 되면 근로자가
조직에 효과적으로 통합된다. 왜냐하면 조언은 사람들의 개인적이고 직
업적인 발달에 큰 힘을 줄 수 있다. '조언하기'는 지원 체계가 되기 때문
에 직장 내에서 더 강한 의사소통 감각을 갖게 도울 수 있다. 조언자들은
개인이 조직에 합류하고 그 조직의 협동적인 성원으로 남도록 초점을 맞
춘다.

직장 내에서 프로그램이 있는 것은 아주 중요하다. 그러나 이들은 가능
한 한 융통성 있게 설계되어야 한다. 지침과 구조는 아래에 논의하겠지만
관계의 대부분은 조언하는 사람과 조언받는 사람에 달렸다. 그리고 우리
가 인터뷰한 대부분의 근로자들은 이러한 관계가 개인적이고 직업적인
두 가지 모두가 포함되어야 한다고 말하였다.

모든 조언자-피조언자 관계는 관계의 목표와 목적이 무엇인지, 그리고
각 관계자의 역할이 무엇인지에 대해 논의하는 2시간 정도의 미팅으로부
터 시작해야 한다. 이러한 만남 이후에는 목표와 목적이 무엇인지에 대해
서 양자가 문서로 작성한다. 이 문서는 직장 내에서 조언자들의 리더로서

수행할 누군가(조언자들을 안내하는 데 관심 있는 사람)에게 제출한다.

모든 근로조직 내의 조언자들의 리더에게 매 분기마다 조언자와 피조언자의 관계의 진행 상황과 추후 요구사항 등 최근 자료를 담은 1쪽짜리 보고서를 제출하는데, 이것을 조언자기록철(mentor maintenance)이라고 부른다. 조언자의 리더는 조언자와 피조언자로서 함께 일하는 데 누가 좋은지, 그리고 두 사람 사이의 발전을 가져올 수 있는 관계를 실제로 구성하는 것에 대한 반응을 모으는 책임을 진다. 조언자의 리더는 조언자들이 피조언자를 최우선적으로 생각하도록 훈련시키고, 동기 부여하고, 격려하도록 하는 역할을 하며 조언자들은 상당한 대인 관계 기술을 갖고 감수성을 가르쳐야 한다. 저자들의 회사에서 조언자의 리더는 그들의 관계가 어떻게 되어 가는지 모든 조언자들을 수시로 확인한다. 이러한 확인 작업을 위한 메모는 <표 11-1>과 같다.

이러한 관계가 시작된 후에 조언자-피조언자가 따라야 할 몇 가지 '규칙들'은 다음과 같다.

- 주간 모임이나 서로 연락하기 위한 대화의 계획.
- 사무실 밖에서 개인적이거나 직업적인 문제를 논의하기 위한 매월 아침, 점심, 저녁식사 또는 음주 계획.
- 훈련 소요와 수강 가능한 과정을 포함한 피조언자의 연간 발전 계획을 작성하고, 완성되면 조언자의 리더와 이 계획을 검토한다.

저자들의 회사에서 이 조언 계획에는 직업적 발전(예 : 분석, 쓰기), 마케팅(예 : 보고서 발간), 판매(예 : 신규 프로젝트의 보조), 조직 전반의 발전(예 : 채용), 그리고 개인적 성장(예 : 시간관리)을 위한 목표, 목적, 그리고 시기 선택 등이 포함된다.

〈표 11-1〉 조언자가 예상하는 계획들

조언자의 역할 중 하나는 피조언자들의 개인적인 기대에 맞추는 것이다. 피조언자들의 대다수는 전반적인 예상 사이클을 어떻게 시작할지를 모르며, 이 부분이 조언자가 줄 수 있는 가치이다.

1. 자신이 성취하고자 하는 것을 소개하는 회의를 계획한다(점심을 들면서도 가능).
2. 자리에 앉아서 3, 6, 12개월의 목표를 확립.
   예로 (3개월 - 계약목록 작성, 6개월 - 4건의 계약자와 점심 먹기, 12개월 - 두건의 탐색)
   혼자서 할 숙제로서 동심원상에 계약 데이터베이스를 만들기(고향 사람, 부모님들의 친구분들, 대학·대학원 계약, 개인적 친구들, 회사 연결망, 우연히 만난 사업상의 인물들)
3. 두 주 후에 다시 만나서 목록을 재검토하고 피조언자가 계약한 것들을 유력(hot), 미온(warn), 냉담(cold)으로 나누고 유력(hot)으로 분류된 계약은 상당한 가능성이 있다고 본다.
4. 두 주 후에 다시 만나서 서신 작성이나 전화 대화 내용을 작성하고 월간계획을 세운다. 연중 남은 기간 동안에 목표달성을 위해 매 달 한 시간씩의 회의를 갖는다.
5. 피조언자의 발전을 최우선적으로 생각하라!

직장의 문을 여는 채용

채용 과정은 궁극적으로 개인이 조직에 성공적으로 통합되는 데 직접 영향을 주는 중요한 영역의 하나이다. 누가 직장의 문화에 들어와야 하는가를 잘못 결정하면 통합보다는 분열을 낳게 되므로 부정적인 대치와 불일치가 생길 것이다.

우리 회사에서는 신입사원 모집을 '입양 과정'이라고 한다. 실제로 조직은 일자리를 주기 전에 새로운 근로자 후보를 '입양'해야 한다. 이것은 모든 근로자가 지원자를 인터뷰하거나 면접원들이 만장일치로 동의해야

함을 뜻하는 것은 아니다. 그러나 면접원들 중 누구라도 거부권을 갖는 것을 뜻한다. 기존 근로자가 지원자의 입사에 대해 강한 반대를 하면, 그 후보자는 받아들여지지 않는다.

우리 회사에 들어오는 것은 대단히 힘들다. 다소 짧고 긴장된 면접 과정에서 상호 친밀함, 존중, 신뢰가 있어야 한다. 후보자들은 대개 5~6명 이상의 직원들과 복수의 면접 장소에서 만나게 되는데 이러한 특이한 과정이 비능률적이거나 거북하다고 생각하면 우리 회사에 들어올 수 없다. 그래서 입사 후보자와 회사 대표들이 서로 받아들여야 한다는 뜻에서 입양 과정이라는 말을 새로 만든 것이다.

그리하여 새 근로자가 입사를 하면 과도기는 아주 짧다. 새 근로자들은 첫 주부터 집단의 일원이라는 느낌을 갖게 된다.

최상의 신입사원 채용 방법은 인터뷰 팀들이 지원자들을 만날 때 중요한 성격이나 기술 등을 찾아 낼 수 있는 면접팀을 구성하는 것이다. 조직의 중요한 핵심부서의 대표가 면접원이 되어야 하는데 행정부서의 사람이 필요할 때 이 사람과 함께 일할 사람들로 면접팀을 구성해야 한다. 더구나, 신입사원 선발요원은 의사결정시 지원자들의 직업적 기술과 학문적 수준을 객관적으로 평가할 뿐아니라 직관적인 판단을 해야 하므로 면접요원들은 새로 채용할 근로자들을 평가하는 데 있어서 머리와 가슴 모두를 써야 하는 것이다. 면접요원들은 각자의 판단을 신뢰하거나 다른 사람들의 평가 과정에 대해서도 배워야 하며 평가 과정은 일정한 시간 내에 끝내야 하고 분명한 결정이 나와야 한다. "할 수도 있음"이라는 결정은 채용 결정에서 없어야 한다. 의사결정은 신속하고 진심으로부터 나오는 것이어야 하기 때문에 다시 한 번 진실로 집단의 새 구성원을 찾기 원한다면 그 사람에 대한 개인직이고 감정적인 느낌이 적절하고 긍정적이어야 한다.

사교적인 면접도 중요하다. 지원자와 친구 또는 배우자가 면접팀과 함께 술이나 차를 마시는 것은 중요한 학습의 기회이다. 피면접자들은 사무실 밖의 상황에서 표현할 기회를 가져야 하는데 이 과정에서 정보의 명료화는 물론 새 정보가 잘 부각된다. 특히 면접팀은 그 지원자가 작업 환경에 어떻게 잘 통합될 수 있는지를 볼 수 있다. 문화적 재생삼투 과정은 후보자들이 조직에 가입하기 전에도 지원자들이 조직의 일부라고 더 느낄 때 가장 잘 작용한다.

간단히 말해서 개인들은 조직 속에 통합되어야 한다. 문화화와 문화적 재생삼투의 기능은 통합 과정을 설명하는 데 도움을 준다. 소집단, 사교화, 조언하기, 신입사원 선발은 근로자들이 좀더 효과적으로 조직의 문화에 들어가게 하고 어떻게 조직 안에 개인들이 통합되도록 하는 데 쓰일 수 있는 부가적인 기제들이다. 이렇게 되면 아노미는 더욱 근절되고 가치 충만한 문화가 꽃피게 된다.

제12장

가치 중심의 리더십

조직 내에서 아노미를 제거하고 가치 충만한 문화를 창조하기 위해서 리더는 올바른 가치에 기반을 둔 분위기와 태도를 가질 필요가 있다. 가치에 기반을 둔 사고 방식을 개발하는 근원적인 원리는 관계를 형성하는 것이다. 리더는 조직 내에서 다른 사람들과 효과적으로 관계를 맺고, 말과 행동을 토대로 한 가치의 본보기를 만들고, 조직 전반을 통해 의미 있은 관계의 형성을 성공적으로 완수해야 한다. 이 장에서는 가치에 기반을 둔 리더들이 시작하고 꾸준히 개선시키는 10가지의 제안들에 대해 설명한다.

리더는 가치를 주도해야 한다

한 조직 내의 리더는 회사의 규범과 가치 개발에 큰 영향력을 가질 수 있다. IBM의 거스너는 자신이 조직에서 채택하기를 원하는 가치를 시범으로 보인 리더의 좋은 예이다. 나비스코에서 IBM의 최고 경영자로 온 지

몇 개월이 지난 후 그는 여러 가지 요란스러운 가치 진술을 단지 말로만이 아닌 행동으로 만들었다. 1993년 10월 거스너는 "나는 절차가 아닌 원칙에 의한 경영을 하고 싶다. 이는 상황이 벌어지면, 편람을 보지 말라는 얘기다. 당신은 무엇을 해야 할지 알고 있다."라고 하였다. 거스너는 모든 근로자들은 천부적이며 본질적인 재능들이 있다고 강하게 믿는다. 근로자 정책편람에 의지하지 말고, 당신 스스로에게 의지하라. 대부분의 근로자들은 좋은 의사결정을 내릴 수 있는 충분한 경험, 직관, 그리고 상식을 갖고 있다. 그러나 대부분의 조직에서는 이런 가치들을 존중해 주지 않는다.

그는 규정에 대하여 "기업 문화는 행동의 규제가 아닌 수행의 기대로 형성되어야 한다. 만약 오스틴에 있는 IBM 연구소의 모든 사람들이 청바지와 샌들을 신고 출근하길 원한다고 결정을 내리면, 그대로 허용해 준다."라고 말한다. 거스너는 행동과 그 결과인 수행에 대한 합의된 기대가 진정한 문제이지, 명령하고, 처벌하고 행동하는 정책과 절차를 담은 소책자는 문제가 안 된다고 하였다.

거스너는 근로자들과 고객들의 관심거리, 원하는 것들, 그리고 문제점들을 논의하기 위해 자주 만난다. 설사 그가 이러한 내용을 모른다 해도, 그는 그들에게 무엇이 중요한지를 물어서 가치와 규범을 확인하는 첫번째 단계를 밟아가고 있는 것이다. 그는 고객에게 봉사하기 위한 가치도 전달하고, 흔히 전략적 사명문에 나오는 거창한 약속들은 피한다. 1993년 7월 거스너는 "언제 내가 비전을 전달해야 할지에 대하여 많은 생각을 하였다. 지금 당장 IBM에게 필요한 것은 비전이 아니다. IBM이 필요로 하는 것들은 일련의 강건한 정신, 시장 지향적이며, 각 사업에서의 효율적인 전략들이다."라고 말했다.

이 예는 한 사람의 리더가 한 조직에 영향력을 줄 수 있다는 것을 보여 주는 것이다. 작업 장면에서 한 사람의 리더가 수천 명의 근로자들에게 영향을 줄 수 있다는 것을 보이는 예들은 수백 가지나 있다. 이러한 사실은 리더들이 이런 엄청난 책임을 더 잘 이해하고, 깨닫고, 수용해야 할 필요가 있음을 시사한다. 조직 안의 근로자들은 리더가 하는 모든 말, 행동, 설교, 또는 요구를 관찰하고, 논의하고, 해석한다. 한 조직 내의 리더는 자신들이 다른 사람에 미치는 영향력을 더욱 잘 알아야 한다. 이것은 회피하거나 쉽게 처리될 수도 없는 책임이다. 조직 안의 단지 최고 경영자 또는 사장만이 아닌 모든 리더들이 이러한 사실을 인정하고 가치를 이끌어가는 것이 절대적으로 필요하다.

우리가 잘 알고 있는 가치 충만한 학교로는 10여 년 전에 클레이톤에 의해 설립된 시카고 시립학교를 들 수 있다. 그녀는 우리가 지금껏 보았거나 접촉해 오던 것과 전혀 다른 학교를 만들었다. 그녀는 교사와 학생들에게 강한 가치 감각을 주입시켰을 뿐만 아니라 가치들을 '가르치는' 진보적 과정도 개설했다. 4학년 학생들에게는 실제로 숙제로써 자신에 대한 느낌과 감정을 기술하게 하고 자신에 대한 속성들 중에서 좋아하거나 싫어하는 것들에 대해 논의하게 하였다. 이와 같이 헌신적인 교사와 비전을 가진 지도자가 있는 학교를 보는 것은 고무적이다. 그들은 이 초등학교에 들어온 어린 학생들에게 영향력 있는 가치들을 만들고 있다.

조직 전반에 걸친 가치 시스템은 반드시 각 개인의 신뢰와 협조를 기반으로 확립되어야 한다는 믿음을 리더가 깨닫는 것이 중요하다. 리더는 전체적인 환경을 개선하는 데 초점을 두어야 한다. 이는 근로자의 만족증진을 도모한 나머지 이윤감소나 시장점유율을 감소시기라는 것은 아니다. 이 두 가지는 동시에 성취할 수 있다. 실제로, 사람들의 조건이 좋아진다면 경제적인 면도 밝아질 것인데 이것은 자연스러운 결과이다.

그러나 신뢰성을 얻기 힘들고, 그 신뢰를 유지하는 것은 훨씬 더 힘들다. 그렇다면 최고 경영자, 대표이사, 또는 학교장은 무엇을 해야 하는가?
무엇보다도 가장 중요한 것은 각 리더가 그들의 조직 구성원이 지지해 주
길 원하는 규범과 가치를 일상의 행동과 의사소통을 통하여 시범을 보이
고 본보기를 보여야 한다는 것이다.

리더십 개발

리더십은 어떤 집단에 대한 책임감이다. 집단이 없다면 리더도 필요없
다. 우리는 집단 안에서 일하기 때문에 우리 모두는 리더십 기술이 필요
하다. 리더십은 학습된 행동이다. 리더십은 일부 선택받은 소수가 천부적
으로 타고난 것이기보다는 경험을 통해 개발되는 것이다. 리더십을 배우
는 것은 지속적인 과정이므로 누가 갑자기 리더가 될 수도 없거니와 리더
십 기술을 배우는 것이 완료되지도 않는다. 대학 총장이나 회사 사장은
효과적인 리더가 되는 방법을 배우지 않아도 된다고 생각해서는 안 된다.

교육자들에 의해서 가장 효과적인 학습의 방법은 실천을 통하는 것이
라는 것이 오랫동안 알려져 왔다. 특히 어떤 행동을 배우는 상황에서 아
이들은 물건을 갖고 놀 때 더 많은 학습과 더 많은 기억을 할 수 있다. 그
렇다면 개인들은 리더십과 관련된 행동들도 연습하고 실제로 수행해야
한다.

그러나, 가치에 토대를 둔 리더십은 학습이 가능한 것일까? 리더십은
직장에서 배울 수 있고 그래야만 한다. 교육장으로써 직장이란 개념은 심
오하고 강력한 것이다. 이것은 리더십이 지정된 한 개인만의 책임이 아닌
집단 구성원들 전체의 책임이라는 생각 위에 근거하는 것이다.

리더십은 개인들이 집단 내 다른 사람들과 상호작용할 때 그리고 개인

적 관계가 구축되고 믿음이 조성될 때 학습된다. 그러나 집단은 참여적이고, 지원적이며, 꾸준하게 신뢰를 보여 주어야만 한다. 개인의 성장과 리더십 개발을 촉진시키기 위해서는 직장 환경이 개방적이고 수용적이어야 한다. 독재적인 환경에서는 리더십을 배울 수 없다. 오히려 독재적 환경에서는 구성원들로 하여금 집단의 이익보다는 리더의 이익을 반영하게끔 만든다.

관계를 구축하는 것도 힘들다. 많은 리더들은 자신들의 우선적인 업무가 회사의 전략적인 방향을 이끌거나 주식값을 올리거나 조직의 재정적인 목적을 이루는 데 있다고 잘못 믿고 있다. 하지만 그렇지 않다. 동료들, 근로자들, 경영자들, 고객들, 주주들, 유통 공급자 등과 관계를 구축하는 것이 조직 리더의 가장 중요한 업무인 것이다. 이러한 관계 형성 노력은 안으로는 규범과 가치를 주입시키는 데 도움을 주고, 이는 다시 근로자들에게 동기를 부여하고 헌신적이 되게 한다. 또한 이는, 고객들, 주주들, 그리고 회사와 관련 있는 외부의 기관들이 조직의 가치에 대한 지각을 더욱 강화해 준다.

효과적인 리더가 되기

효과적인 관계가 되기 위해서 리더들은 궁극적으로 다음과 같은 특성과 속성을 개발할 필요가 있다.

- 적극적으로 다른 사람의 말을 경청하라.
- 다른 사람의 감정을 이해하라.
- 긍정적이고 낙관적인 태도를 갖자.

· 약속과 공약을 해주어라.
· 에너지 수준을 높여라.
· 자신의 불확실성이나 취약성을 인정하라.
· 다른 사람의 욕구, 가치, 그리고 잠재력에 민감하라.

이런 속성들은 가치에 중심을 둔 리더십이나 대인 관계 발전을 위한 토대가 된다. 이들은 각 개인들에 대한 존중과 강한 믿음을 반영한다. 일터는 당장의 이윤보다 미래의 성장에 가치를 두어야 한다. 그것은 모든 근로자들의 개인적 성장으로 가는 길이 되어야만 한다.

리더십은 반복적인 훈련이 필요하다. 리더십을 증진시키는 것은 지속적인 과정이며 끝이 없는 과정이다. 어떤 리더도 지도자로서의 통찰력과 효율성의 모든 면에서 완벽한 수준에 이르지 못한다. 우리는 가치에 근거를 둔 리더로 발전할 수 있는 10가지 방안(<표 12-1> 참조)을 제안한다.

〈표 12-1〉 가치에 근거한 리더십 방안들

1. 개인적 관계를 맺어라.
2. 각 집단 성원들의 개인적 목표를 알아라.
3. 집단 성원들의 감정을 이해하라.
4. 집단 갈등을 허용하라.
5. 학습을 관리하라.
6. 공동 책임을 지워라.
7. 팀을 운용하라.
8. 양 방향의 의사소통을 해라.
9. 외부 수행과 내부 문화를 연결하라.
10. 열정을 보이고 다양성을 지지하라.

1. 개인적인 관계를 맺어라

특히 남자들은 대체로 관계를 맺는 데 아주 서투르다. 우리의 조직에서 남성 리더들이 지배적인 점을 고려해 볼 때 흔히 관계 형성에 공백이 빠져 있고 사라진 것은 당연한 일이라고 볼 수 있다. 관계 형성에는 일, 시간, 행동이 있어야 하는데 이는 저절로 생기지 않는다. 첫번째 단계에서는 다른 사람들과 관계를 형성하려는 욕구가 있어야 한다. 두 번째 단계에서는 그렇게 하기 위해 필요한 시간을 기꺼이 투자하려고 해야 한다. 세 번째 단계에서는 관계 발전을 겨냥한 일련의 행동을 시작해야 한다.

전문가들도 일터에서 개인적 관계를 발전시킬 필요가 있다. 이들은 다른 사람들에 대한 진정한 배려와 관심이 관계의 근본적인 전제라는 것을 알아야 한다. 사람들이 강한 관계를 형성하면 그들은 더 효과적으로 함께 일하고, 서로를 더 잘 이해하고, 더 효과적으로 공동수행을 할 수 있다. 각 단계를 아래에 상세히 설명하기로 하자.

단계 1 - 욕구   욕구가 다른 사람들에 의해 느껴지고 가시적이어야 한다. 항상 너무 바쁘거나, 위태롭거나, 쫓기는 리더는 분명히 관계 형성에 대한 욕구가 부족하다. 대부분 사람들이 다른 근로자들과의 개인적 관계를 형성하는 데 많은 두려움을 갖고 있다. 첫번째 두려움은 "이 사람이 정말 나와 관계를 맺고 싶어할까?"이다. 따라서 유능한 리더는 말, 행동, 그리고 감정을 통해서 다른 사람을 더 잘 알고 싶어한다는 욕구를 전달한다. 이를 성취하기 위한 가장 쉬운 방법 중 하나는 이러한 관심을 말로 표현하고, 다른 사람들과 시간을 보내고, 개인적인 질문을 하는 것이다.

단계 2 – 시간   앞에서 언급했듯이 당신은 두 시간만에 관계를 발전시킬 수 없다. ① 함께 일하고, ② 일하지 않는 장소에서 좀더 사교적으로 대하고, ③ 자주, 그리고 일관성 있게 상호작용하는 세 가지 방법으로 사람들과 시간을 보내야 한다.

지금까지 항상 바쁜 경영인들은 "그것은 어리석은 일이다. 나는 그럴 시간이 없다."고 말했을 것이다. 그런데 바로 이것이 중요한 점이며 왜 바쁜 중역들은 관계 형성 수립이 미흡한지 중요한 이유가 된다. 시간을 내야 한다. 그렇지 않으면 의미 있는 관계로 발전시킬 수 없음을 인정하라. 그렇지 않으면 당신은 효과적인 가치에 토대를 둔 리더가 될 수 없을 것이다. 근로 장면에서 무엇인가에 대해 좀더 분명하게 설명할 시간을 낸다. 다른 집단 성원들의 문제를 통해서 생각하는 것을 돕는다. 왜 집단 성원들이 계속 꾸물거리는지를 이해하는 데 시간을 갖는다. 어떤 프로젝트에 대한 다른 팀 성원들의 목표를 들어 본다.

더구나 업무 이외의 장소, 사교적인 장면에서도 시간을 보내야 한다. 그런 장면에서는 자동적으로 전혀 다른 상황이 된다. 대개 이런 곳에서의 대화는 좀더 사적인 것이다. 대화가 회의 석상에서보다 좀더 다정다감하고 만족스럽다. 무엇보다 다소 규칙적으로 다른 사람들과 시간을 보낼 필요가 있다. 시간을 할애하는 빈도는 관계에 따라 다른 것이 분명하나 일 년에 저녁식사 한 번 하는 것으로는 관계 형성이 되지 못할 것이다.

단계 3 – 행동   몇 가지 행동 유형들이 관계를 발전시키는 데 쓰일 수 있다. 이들에는 다른 사람에게 편지나, 노트를 보내고 그의 수행을 칭찬하는 짧은 메모나 말로 인정해 주는 식으로 표현하고 다른 사람에 대해 질문을 하거나 당신과 함께 어느 곳에 가자고 하거나 초대하는 것 등이 포함된다. 말보다 행동이 필요하다. 관계는 한 사람이 아닌 두 사람이 참여하는 상호작용을 요한다. 어느 한 사람이 다른 사람과 관계를 발전시키려 노력하는데 상대방에서 별 반응을 보이지 않는 것만큼 나쁜 것은 없다. 다시 한 번 말해 개인적 관계 형성은 리더들뿐만 아니라 모든 집단 성원들의 책임감이다. 이것이 가치에 중심을 두는 리더십의 기본이다.

2. 각 집단 성원들의 개인적 목표를 알아라

각 집단이나 팀 성원들은 대부분의 프로젝트 팀, 위원회, 또는 집단에서 자신들이 발전시켜 왔거나 적어도 생각해 온 개인적 목표나 목적을 갖고 있다. 특히 리더는 개인의 성취를 돕기 위해 이러한 개개인의 목표를 발견하고 이해할 필요가 있다.

개인의 목표는 집단의 목표를 세우는 기반으로 사용할 수 있다. 그러나 집단의 요구와 목표는 자주 변한다. 리더는 이렇게 발전하는 집단의 요구나 목표에 융통성 있고 적응력 있게 대처해야 한다. 창조적인 리더는 이런 역동적인 움직임에 민감하다. 더구나 그들은 그러한 움직임을 활용한다. 이렇게 하면 다시 성원들은 새로운 요구와 수정된 동기와 관심을 갖는다. 성원들은 자신들의 새로운 요구들이 알려지고 처리되면 보다 개인적이고 집단적인 책임을 떠맡을 준비가 된다.

이것은 하나의 맞물리는 과정이다. 리더들은 성원들의 요구를 이해하고 이들을 만족시킬 수 있도록 도와야 한다. 그리고는 리더들은 새로운 요구와 관련된 집단의 요구사항을 알려야 한다. 리더들은 그들의 관심들을 건설적으로 공유할 수 있는 구조를 장려한다. 그리하여 효율적인 리더는 개인적 요구와 집단적 요구, 그리고 그들의 집단 성원들의 목표에 민감해야 한다.

리더들은 이러한 역동적 과정을 조정하고 탐지할 책임과 집단이 개인적 요구와 조직의 요구사항을 만족시키는 데 도움을 줄 책임을 진다. 성 원들은 자신들의 요구를 명확히 할 책임을 지며, 이 요구를 만족시키는 과정을 돕고, 자신들의 새로운 요구를 집단에 전달하는 책임이 있다. 이 는 매우 개인적이고 역동적인 과정이다. 리더들은 각 집단 성원들의 개인 적 목표를 알아야만 한다.

3. 집단 성원들의 감정을 이해하라

효과적인 리더십의 열쇠는 집단 성원들이 리더에 대해 갖고 있는 감정 을 이해하는 것이다. 집단 성원들과 리더들은 서로의 장점과 약점을 알아 야만 한다. 그들의 각 성원들에게 어떻게 하면 동기를 부여해 줄 수 있는 지 알기 위해 각 성원들의 장단점을 찾아야 한다. 리더들은 자신들의 집 단 내에서 다른 사람들을 언제 실망시키는지 알아야 한다. 또한 그들은 집단 성원들을 성공적으로 동기 부여하려면 어떻게 해야 하는지에 대해 서도 알아야 한다. 대부분의 근로 장면들에서는 이런 정보를 공유하기 위 한 장치가 없다. 이들은 리더십의 가치는 인정할지 모르지만, 이에 대한 논의는 피하게 마련이다.

리더가 각 개인의 천부적이고 독특한 '재능'과 잠재력을 진정으로 식 별하지 못한다면 집단의 잠재력을 극대화할 수 없을 것이다. 그렇게 한다 하더라도 '지도자들'과 집단 성원들이 각자의 요구와 동기 부여 특성에 친숙해지려면 시간이 필요하다.

우리는 7장에서 '집단의 욕구와 특성을 알기'라는 제목의 연습을 해보 았다. 이는 집단에서 각 성원간의 감정을 이해하는 데 좋은 도구로 사용 할 수 있다. 이는 실제적으로 각 성원들이 리더의 욕구와 특성들을 이해 하는 데도 아주 중요하다.

다른 좋은 연습은 <표 12-2>에 나온 것과 같이 '집단 성원들의 감정을 이해하기'를 하는 것이다. 각 집단 성원들은 두 명씩 짝지어 서로의 응답을 바꾸어서 본다. 그리고 나서 집단 전체가 모여 각자가 응답한 모든 내용을 서로 공유하는 것이다. 이렇게 하면 서로의 장단점에 대한 더 큰 통찰을 해줄 뿐 아니라, 모든 집단 성원들이 '기분좋게 하는 것'과 '기분나쁘게 하는 것'이 무엇인지에 대해 개방적이고 솔직하게 토의를 하게 한다.

〈표 12-2〉 집단 성원으로서의 느낌을 갖게 하기

이 집단에 줄 수 있는 나의 가장 큰 장점은 무엇이고, 보강해야 될 나의 약점은 무엇인가?

가장 큰 장점	
가장 큰 약점	

내가 집단 성원들에게 실망할 때?

_____

내가 진정으로 한 집단 성원에게 동기 부여를 할 수 있을 때?

_____

_____

4. 집단의 갈등을 허용한다

리더십은 개인들이 집단 안에서 서로 상호작용을 통하여 습득된다. 일련의 상호작용을 하다 보면 자연히 갈등이 있게 마련이다. 갈등은 집단 상호작용과 대인 관계의 정상적인 부분이다. 효율적인 리더는 집단 내 갈등을 어떻게 다루어야 하는가를 알고 있다. 어떤 것이 가장 좋은 방법인가? 갈등을 해결하려는 노력이 옳은 일인가? 그렇지 않다. 리더는 집단들이 갈등을 경험하도록 내버려 두어야 한다. 집단에는 갈등을 해결하기 위해서 개입할 공식적 중재자가 없어야만 한다. 중재자가 있으면 집단 성원들이 갈등 상황을 스스로 해결하는 것을 배울 기회를 빼앗기게 되는 것이다. 갈등을 경험치 못하는 가족, 학교, 그리고 기업은 집단의 성장과 발달을 하지 못함을 시사한다. 당장 갈등을 부각시키고 고조되게 하는 것은 고통스러울 것이다. 부모, 교사, 그리고 경영자의 세 집단들의 전통적인 리더들은 자신들이 개입해서 바로 갈등을 해결해 주려고 하면 안 된다.

집단에서의 갈등은 집단 성원들이 상황에 끼어들어 해결할 책임을 갖게 하는 촉매제의 역할을 한다(<그림 12-1> 참고). 이것은 갈등을 해결하는 책임을 맡겨서 집단 성원을 리더로 바꿔 주는 것이다. 만약 리더가 개입한다면 이러한 기회가 일어나지 않는다.

리더십은 사람들이 집단을 통하여 일을 하면서 얻어진다. 리더십은 집단 노력에 대한 지시를 하는 것이고 이러한 약속은 집단 성원들 스스로가 해야 한다.

구체적으로 말하면 집단은 참여적이고, 지원적이며, 비공식적인 감독의 형태를 갖고 있어야 한다. 집단 정체감이 형성되는 동안에는 주인 정신을 갖고 다른 사람에 대한 신뢰를 보이는 것이 상대적으로 낮을 수 있다. 집단 성원들과의 동일시 과정은 개별 성원들의 자존심을 높여 주는 발전적인 기능을 한다. 집단구조의 비공식성은 성원들로 하여금 갈등을 경험하게 한다. 따라서 성원들은 리더십 행동에 참여하기도 하고 연습하기도 한다. 특히 갈등을 해결하는 데 책임을 떠맡고, 의사결정을 하게 된다. 지배적인 감독자나 중역들과 같은 공식적인 중재자가 항상 갈등을 해결하기 위해 개입할 수 없다. 이러한 특성들이 존재하는지 안 하는지의 정도가 리더십을 배우는 정도와 집단의 유지 정도를 결정한다.

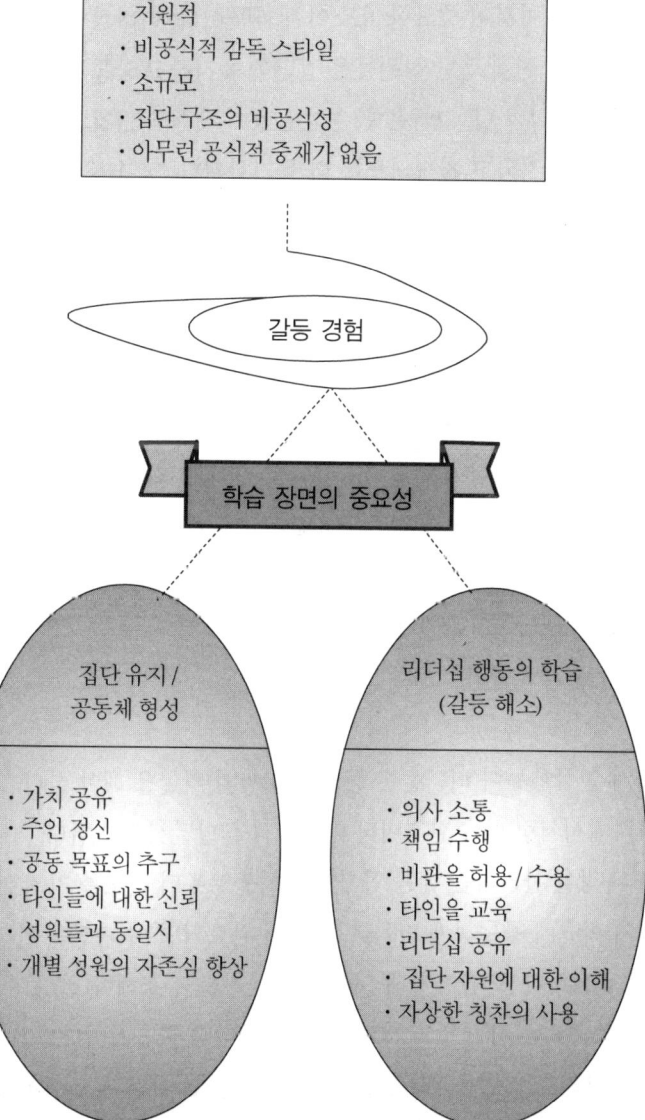

〈그림 12-1〉 집단의 특성들

리더들은 특정한 근로 장면에서 어떻게 갈등이 생겨서 발전되는지를 배우게 되는데 이것이 중요한 요소이기 때문이다. 리더십 행동들은 훈련될 수 있으며 동시에 집단 성원들은 집단을 유지하고 공동체 의식을 세우려고 시도하여야 한다. 그들은 단순히 갈등이 개선되는 것만이 아니라 그들의 집단이 유지되고 지속되도록 더 동기화된다. 집단 성원들은 공유된 가치, 주인 정신, 공동의 목표, 정체성, 자존심, 그리고 그들 자신보다 더 큰 목표를 추구할 기회와 같은 강력한 공동체 의식을 갖는다.

집단을 유지하려는 노력은 구성원들에게 집단의 지속과 영속성에 대해 관심을 갖고, 지속적인 발달과 번영을 위한 잠재력을 갖게 한다. 3일간의 연례 미팅을 하거나, 내부적이거나 고객 관련 세미나를 계획하고 운영하는 많은 활동을 함께 하면 직장 내에서의 공동체 의식을 강화시켜 주는 기능을 한다. 이러한 경험들은 서로를 뭉치게 하고 그래서 공동체 의식을 강화시켜 준다.

5. 학습을 관리하라

앞에서 언급했듯이 리더들은 문답식 교사의 역할을 해야 한다. 그들은 모토로라에서처럼 학습 환경이나 학습조직을 발달시켜야 한다.

학습 과정을 관리하는 데는 참가 학습자들로부터 정보를 가져오고, 학습자들이 학습에 몰두하게 만들고, 학습이 완료되면 이 과정을 인정해 주는 것이 필요하다. 학습자가 무엇을 배우는가를 강조해야 한다. 이 과정에서 가장 중요한 사람은 교사나 리더가 아니라 학습자이다. 리더는 기술, 지식, 그리고 기법을 배우도록 학습자를 돕고 이런 정보를 학습자가 현실 세계에 적용하도록 돕는다. 학습을 관리하는 세 가지 단계는 다음과 같다.

① 확인 : 학습자에게 어떤 정보를 주거나 가르치려고 하기 전에 이미 무엇을 아는가를 알아 낸다. 학습자가 이미 내용을 알거나 기술을 획득했다면 학습자에 맞게 학습계획을 조정할 필요가 있다.

② 교육 : 새로운 내용을 학습자에게 제시하고 학습자에 의해 가장 좋은 학습 방법에 맞도록 조정한다. 청강, 견학, 경험, 보고서 쓰기, 그리고 행동 등 여러 방법 중에서 선택한다.

③ 적용 : 학습자가 새로운 지식이나 기술을 쓰거나 시험해 볼 기회를 주고, 학습이 되었으면 리더에게 알려 준다. 학습자들은 자신들이 배운 것을 정확히 알아 내고 학습성과의 수준을 스스로 평가한다. 학습 과정을 관리할 때 학습자들은 그들 자신의 학습에 대한 책임이 있다고 간주한다. 책임은 교사에게 있지 않고 학습자들에게 있다.

6. 책임을 공유하라

조직들이 가치 충만한 문화를 개발하기 시작하면 근로자 수행은 단지 개인의 성공이나 실패의 문제가 아니라 공동 책임이다. 공동 책임을 지기 위해서 조직은 리더십 형태의 변화가 줄 이익을 깨달아야 한다. 근로자들은 더 이상 위에서 아래로 지시에 따른 무책임에서 벗어나야 한다. 근로자들은 지금 그들의 직장에서 의사결정에 참여하기를 원한다. 이들은 권한을 더 얻기를 바란다. 그들은 가치와 규범의 수립, 그들의 문화에 대한 정의, 그리고 리더가 되는 방법에 대한 학습에서 단체적인 책임을 지기를 바란다.

7. 팀으로 운용하라

많은 조직 내에서는 팀, 특히 자율적인 팀을 운용하는 경향이 높다. 이러한 팀이나 집단들은 노동력의 역동적 변화를 보이는 하나의 수단으로 볼 수 있으며 갈등이 일어나는 것을 허용할 수 있다. 팀들은 개인들이 리더십 기술과 행동, 그리고 리더십을 발휘하는 것을 연습할 수 있는 기회를 제공할 수 있다. 팀들은 가치 공유를 통해서 공동체 의식이 집단 문화를 만들고 유지하는 데 도움을 줄 수 있으므로 우리는 조직 내에 공유된 가치가 있는지 여부에 따라 조직에 대한 근로자들의 만족과 헌신이 결정됨을 강조해 왔다.

8. 양 방향 의사소통을 하라

양방 의사소통 대 일방적 독백은 가치에 토대를 둔 문화를 만들고 문화적 변화를 가져오는 열쇠이다. 고용주들은 그들의 근로자들과 의사소통을 해야 하고 근로자들의 동참을 요구해야 한다. 그들은 함께 비전을 세워야 하고 이의 달성을 촉진시킬 가치들을 개발해야 한다. 좋은 의사소통은 이러한 과정이 일어나기 위해 필수적이다. 이것은 지속적인 근로자의 참여, 투입, 피드백이 중요하다는 것을 의미한다. 가장 중요한 것은 지도자와 근로자들은 서로 일관된 메시지를 보내어 그들의 문화에 대한 지지를 전달하는 것이다. 우리가 면담한 사람들은 이 점을 자주 강조하였다. 불행하게도 불분명한 메시지 또는 불일치되는 메시지는 흔히 여기저기로 방황하게 만드는 것이다. 의사소통에 일관성이 없으면 규범과 가치는 직장의 문화 속에서 자리잡기가 매우 어렵다.

9. 외부 수행과 내부 문화를 연결하라

내부 문화에 대한 만족은 조직의 외부 수행에 영향을 미친다. 흔히 조직들은 이러한 연결에 실패한다. 조직들이 내적인 규범과 가치에 근거하여 세워지고 이에 초점을 둔다면 근로자들은 자신들의 조직에 대해 더 큰 긍지를 느끼고 더 긍정적이 될 것이다. 근로자들의 개인적인 수행은 향상될 것이고 전체적으로 더 많은 수행을 할 것이다.

10. 열정을 보이고 다양성을 지지하라

가치에 기반을 둔 리더는 속으로 안정되어 있고 자신들의 감정을 편안하게 표현한다. 이것은 긍정적인 칭찬, 공정한 대화, 또는 건설적인 비평이 공개적으로 전달되게 해서 근로자의 마음을 열어 리더의 진정한 느낌이 전달됨을 뜻한다. 감정을 표현하는 것은 열정의 첫번째 성분이다. 두번째는 어떤 것을 믿거나 확신하는 것이 분명히 보이는 것이다.

열정은 또한 현재 모습 그대로의 타인들을 인정해 준다. 다양성에 대한 강한 신념과 다원론에 대한 지지는 조직 내의 모든 개인을 존중하고 가치를 정당화하는 리더십을 제공해 준다.

집단 만족의 역동적 과정

리더들은 근로자들을 십난에 몰입하게 하고 이 상태를 유시하게끔 동기화하여야 한다. 이런 몰입 과정의 예를 자세히 들어 보자. 근로자들은 먼저 그들의 직장에서 자신들의 개인적 욕구를 만족시킨다고 하기 때문

에 참여한다. 구체적으로 이들에는 금전적·심리적 보상으로부터 어떤
기술을 배우기, 어떤 과제에서 핵심적 역할하기 등이 포함된다.

두 번째로 직장은 개인들의 사회적 욕구를 충족시켜 준다. 성원들이 공
동 상황에 참가할 기회를 주는 것이다. 집단이 더 이상 이런 개인적이고
사회적인 욕구를 충족시킬 수 없을 때는 집단의 성질이 바뀌거나 성원들
이 떠나야 한다.

규범과 가치의 영향

회사가 강력한 규범과 가치들을 가지면 회사 내에 관료적 규칙들과 규
정들을 대체할 수 있다는 이점이 있다. 만약 근로자가 조직의 목적과 목
표가 무엇인지 알고, 그 목표들을 달성하고자 동기화되어 있다면 그렇게
많은 규칙들이 필요없다. 근로자들은 누가 시켜서 일하는 것이 아니라 자
신들이 원해서 하기 때문이다.

그렇다면 이것은 참여적 경영과 공유적 리더십의 다리를 놓을 수 있는
것이다. 근로자들이 조직의 목표 성취에 대해 스스로 동기화되었으므로
그들은 단지 '기계적 노동자'가 되는 것이 아니라 가치 있는 의사결정 과
정의 일원이 될 수 있다.

명확한 규범과 가치들의 확립으로 근로자들이 '올바른 방향으로 가게
되고' 근로자들에게 조직이 추구하는 목표와 목적을 분명히 알게 되는 즉
시 근로자들은 조직이 정한 임무와 목표들을 달성하기 위해 적극적으로
일할 수 있다. 이 시점에 이르면 기업의 자원으로서 근로자들의 가치는
상한가에 해당한다. 가치에 기반을 둔 지도층은 강력한 규범과 가치의 영
향을 인정하고 이 과정을 주도한다. 가치에 기본을 둔 지도자들은 직장

내에서 집단의 규범과 가치들이 만들어지고, 확인되고, 육성되어야 한다는 것을 안다.

어떻게 가치에 기반을 둔 리더십이 생기는가?

피아노 앞에 단지 앉아서 쳐다보기만 하면서 피아노 연주를 배울 수는 없다. 야구를 보는 것만으로는 아무도 잡기, 타격하기, 던지기 등의 기술을 배울 수 없다. 피아니스트와 야구선수는 각각의 기술을 계속 반복 연습해서 노래를 연주하거나 볼을 쳐야 한다. 항상 지속적인 개선의 여지도 있다. 어떤 '운동'인지에 관계없이 대부분의 기술들은 실행을 통해서 학습이 된다. 이는 리더십 기술에서도 마찬가지이다.

리더십을 실행한다는 것은 이 장에서 논의한 10가지의 방안들을 연습하는 것을 뜻한다. 이제 기술은 종래의 전형적인 리더십 방안들이 아니다. 새로운 제안들은 직장 내 문화의 중요성을 반영하기 때문에 다르다. 이들 리더십 방안들은 리더로 하여금 집단 성원들의 욕구와 관심을 인정하게 하는 것이다. 이 방안들은 집단이 추구하고 육성해야 할 가치와 규범의 수립을 허용한다.

책임감의 공유, 팀 운용, 양방적 의사소통 등이 이뤄지면 집단 만족의 역동성이 정착될 수 있다. 직장에서 개인간의 차이를 인정해 주어야만 하는데 그렇게 함으로써 직장은 근로자들에게 차이가 가치 있다는 신념의 근거를 마련해 준다. 더구나 직장 내의 리더들은 근로자들이 어떻게 하면 최고의 학습이 가능한지에 따라 개별화된 학습 프로그램을 설계해야만 한다.

다양성의 가치

　과거에는 근로자들을 정해진 틀에 맞추려고 하였다. 직장에서는 오로지 일정한 유형, 종류, 색깔의 근로자들만 원했다. 미래의 직장은 다양성에 더 큰 가치를 두는 것이 필요하다. 이것이 이뤄지려면 리더들은 포용성 있는 마음, 다양한 태도와 의심할 바 없는 성실성을 가져야만 하고, 다양성을 장려하는 사람이 되어야 한다. 우리가 다양성에 가치를 두지 않는다면, 우리 근로자들의 내적 잠재력은 상실될 것이다. 그리고 우리 조직들의 외부적 수행도 영향받게 될 것이다. 개인들로 하여금 동조하게 하기보다는 리더들은 각 근로자가 직장에 무엇을 가져올 수 있는지에 대하여 초점을 맞춰야 한다. 각 개별 근로자들은 상이한 재능을 갖고 있다. 다양한 재능을 발휘하도록 격려하는 것이 필요하다. 리더는 다양성에 가치를 둠으로써 시작할 수 있다. 다양성을 장려한다면 직장은 성장하고 번영할 것이다.

　리더는 항상 그들의 마음, 시각, 견해를 확장시켜야 한다. 다양성을 확립시키는 것이 선결요건이다. 두 번째로 다양한 태도를 개발하는 것이 리더다운 마음으로 또 다른 중요한 요소이다. 조직들은 다양한 태도의 개발을 해오지 못했다. 집단 내 태도에 있어서의 차이들이 직장을 풍성하게 할 수 있으며 이러한 차이들이 조직에 활기를 줄 수 있다. 세 번째로 리더들은 직장의 문화적 규범과 가치를 준수해야 한다. 이는 의심의 여지가 없는 성실성이다. 마지막으로 리더들 자신들이 전체적인 다양성을 촉진시키는 사람이 되어야 한다. 대부분의 리더들은 그들의 조직 안에서의 유사성을 장려하여 복제인간이나 그들과 비슷한 사람들을 찾는다. 그러나 조직이나 집단 안에서 차이들을 장려하면 시너지가 생긴다.

　가치에 기초를 둔 리더는 창조적 행동에 완전히 몰입된 예술가와 같은 행동을 한다. 작곡하기, 그림 그리기, 또는 글쓰기는 예술가의 음악, 그림, 또는 책으로 펼쳐지는 발견의 과정이다. 그 형태는 작업 과정에서 드러나는데 예술가들이 작업 자체에 완전히 빠지는 몰입을 한 후에 예술 형태가 만들어진다. 단어와 붓이 쓰여지고 지나감에 따라 지면과 화폭이 펼쳐지는 것과 마찬가지로 리더는 집단의 에너지 생성을 위한 촉매자 역할을 하여 집단의 창의성을 펼칠 수 있도록 도와 준다. 가치 중심의 리더는 집단으로 하여금 창의적 발견 과정 속에 있게 한다.

제13장

진정한 통솔

    리더십은 인간의 특성 중 가장 탐색되고 존중되는 것의 하나이다. 그렇지만 리더십은 거의 이해되지 못하고 있고 거의 훈련되지 않는 현상이다. 모든 연령층의 근로자들과 모든 형태의 조직들 안에서 리더가 되는 방법을 배울 수 있는데 리더십은 집단이 목표를 달성하고 생존하는 데 필요한 행동과 기술의 총합으로 보아야 한다. 달리 말하면 리더십은 집단의 발전과 집단 과제의 성취를 촉진하게 되는데 이를 위해 사람들은 지도자다운 기술을 습득해야 한다.

    리더십 기술은 집단 내의 공식적으로 지정된 지위와 관계없이 어떤 집단 성원에 의해서도 개발될 수 있다. 리더십은 같은 집단 내에서 동시에 한 사람 또는 그 이상의 성원들에 의해 발휘되어질 수 있다. 리더십은 양도되는 외투가 아니며 한 성원이 다른 성원에게 차례로 이어주는 바통도 아니다. 중요한 것은 리더십은 따로 연구할 수 있는 것이 아니고 집단 성원의 상호작용 속에서 찾아야 한다는 것이다. 리더십 기술을 실습할 기회를 갖도록 공식적이고 비공식적으로 진행중인 활동들에 집단 성원들이 참여해야 한다.

학습할 시간 갖기

내부로부터 통솔하는 리더들은 근로자들 내부의 잠재력을 개발하고 극대화하도록 격려한다. 근로자들도 또한 리더십 기술을 배우고 이를 실행할 수 있어야 한다. 우리는 이 장의 뒤에서 혁신적으로 학습을 증진시킬 수 있는 7가지 리더십 '수단'을 제시하려고 하는데, 근로자들은 예전의 모방에 의한 학습보다 행동을 통하여 학습에 참여 할 수 있다.

대부분의 조직들은 리더십 배양을 위한 활동에 시간을 할애하지 않는데, 특히 낮 시간이거나 이익이 생겨야 하는 날은 더욱 그렇다. 이는 불행한 일이다. 우리가 긴 안목으로 볼 때 근로자들의 개인적인 학습과 이들이 속한 집단의 발전에 골고루 신경을 쓴다면 더 많은 이익을 얻고 조직의 목표가 성취되고 개인적인 목표들이 달성될 것으로 믿는다. 항상 학습은 근로조직의 목표가 되어야 한다. 우리는 이것을 참여적 학습이라 부를 것인데 그것은 소극적인 학습보다 훨씬 더 효과적이다. 우리는 모두 타고난 학습자이므로 보고 들음으로써 배우며 우리 자신을 가르칠 수 있다. 그리고 우리가 성취한 것은 인정되어야 하며 우리는 대접받을 자격이 있다. 우리는 학습을 아주 잘 할 수 있으나 직장에서 우리에게 학습할 시간을 주어야만 한다. 효과적인 리더는 이를 인정하고 근로자들의 '내면'을 양성하는 데 초점을 둔다. 내면으로부터 이끌어 낸다는 것은 다음의 뜻이 있다.

- 개인적 감정과 집단의 감정을 탐색하기
- 근로자가 개인적 성공을 경험하고 성취하도록 도움 주기
- 개인적 성장을 동기화하고 촉진하도록 자상하게 칭찬을 해주기
- 학습의 촉진, 열린 의사소통, 그리고 자기 지각을 촉진하기

개인적 감정과 집단 감정의 탐색

당신이 진정으로 신뢰하는 것이 무엇인가? 당신에게 중요한 것은 무엇인가? 당신 내부의 욕구, 충동, 그리고 열정은 무엇인가? 이들은 개인의 가치기술문으로 나타낼 수 있는데 개인적 질문이며 아주 중요한 것이다. 당신의 규범과 가치가 당신의 내면의 감정을 만들고 영향을 준다.

사람들은 이런 '내면'을 직장에 가져온다. 이것은 놀라운 일이 아니다. 과거와 현재의 직장 장면의 차이는 크다. 과거에는 '내면'을 중요하게 보지 않았다. 우리는 현재 그 '내면'이 개인들과 그들 전체 작업 집단의 욕구, 가치, 규범, 그리고 태도를 정의하는 데 도움을 준다고 본다. 근로자들이 정서와 감정을 표출하려는 욕구는 새로운 종류의 리더십을 요구한다. 그것은 리더들이 근로자들로 하여금 자신들의 내부를 보도록 돕는 것이다.

가치에 중심을 둔 리더십이 효율적이 되려면 통찰과 조망을 얻기 위해 십난 성원들의 감정을 직관적으로 보아야 한다. 성원들은 서로 다른 성원들에게 신뢰를 보여야 하며 성원들은 배려하는 공동체를 창조하여 집단을 건설하고 유지해야 한다. 그들은 직장 내에 있는 역할 규범과 가치들을 더 정확히 인식하기 시작해야 한다. 각 개인과 집단이 내면을 더욱 잘 인식하도록 돕는 것이 리더의 역할이다.

모든 사람들은 가장 깊은 개인적 수준에서 자기 인생에서 무엇이 중요한지를 알아야만 한다. 저명한 교육 심리학자 칼 로저스는 "자신의 가치가 어디까지 와 있고, 어떤 종류의 사람으로 부각되고 싶은지, 타인들과 어떤 종류의 관계를 맺고자 하는지에 대한 진정한 확신을 갖고 있지 않은 사람은 자신의 직업에서 뿐만 아니라 교양에 있어서도 실패할 것이다." 라고 하였다.

　직장 내에서 기여하는 근로자로서 당신은 당신의 가치가 어디에 놓여 있는지를 결정해야 한다. 먼저, 당신의 개인적 가치 체계 내의 주요 요소들을 찾아 내야 한다. 다음에는 이러한 가치로부터 당신이 함께 일하는 근로자에게 가장 전하기를 바라는 가치를 강조한다. 예를 들어, 당신은 주제에 대한 지식, 감정적인 표현이나 느낌의 의사소통, 열린 사고, 창조적인 문제 해결, 탐색적 토론에 가치를 둘 수 있다. 이런 가치를 적어 내려가고 당신이 그런 것들을 어떻게 획득하는지 확인을 해보라. 또한 당신의 주요 가치들이 시간이 지나면 어떻게 바뀌고 왜 그런지 검증해 보도록 하라. 이것은 당신의 개인적 가치기술문이 된다. 당신 자신이 이것을 자문자답해 보라. 당신의 상사, 동료, 또는 다른 사람들을 위해 쓰지 말고 자신을 이해하려고 노력하라. 그렇게 하기 위해서 당신 자신에게 자유를 주도록 하라.

　리더로서 또는 직장에서 리더십 역할을 수행하는 어떤 사람으로서 이들 내부의 가치를 확인하고, 가치들의 근원을 조사하고, 다른 근로자들의 이러한 '작업'을 격려하는 것이 중요하다. 리더로서 당신이 근로자들을 평가하는 것이 아니고 오히려 각 개인별로 속으로 평가를 하도록 장려하는 것이다.

　가치를 중심에 둔 리더십은 집단 성원들이 내면을 보게 하고, 개인적 행동과 집단 행동을 이끌 규범과 가치를 개발하게 한다. 성원들은 집단을 위해서 규범이나 공유된 기대를 마련하고 개인들이 따르는 일련의 합의된 행동들을 확립한다. 실제로 집단 내 각 개인들은 어떤 차원에서든 리더십의 역할을 갖는 것이다.

근로자들이 개인적인 성공을 하고 경험하도록 돕기

사람들이 직장에서의 성공 경험 때문에 자신들에 대해 좋은 느낌을 가지면, 이 긍정적인 느낌은 다른 분야들로 확산될 것이다. 이들은 직장에서 더 잘 수행하고 훨씬 더 책임을 지려 하며 더 많은 수행을 해낸다. 연속되는 성공으로 훨씬 더 모험을 추구하는 경향이 있다. 즉 그들은 이전에 성공을 경험했기 때문에 자신들에게 더 어려운 것도 시도하려 할 것이다.

근로자들의 장점을 확인하고 장점이 요구되는 과제와 책임을 짝지어서 근로자의 성공 기회를 증가시킬 수 있다. 어느 정도 작은 성공들을 경험하게 하는 것이 중요하다. 근로자들을 실패할 확률이 높은 상황, 역할, 집단, 또는 과제 활동 속에 있게 하는 것은 좋지 않다. 연속적인 실패는 더 많은 실패들만 가져온다. 이렇게 되면 자기 완성적 예언이 되는데 자신감이 약화되고 점점 더 성공하기 힘들게 만들기 때문이다.

근로자들이 몇 번의 작은 승리들을 맛보게 관리하도록 '꾸며 주는 것'이 근로자들의 '내면'의 가치와 자기 가치를 증가시킨다. 이것은 다시 근로자들의 자존심을 높여 주고 자신들의 기술 기반을 공고하게 해준다. 사람들이 작은 성공을 경험하면 저절로 긍정적인 피드백을 주기 시작해서 더 많은 성공을 경험하게 한다.

내면으로부터 밖으로 통솔하는 리더들은 꼭 성공하도록 한다. 이들은 근로자들의 성공 경험을 돕고 근로자들이 성공하면 이들을 인정해 준다. 근로자들은 시간을 두고 이러한 성공을 그들의 진행중인 행동 속에 되풀이해서 깨닫게 된다.

개인적인 성장을 촉진해 주기 위한 자상한 칭찬

리더는 자상한 칭찬을 써서 성공이 확산되게 하여 근로자들의 발전을 장려할 수 있다. 이것은 어린이들에게 매우 유용한 기법이다. 작가 애들리 페이버와 엘레인 매즐리쉬는 그들의 책 『해방된 부모 해방된 자녀』에서, "평가하는 말은 어린이를 지체시키는 경향이 있고 자상한 말은 어린이를 자유롭게 하는 경향이 있다."고 하였다. 만일 어린이가 무엇인가 일을 잘했을 때 단지 "너 참 잘했다."라고 말하는 것보다 어린이가 그 일을 했을 때 당신이 무엇을 보았고 어떻게 느꼈는지를 자상하게 기술해 주는 것이 훨씬 좋다. 어린이가 한 일을 자상하게 기술하면 어린이들이 자신들을 보는 데 있어 전혀 새로운 차원을 더해 준다. 아이들로 하여금 의욕을 가진 학습자가 되게 한다.

예를 들어, 만일 어린이가 새의 집을 만들어 그것을 선생님이나 부모님에게 보여 주었을 때 한 가지 반응은 "잘했다."라고 할 수 있다. 그러나 이것은 단지 일반적인 칭찬이다. 이것이 나쁜 반응은 아니다. 그러나 구체적이고 자상한 칭찬이 훨씬 좋은데 그 이유는 어린이가 자신에 대해 더 많이 배우기 때문이다. 따라서 부모는 "새들이 새집에서 살면 얼마나 따뜻할까… 네가 칠한 새집의 색깔은 새들이 위장하는 데 도움이 될 거야. 이 집은 최근에 내가 애완용품 가게에서 본 블루버드 집을 생각나게 한다."와 같이 할 수 있다. 어린이들 자신에 대한 견해는 새로운 차원을 덧붙여 준다. 즉 새집을 지을 때 보온이 될 재료를 생각하게 되고, 침입자가 있을 때 좀더 안전하게 해줄 위장색을 생각하게 하고, 블루버드가 사는 새장과 비슷하다고 했으니, 자신이 만든 새집에 블루버드를 키울 수 있다고 생각하게 할 것이다. 단순히 "잘했다."라는 경우보다 훨씬 동기 부여가 되는 셈이다. 이와 같이 자상한 기술적인 칭찬은 일반적인 칭찬보다 훨씬 더 동기 부여적이다.

마찬가지로 유해하게 창피를 주지 않고 기술적(記述的)인 논평을 사용할 수 있다. 무슨 일이 생겼는지 혹은 부모들이 그 상황을 어떻게 느끼는지를 기술하는 말을 사용해야 한다. 예를 들어, 만일 어린이가 많이 어질러 놓았을 때 단지 "네가 많이 어질렀다."라고 말하는 것보다 부모가 어질러 놓은 모습이 어떻게 보이는지, 이 모습에 대해서 어떠한 것을 느끼는지를 자상히 기술해 줄 수 있다. "네가 어질러 놓은 것을 모두 던져 버리고 싶다. 왜냐하면 엄마는 많은 시간을 소비해서 치워야 하기 때문이다."와 같이 말해 준다. 이 경우에 부모는 그렇게 어질러 놓는 것이 왜 그토록 화가 나는지를 알도록 자세히 설명해 주기 때문이다.

욕을 하는 것은 어린이가 나쁜 상태를 개선하는 데 전혀 도움이 되지 못한다. 어질러진 방안에서 정돈되어 있지 않은 것을 찾아 내고, 이것으로부터 강조하는 것이 더 나은 선택이다. 마찬가지로 근로자가 일을 잘못했다고 말하는 것보다 근로자가 특별히 잘한 것이 무엇인가를 지적하고, 여기서부터 시작하는 것이 훨씬 나은 행동 방략이다.

근로자에게 "잘했다."라는 말만으로는 충분하지 않다. 이러한 반응은 내면으로부터의 학습과 성장을 제한시킨다. 그것은 근로자 스스로는 알 수 없는 여러 가지를 지적해 주는 것이 좋다. 예를 들어, 만일 어떤 근로자가 발표했다면 아주 효율적인 자료 제시 방법을 써서 아주 중요한 정보를 알려 주었다거나, 듣는 사람이 즐겁도록 잘 준비했다거나, 발표 내용이 듣는 사람들로 하여금 단결하고 변화가 되도록 했다고 구체적으로 말해 준다. 이렇게 되면 직장의 근로자들은 모두 자극을 받는다.

리더들은 근로자들에게 어떻게 하면 향상될 수 있는지를 충고해 주는 건설적인 비평을 해줄 수 있어야 한다. 이 충고도 자상하게 기술되어야 한다. 근로자가 발전하려면 무엇을 할 수 있는지를 구체적으로 기술하여야 한다. 리더들은 취약한 분야를 바로잡으려면 무엇을 해야 하는지를 지적해야 한다. 리더들은 건설적인 피드백을 근로자를 위한 행동계획으로 바꿀 수 있다. 예를 들어, 만일 어떤 근로자가 문장력이 부족하고 발표 능력이 떨어진다고 했을 때 리더는 그 근로자가 수강할 만한 특정한 대중연설 과정을 추천할 수 있다. 어떤 근로자의 마케팅 계획이 창조적이지 못하다면 미래에 계획하는 활동에 보다 혁신적인 생각을 포함하는 방안을 제안할 수 있다. 어떤 회계사가 신설된 생산부서의 요구를 포함하지 않았다고 하면 리더는 생산부서의 요구를 반영하기 위해 그 부서에서 같이 일하고 전체 예산계획을 다시 조정토록 할 수 있다. 리더는 어떤 사람에게 문제가 있는 것을 알았을 때 "이 사람에게 문제가 있다."라고 말하는 것보다 "이 사람은 다르게 반응을 해야 한다."라고 말하는 것이 낫다. 리더는 근로자의 잘못 자체가 아니라 근로자들의 수행을 향상시키려면 무엇이 필요한가에 초점을 맞춘다.

동시에 리더들은 부모처럼 현재와 과거의 행동과 경험을 사용해서 자기 이미지를 형성하고 강화하도록 도울 수 있다. 부모는 자녀의 과거 성취를 알고 있으며 이 정보를 갖고 자녀를 격려하고 위로하는 데 쓸 수 있다. 마찬가지로 직장의 리더들도 근로자가 무엇인가 특별히 잘했던 과거의 업적들이 저장된 정보의 창고를 가지고 있다. 여기서는 적당한 때에 고객과 정보를 공유하고, 발표 동안에 결정적인 사항을 찾아 내고 이를 이행하도록 후속 과제를 설득력 있게 주장할 수 있다. 근로자의 과거 정보에 근거해서 자존심을 높여 주는 것도 리더의 중요한 역할의 하나이다. 이를 내면으로부터의 진정한 통솔이라고 부른다.

궁극적으로 근로자들이 계속해서 특별한 능력과 긍정적인 특질들을 갖고 있다고 듣고 이들이 실제로 인정한다면 리더는 근로자들로 하여금 자신들의 장점을 믿게 하고 자신이 누구인가에 대해 더 잘 이해하도록 돕는 것이다. 효율적인 리더는 적극적으로 이러한 긍정적 강화 노력을 해야한다. 이는 근로자들에게 그들의 특별한 재주에 대해 자상하고 구체적인 예증을 반복해서 들려 줌으로써 근로자들의 자기 지식과 인정을 갖게 하는 것이다.

가치 충만한 사람들은 이러한 자기 지식을 자신들의 내부로 가져간다. 그들이 자신에 대해 가지고 있는 정보 때문에 자기 평가를 할 수가 있다. 반대로 항상 부정적인 피드백을 받아 온 사람들은 이러한 내부의 자기 지식을 얻기 어렵다. 이러한 사람들은 그들이 얼마나 잘했는지, 자신들이 누구인지, 무엇을 잘할 수 있고 무엇을 할 수 없는지에 대해 다른 사람의 말에 의존해야 된다. 사람들이 자신들의 특이한 자질을 진정으로 이해하고 자기 자신을 알면 이것은 힘의 근원이 된다. 근로자들에게 자상한 충고뿐 아니라 자상한 칭찬을 써서 근로자들의 내면을 바라볼 수 있도록 도와 주는 것이 리더의 역할이다. 리더가 이 과정을 수행할 때 내면으로부터의 진성한 동솔릭이 생기는 것이다.

학습, 공개적인 의사소통, 그리고 자기 의식의 촉진

리더에게는 다음과 같은 자질이 필요하다 :

1 개인들의 학습을 돕고 그들이 최대한 자아 실현을 하도록 지도한다.

리더는 개인이 가장 잘 학습할 수 있는 방식에 대한 통찰력이 있어야한다. 누구나 장단점을 가지고 있으므로 각 근로자별로 다른 학습이 필요하다. 리더는 직장 안에서 함께 역동적 상호작용을 할 때 학습자, 학습 과정, 직장 내의 학습 상황에 대한 보다 많은 이해를 하도록 해야 한다. 리더는 학습에서 교사나 촉진자의 역할을 하는 직장을 하나의 교육 장면으로 보아야 하는 것이다.

> ## 2 각 근로자의 의사소통 기술을 발전시키고 열린 대화를 허용하고 지지한다.

근로자들은 대개 지식을 흡수해서 활용하는 능력은 갖고 있으나 남의 말을 듣거나 새로운 정보를 통합하거나 자기 자신을 명확히 하는 데는 서투르다. 의사소통에서 명료성이 결여되면 목표달성을 방해할 뿐 아니라 다른 근로자와의 관계에도 나쁜 영향을 준다. 리더는 언어적이든 비언어적이든 보다 효율적인 의사소통자가 되고 보다 적극적인 청취자가 되는 것을 돕는 방안을 마련하는 데 초점을 두어야 한다.

> ## 3 개별 근로자들이 그들 스스로에 대해 잘 알도록 만든다.

자신의 가치, 욕구, 목표, 그리고 잠재력, 자신들의 학습에 대한 책임을 질 필요성, 그리고 인간으로서 다른 근로자와의 관계를 좋게 발전시키는 것이 필요함을 인식시킨다.

이렇게 하려면 효율적인 지도자는 학습을 재미있고 흥미롭게 만들어야 한다. 이는 쉽지 않은 일이다. 학습이 일어날 수 있는 직장에는 많은 기회가 있어야 한다. 이러한 방법들은 내용과 학습유형에서 자극적이고 혁신적인 학습 환경을 가져온다. 다음에 기술하는 학습 도구들은 바로 그러한 일을 한다. 이들 학습 방법들은 개인들의 '내면'인 자신들의 가치와 잠재력을 더 잘 알게 만들 것이다. 더구나 이 방법들은 자기 발견을 통한 학습에 근로자들이 책임을 지도록 자극할 것이다.

열심히 학습하는 사람으로서의 근로자

사람들은 학습에 흥미를 갖고 있다고 여겨진다. 만일 당신이 그렇지 않다면 당신은 절대로 성장하거나 향상될 수 없을 것이다. 과거의 직장은 강의와 시험을 보는 전통적인 교실을 복제한 양식으로 설계되어 있었다. 당신에게는 정보를 주고 당신의 일을 감독하는 상사가 있다. 오래된 교실에서처럼 엄격한 선생님들이 그들의 지식을 전해 주고 모방함으로써 최상의 학습을 하는 학생들을 기대히였다. 그런데 이런 것이 사람들이 학습하는 방법이 아니다. 그도록 많은 사람들이 우리가 학습하는 방식에 대하여 잘못된 생각을 갖고 있기에 여러분들 중 일부에게는 놀라운 일일 수 있다.

직장에서는 정보를 흡수하고, 이를 회상하고, 이를 암송하는 학습 방법 중의 하나만을 사용하는 경향을 보여 왔다. 이제, 조직들은 모든 근로자들에게 그들의 개인적인 학습을 극대화하는 경험을 제공해야만 한다. 학습을 촉진하는 것을 도울 수 있는 수단들에 상호 토의 집단들, 논쟁, 적요 혹은 백서, 모의 게임들, 체험 집단, 그리고 자기 평가들이 포함된다. 이런 수단들은 학습 충만한 조직에서의 풍부한 인사적 교류와 적극적인 참여의 기회를 제공한다.

리더십 도구들의 학습과 적용

다음에 논의된 도구들은 많은 학습 방안들을 보여 준다. 전체적으로 보아 이들은 학습자인 근로자에게 다양한 학습 방법을 제공한다. 이들은 "가장 중요한 학습은 행동을 통해 습득된다."는 칼 로저스의 생각에 근거한다. 리더는 이들 7가지 학습 도구들을 마련하여 근로자들이 쓸 수 있게 할 수 있다.

1. 독서 후의 팀 토의

학습의 한 가지 방법은 특정한 주제 범위 안에서 팀 토의나 집단 토의를 하는 것이다. 토의하기 2주 전에 팀별로 읽을거리를 주어 모든 참여자들이 자신들의 작업에서 그 내용을 실제로 응용할 준비를 하게 할 수 있다. 저자들의 컨설팅 회사에서는 내용이 유익한 정보이고 개인적 학습이 도움이 된다면 여러 권의 책들을 주문해서 근로자들에게 나눠 준다. 예를 들어, 우리의 의사결정에 개선이 필요하다고 느낄 때 우리는 『예 혹은 아니오』라는 책을 주문한다. 우리는 개인적 학습뿐만 아니라 직장에서 팀 형성 향상의 도움이 될 수 있다고 느낄 때 모든 근로자들에게 『최상의 업적』이라는 책을 나눠 준다. 열쇠는 근로자들이 자신의 일과 조직에 관련지어 읽고 토의하게 하는 것이다. 이러한 중요한 단계를 거치지 않고서는 독서 자료들이 단지 선반 위에 얹혀 있거나 파일 홀더 속에 들어간 채 학습은 이뤄지지 못할 것이다. 지도층이 학습에 대해 책임을 지면, 근로자들은 그들에게 도움이 되거나 적절한 어떤 것들을 우연히 만나게 되었을 때도 독서를 하게 될 것이다. 직장 내에서 모든 사람들이 책이나 기사 주변을 지나는 것은 성장과 학습에 대한 흥미와 열정이 있음을 시사하는 것이다. 개인적이고 직업적인 발전에 대한 공동의 책임이 있다. 지식의 공유로 의사소통을 촉진하고, 개인적 학습을 증가시키며, 근로자들이 경쟁적 우위를 갖도록 돕는다.

2. 소집단 토의

아이디어, 주제 혹은 문제가 떠오르면 소집단으로 모여 공식적으로 토의하는 것이 유익할 것이다. 한 근로자를 집단의 의장으로 다른 근로자는 기록자로 선출하게 되고 일정한 시간이 지나면 모든 사람들은 이런 역할을 교대로 해볼 기회를 갖게 한다. 나머지 다른 집단 성원들은 참가자들이다. 그러나, 참가자들이 뒤에 물러앉아 수동적으로 있지 않는다. 대신에, 그들의 역할은 주제를 완전히 이해하는 것이다. 그것은 그들이 그 문제를 설명할 수 있고 그에 대한 특별한 견해를 표명하며, 이를 특정한 상황에 적용시킬 수 있어야 한다.

의장은 제안된 주제에 대한 토론을 주도하는 책임을 진다. 의장은 가자가 무슨 말을 하나 주의 깊게 들어 보고, 서로 다른 사람들의 생각을 인정하고, 토의시 개인적인 독점을 피하는 등 긍정적 토의 분위기를 만들도록 해야 한다. 의장은 다른 사람의 의견에 동의하는지 안 하는지, 다른 사람들의 생각을 좀더 정확히 질문하고, 그의 의견을 지지하는 정보에 대한 질문(독서, 조사, 개인적 경험 등)을 함으로써, 다른 사람의 생각에 반응하도록 해야 한다. 유용한 참여를 유도하기 위해 의장이 쓸 다른 기술들은 다음과 같다.

① 지지하는 뜻으로 침묵의 사용 - 더욱 상호작용을 촉진할 것이다.
② 비판에 대한 두려움 없이 자신의 의견을 표현할 각자의 권리를 공표하기

③ 시작할 때, 그리고 필요시 토의 초점이 유지되도록 반복해서 주제를
　 명확히 해주기
④ 때때로 각 참가자들의 생각과 의견을 부연하고 요약하기
⑤ 동의와 동의되지 않는 핵심 분야를 요약하기
⑥ 참가자들이 자신의 의견을 보다 명료화하고 더 많은 정보를 제시하도
　 록 재촉하기
⑦ 침묵을 지키는 참가자들이 발언하도록 요청하기
⑧ 어떤 주제에 대한 생각이나 의견의 범위를 연장시키려고 노력하기
⑨ 편안하고 비공식적인 자리를 마련하기
⑩ 우호적이고 재미있는 분위기를 만들며 항상 참가자의 이름을 알고 사
　 용하기

의장들은 이 토의 집단에 흥미가 있어야 한다. 참가적인 학습은 수동적
인 학습보다 훨씬 더 효과적임을 상기하자. 의장이 자기 발견 학습에 사
용할 수 있는 의장의 자기 평가 양식을 참조하자(표 13-1).

3. 논 쟁

조직이 새로운 아이디어, 변화를 도모하기, 새로운 서비스나 제품의 추
가를 고려할 때마다 내부적으로 선택안들을 먼저 탐색하는 것이 필요하
다. 이것을 하기 위한 한 가지 재미있는 방법이자 좋은 학습도구는 논쟁
을 하는 것이다. 선발된 근로자 혹은 근로자들의 팀은 반대하는 개인이나
팀에 의해 제기된 몇 가지 시나리오나 가능성에 대한 답변 자료를 공식적
으로 더 큰 집단에 제출할 수 있다. 논쟁은 집단들 안에서 내부적으로 이
런 기술들을 습득하고 연습할 수 있는 즐겁고 생생한 방법일 수 있다. 동
시에 대안적인 아이디어와 시나리오를 만들 수 있고 의사결정을 촉진하
는 데 쓰일 수 있거나 미래 지향적으로 만들 수 있는 것이다.

근로자들은 단지 그들이 특정 역할을 맡았다고 해서 어떻게 하면 의사 소통을 잘할 수 있는가를 배우는 것은 아니다. 작업 조직들은 구성원들의 공식적인 대화 기술의 연습과 향상을 실행하는 훌륭한 곳이다. 어떻게 자료를 발표하는지는 외부에 있는 많은 의사소통 세미나에 파견하여 교육하거나 발표를 잘하는 내부인사가 가르칠 수 있다. 동료의 교육은 매우 효과적일 수 있다. 즉 공식적으로 제시된 자료의 기술들을 모두 터득한 동료들을 교육과 후속 개인지도 및 질문에 대한 응답에 활용할 수 있다. 열쇠는 어떤 승자나 패자도 없는 오직 적극적인 참가자만이 있는 학습 경험으로 논쟁을 보는 데 있는 것이다.

〈표 13-1〉 의장의 자기 평가 양식

아래 제시된 영역들 중에서 당신이 집단 의장의 역할을 했을 때 지켜졌던 내용을 표시하라. 지켜지지 못한 항목은 빈칸으로 남겨 두라.

- 집단 성원들은 그들이 다른 사람들이 하듯이 나에게도 비공식적으로 말을 건다. ☐

- 성원들은 자주 실제 감정을 보여 준다. ☐

- 성원들은 대개 지도자인 나 대신에 다른 사람과 서로 말을 건다. ☐

- 때때로 성원들은 공개적으로 나의 의견에 동의하지 않는다. ☐

- 집단은 시간이 다 되어도 그 주제에 대한 토의를 중단하려고 하지 않는다. ☐

- 성원들은 나의 허가를 받지 않고 말한다. ☐

- 건전한 아이디어들이 거의 모든 집단 성원들로부터 나오는 것 같다. ☐

- 성원들은 '문제의' 성원들을 다루기 위해 나를 기다리지 않는다. ☐

- 성원들은 서로 간섭하지 않고 다른 사람의 말을 듣는 것 같다. ☐

- 불일치가 있지만 성원들은 이를 객관적으로 다루려고 노력한다.
- 성원들은 다른 사람들의 통찰과 정보를 활용하는 것 같다.
- 성원들은 마음 내키지 않거나 수줍어하는 성원을 참가시키려고 노력한다.

당신은 집단의 의장으로서 얼마나 잘했는가? 어떻게 하면 향상될 수 있는가? 어떤 방법이 미래의 당신을 위해 중요한 기술인가? 당신의 대화 기술들은 어떻게 향상되고 있나?

4. 요약서 또는 백서

만약 근로자가 더욱 개발하고 싶은 아이디어를 가지고 있다면 그것을 백서(白書)라고 하는 간결한 문장으로 쓸 수 있다. 여기에는 근로자들 자신들이 그 아이디어와 친숙하고, 관련된 문제들을 기술하고, 그에 대한 특별한 입장을 정리한 것이 들어 있다. 근로자가 문서화된 아이디어나 주제에 대한 견해가 정해진 다음에는 이를 다른 사람들과 공유할 수 있고 아이디어 교환 과정을 시작할 수 있다. 가장 중요한 것은 이러한 아이디어 교환과 참여가 개인, 집단, 조직에 의한 학습을 가속시킬 수 있다는 것이다. 지식이 얻어지고 개인적 학습이 촉진되며, 참가자들은 자기들 속에 더 큰 가치 의식을 갖는다.

컨설턴트 회사의 한 직원이 다음에 나오는 직업적 원칙에 대한 백서를 개발하여 지도층과 공유하였다. 이 백서는 깊이 들어 있는 개인적 학습을 전달하기 때문에 내부로부터 밖으로의 통솔의 좋은 예가 된다.

〈표 13-2〉 백서의 예

이 '백서'의 목적은 나의 몇몇 중요한 원칙들을 명료하게 밝히고 이들을 일상 생활에 어떻게 적용할지를 보이는 데 있다. 내가 살아가면서 지켜야 할 중요한 세 원칙들은 다음과 같다.

① 누군가와 나눈 정보에 대해서 비밀을 지킨다.
② 타인과 한 약속을 지킨다.
③ 그 사람 없는 곳에서는 그 사람을 흉보지 않는다.

이런 원칙들은 내 영혼 깊은 곳에서부터 나온 것이다. 내가 인간인 이 상 때로는 부족해서 원칙을 어긴 것을 깨달았을 때 난 늘 심한 충격을 받 는다. 그래서 나는 의식적으로 이들 원칙을 위반하지 않으려 한다.

나는 지도층의 한 성원으로서 나의 책임을 인정하고 존중하고 명예롭 게 생각한다. 경영팀으로서 우리가 지키려고 선택한 이들 개인적 원칙들 이 집단의 원칙들과 어긋날 때도 있을 것이다. 개인적인 문제와 우리 회 사의 이해가 충돌할 수 있는 문제와 같이 좀더 분명하고 양극단적인 상황 에 처한다면 나는 적절한 행동을 취할 것이다. 그러나 만약 누군가가 회 사의 리더로서의 나의 책임과 나의 원칙들 사이에 타협을 요구한다면, '조언자'들과 그 상황에 대해 논의하도록 그 사람을 설득시킬 것이다.

끝으로 우리는 있을 수 있는 모든 사람의 상황과 반응을 통제할 순 없 다. 나는 이것이 내가 누구인지를 더 명백히 하는 데 도움이 되기를 바란 다. 나는 또한 당신이 시간이 지나면 한 사람으로서, 그리고 책임 있는 지 도층의 일원으로서 나를 믿을 수 있고 회사원들의 개인적인 욕구를 이해 하며 회사의 이익에 따라서 반응하기를 바란다.

이 '백서'는 회사 지도층 집단 내 다른 사람들이 반응하고 응답하도록 '백서'의 형태로 만들었다. 개인적 성장, 학습, 의사소통, 그리고 자기 인식이 촉진되었다. 내부로부터의 진정한 통솔이 이뤄진 것이다.

5. 시뮬레이션

우리 자녀들이 다니는 학교에서는 매년 한 학생이 하루씩 동안 교장 선생님이 되어 본다. 그 역할을 해보면 개인적 의사결정과 교장 선생님의 역할에 대해서 상당히 많은 것을 배우게 된다. 시뮬레이션에서는 학습자에게 현재의 상황을 떠나서 어떤 일이나 역할을 직접 경험하도록 요구한다. 학습은 매우 빠르게 진행된다. 실제로 '무엇이라면'(what-if) 시나리오는 특정한 문제, 전략, 사건들에 대해 만들어진다.

이러한 교육 방법은 기업이나 다른 조직들에서는 충분히 사용되지 않는다. 사실, 대부분의 기업 환경에서는 드물게 쓰인다. 이것은 리더가 어느 정도의 모험을 해야 하기 때문이다. 시뮬레이션은 근로자들의 요구를 표현하게 하고, 그들이 가진 문제를 해결하게 해서 집단에 자유를 준다. 참가자들은 어떤 조치를 취해야 한다. 이들은 비판적 사고와 의사결정도 배운다. 그들은 조직에 대한 지식을 요구한다. 참가자들은 자신의 행동 결과에 대한 책임을 져야 한다.

『기업의 의식 바꾸기』의 저자인 로저 마틴은 시뮬레이션이 전략의 방향을 바꾸는 이면에 있는 근거를 근로자들이 알 수 있게 하는 좋은 방법이 될 수 있다고 하였다. 그는 전략적 대화를 만들고 발전시키는 가장 좋은 방법은 컴퓨터로 하는 경쟁적 시뮬레이션인 워게임 같이 경영자들이 경쟁적 기업 상황을 가정하고 서로 회사의 정책들을 바꾸어 집행해 보는 것이라고 하였다.

근로자들은 자신의 회사나 조직의 미래에 대해 열린 토론을 시작할 수 있다. 미래적 시뮬레이션들은 근로자들에게 그들의 조직이 나아가야 할 방향, 핵심 문제의 규정, 정보 수집, 대안들의 탐색, 문제 발견, 학습 과정을 평가하게 한다. 시뮬레이션들은 중요한 미래적 사고와 학습을 조장한다. 그들은 또한 경쟁자들이 보일 미래의 행동을 예측할 수 있다. 가장 중요한 것은 그들이 전략적 대화를 격려한다는 것이다. 마틴의 생각으로는 이 '전략적 대화'가 조직에서 진행중이며 영원한 부분이 되어야 한다는 것이지만, 실제로 모든 조직의 일상사가 되어야 한다.

저자들의 회사에서는 새로운 업무 영역으로 확장하는 것과 새로운 전략 분야를 추가하는 것을 검토하고 있다. 만약 우리의 사업에 이들 영역들을 첨가한다면 지금부터 5년이나 10년 후에는 어떻게 될까? 그리고 중요한 것은 이런 전략상 변화들이 도입된다면, 조직 문화에 영향을 얼마나 미칠까? 이런 질문들은 (이 시뮬레이션) 진행중인 전략적 대화를 통해서 근로자들에 의해 검증되어져야 한다. 만약 근로자들이 이 토론에 참가하고 있다면 어떤 변화들이라도 미래의 조직적 요구나 자원을 더 잘 강조해 줄 것이다.

6. 체험 집단들

체험 집단들은 사람들이 일정한 시간을 정해 타인들과 집중적인 개인적 학습 경험을 함께 하는 기회를 주는 것이다. 이들 집단들은 대개 며칠이나 그 이상 등과 같이 상당 기간 동안 지속된다. 리더십 훈련 과정과 Outward Bound 프로그램을 포함한 두 가지 예들을 논의하기로 하자.

체험 집단에서는 신뢰, 참여, 모험 추구, 감정의 표현, 감수성, 그리고 개인의 상난점과 같은 문제들을 부가시키고 투의한다. 체험 집단들은 대인 관계적 지식과 참여를 크게 촉진하므로 안으로부터 밖으로 리더들을 훈련시킬 때 이들이 결정적인 내용들이고 발달시킬 영역들이다.

　개인들이 모여 집단을 이루고 최소한 일시적이라도 자기 방어를 안 한다면 철저한 개인적 학습이 될 수 있다. 참여하는 개인들은 한 경험이 다른 사람에게 어떻게 보이고 느껴지는지를 이해하려고 한다. 그들은 그들 자신들의 불확실성을 말하고 집단 내의 자신들과 다른 사람들에게 주는 체험의 의미를 서로 접근시켜 보려 한다.

　이들 체험 집단의 주요 목적은 인간으로서 리더들로서 성장과 발전을 도모하고, 대인간 의사소통력을 향상시키는 데 있다. 집단 내 개인들간에 존재하는 감정과 태도를 탐색함으로써 집단의 성원들은 그들 자신과 그들이 타인들에게 주는 영향을 더 잘 이해하게 된다. 모두가 자신의 장단점을 더 잘 깨닫게 되는 것이다.

　칼 로저스는 개인이나 학습자 전체가 관련된(지성뿐 아니라 감성도 포함된) 자기 주도적 학습이 가장 지속적이며 확산적인 것이라고 하였다. 일주간에 걸친 리더십 훈련 과정은 체험 집단을 통해서 이런 종류의 영향을 제공할 수 있다. 『인더스트리 위크』라는 잡지의 편집인은 유타 주에 있는 코베이 리더십 센터에서 받은 리더십 과정에서의 개인적 인상을 그녀의 일간지에 수록한 바 있다.

　전에는 모르던 9명의 팀 동료들과 그토록 가까워질 수 없었다. 우리 팀에는 몇 차례에 걸친 시도 후에 성취, 존중, 이해의 분위기가 넘쳤다.
　나는 깊은 수준의 듣기인 감정이입과 분석으로 놀랐고, 감명받고, 감동하였다. 질문이 아주 날카로워서 때로는 곤혹스럽기도 하였다. 이 과정에서 열쇠는 신뢰, 대화 분위기, 시너지, 개방성, 지지, 그리고 학습에 대한 진정한 관심이었다. 다양성이 상호 존중, 질문, 그리고 학습의 토대가 되었다.

저자들의 한 사람인 수잔 쿠즈마스키는 25년 전 9일 간 Outward Bound

프로그램을 통해 개인적 체험을 한 바 있다. 그녀는 자신의 일기에 다음과 같이 쓰고 있었다.

래리는 분명 느리고 다른 사람들보다 ¾마일이나 뒤져 있다. 어떻게 팀에서 그가 속도를 내도록 할 수 있는가? 10명의 팀이 산타 벨 도로까지 도착하는데 2일 남았다. 브라이언은 그 문제를 피하지 않고 이 갈등 상황을 직접 다루었다. 어떤 팀원은 브라이언이 너무 성급하고 너무 정직하다고 느꼈다. 다른 사람들은 좀더 공손하고 다정하게 했을 것이다. 결국 래리는 신체적이고 정신적인 면 모두에서 그의 한계를 바람직하게 확장하는 학습을 하고 있었다.

그렇지만 이는 체험의 공유였다. 다른 팀 성원들은 화가 나 있었다. 그의 속도는 팀의 목표에 장애를 주는 것이었다. 더 큰 집단과 그 날 밤 정해진 야영지에서 합류하게 되어 있었다. 강사는 해답을 주려하지 않을 것이다. 그는 매우 자신있는 소리로 계속 "솔직하라."로 밀어붙였다. 그러나 이 '지시'는 10명의 성원들간에 갈등을 증가시켰다. 여러 다른 사람들이 가진 성질, 의사소통 스타일, 그리고 연령 때문에 긱 싱원들은 정직의 정도가 어느 수준인지에 대해서 다르게 생각하고 있었다.

두 예들은 개인적인 관찰, 대인 관계 학습, 가능한 해결안, 불확실성, 불안들을 나타낸 것이지만 그들 자신들과 다른 집단 성원들, 그리고 그들의 환경에 대한 발견들을 지속적으로 합성하고자 시도하는 것이었다. 체험 집단은 학습을 개인화하고, 내부로부터 통솔되도록 문을 열게 한다.

7. 자기 평가─학습계약

평가란 어떤 의미인가? 지도자들로서 여러분은 근로자들이 자신들의 일을 수행하고 그들의 근로 집단에서 상호작용하는 능력으로 평가할 것이다. 그렇다면 왜 근로자들을 이 과정에 참여시키지 않는가? 근로자들이 스스로 자신들의 수행과 그 집단 안에서 다른 사람들과 얼마나 일을 잘했는지를 평가하게 해야 한다. 자기 평가를 통한 학습 과정에서는 두 단계를 따라야 한다.

- 근로자들은 자신들 나름의 학습 계약을 다음에 의해 작성해야 한다.
  - 자신들의 평가 기준을 선정
  - 어떤 목표를 달성할 것인지 결정
- 근로자들은 이들 각 목표들을 얼마나 잘 수행하고 준거들을 만족시켰는지에 대하여 문서화된 평가를 만들어야 한다.

이렇게 함으로써 근로자들은 자기 자신의 학습에 대한 책임을 지고, 우선 자신들이 무엇을 배우기를 바라는지를 정하고, 다음에는 이 목표들의 성취 여부를 평가하게 하는 것이다.

15개항의 리더십 학습 요령

내부로부터 밖으로 향하는 통솔의 개념은 강력한 것이다. 리더들은 근로자들로 하여금 내부를 들여다보고 직장 안에서 그들의 학습을 개인적으로 하도록 도울 수 있어야 한다. 다음에 제시된 15개항의 학습요령은 절대적인 것은 아니지만 가치 충만한 미래 지도자가 되는 데 도움이 되고자 하는 것이다(<표 13-3> 참조).

안으로부터의 통솔이 되려면 지도자들은 개인과 집단의 느낌들을 전달할 수 있고, 근로자들이 성공적인 체험을 하도록 돕고, 자상하고 구체적인 칭찬을 통해서 성장하도록 동기를 주고, 의사소통과 자기 인식을 권고하고 촉진할 수 있어야 한다. 리더들은 양성 과정을 조성해야 하고 학습을 개인화해야 하며 또한 더 많은 학습을 추구하는 태도를 자극해야 한다. 문제들에 대하여 적극적으로 창의적 해결책을 모색하게 해야 한다. 공식적이든 비공식적이든 여러 가지의 학습 장면을 만들어서 집단 성원들이 학습하도록 도와 주어야 한다. 집단 성원들이 이러한 학습 과정에 참가하면, 이들도 안으로부터의 통솔을 할 수 있게 된다. 근로자들이 안으로부터의 통솔을 하게 되면 이들은 직장 안에서 직무 만족과 개인적인 의미를 갖게 될 것이다.

〈표 13-3〉 리더의 학습 요령

1. 나는 집단 안에 존재하는 잠재력을 개발하는 집단의 능력을 믿고 존중하는가?
2. 나는 개인적인 요구에 민감하고 공감하는가?
3. 나의 기분이나 감정을 표현해서 터놓고 의사소통을 하는가?
4. 나는 보다 개인적인 학습을 촉진시키고자 모험도 하는가?
5. 나는 집단의 목표를 달성하는 것을 촉진시키리라고 믿는 아이디어를 집단에 제시하는가?
6. 나는 남의 말을 경청하는 편인가?
7. 나는 근로자들이 성공을 체험하도록 돕는가?
8. 나는 자주 자상하고 구체적인 칭찬과 충고를 해주는가?
9. 나의 장점뿐 아니라 단점도 타인에게 보여 주어 보다 대인 관계적 관여를 통해 인간적인 모습을 보여 주는가?
10. 나는 각 집단 성원들과 의사소통하고 상호작용을 얼마나 잘 하는지에 대해 피드백을 요청하는가?
11. 나는 자기 주도의 성장과 개인화되는 학습을 자극하는가?
12. 나는 학습하는 데 충분한 자유를 주는가?
13. 나는 자주 유머를 사용하는가?
14. 나는 집단 성원들에게 어떻게 하면 더 향상될 수 있는가를 질문하는가?
15. 나는 창의적이고 직관적인 사고를 자극하는가?

제14장

새로운 리더십 기술을 발휘하기

리더십 학습의 힘

리더십을 학습한다는 개념은 완벽하게 우리의 조직과 회사 내의 분위기를 알아 내는 것이고 종업원의 관심을 이해하는 것이다. 그것은 근로자들을 교육시키고 발달시키는 데 실패했던 작업 환경에 대한 불만족을 고려하고 보다 전통적인 학습조직들(훈련 세미나 또는 학교들)과의 연결 기회를 제공해 준다. 그것은 근로자들에게 지루하고 의미 없는 직장 환경을 재미있고 학습하기에 충만하게 만들어 준다.

직장은 21세기에 가장 중요한 개념의 하나를 가르치는 힘을 가진다. 다음 세기에 접근함에 따라 이 시기에 적절한 아이디어를 생각해 내야 한다. 직장은 다음 시대 리더십을 교육하기 위한 중요한 교육자이다. 리더들은 조직 전반에 걸쳐 가치에 기본을 둔 리더십을 기르는 규범들을 채택할 필요가 있다.

우리는 가치 충만한 직장을 창조하기 위해 중요하다고 보는 4가지 새로운 리더십 규범들을 만들어 냈다. ① 보다 신속하고 진심에서 우러난 의사결정을 할 수 있는 리더, ② 타인의 말을 경청할 수 있는 리더, ③ 집단의 종합된 지식을 사용할 수 있는 리더, ④ 여론 수렴과 주인정신을 갖게 하는 리더들이 필요하다.

1. 신속하고 진심에서 우러난 의사결정

속도는 오늘날 사업에서 결정적이다. 법률회사에서 학교에 이르기까지 모든 유형의 조직들이 집단 성원에서 리더에 이르기까지 과거보다 더 빠르게 행동하는 근로자들이 필요하다. 의사결정, 특히 어려운 의사결정은 아주 빠른 속도로 집행되어야 한다. 다행히도, 의사결정은 학습할 수 있고 크게 개선될 수 있는 기술이다.

수많은 의사결정을 매일 작업장에서 해야 한다면 우리는 의사결정하는 능력을 향상시킬 필요가 있다. 과거에 우리는 특히 직장에서 의사결정 시 단지 머리(head)만을 쓰는 습관을 발전시켜 왔다. 머리를 써서 대안들을 확인하고 생각하는 것은 의사결정의 중요한 부분이다. 그리고 이것이 간과되어서는 안 된다. 우리는 또한 우리의 마음(heart)을 쓰는 것의 중요성을 강조하고 있다. 가치 수용과 규범 확립의 '사업'(business)은 의사결정 과정에 우리의 마음이 관여될 것을 요구할 것이다. 우리는 자신에게 개인적 질문을 하고 우리의 직관을 사용하며 우리의 마음을 믿어야 할 것이다.

우리가 보는 중요한 점은 의사결정 기술의 실습이 필요하다는 것이다. 우리는 우리의 머리와 마음 두 가지 모두를 사용해서 실행해야 한다. 더 진심에서 우러난 의사결정은 우리 자신들과 타인들에게 귀 기울이는 것을 요구한다. 진심에서 우러난 경청은 가치와 규범을 공유하고, 가치 충만하며 서로 배려하는 문화를 만들기 위한 필수조건이다.

만일 작업 집단이 가치 수용 과정과 규범 실행 계획을 활성화하기 위한 것이라면 집단의 성원들은 진심에서 우러나온 새로운 유형의 의사결정을 해야 할 것이다. 중요한 것은 의사결정이 잘못된 것으로 판명되더라도 고통의 위험이 적다는 것이다. 마음으로 한 의사결정은 기본적으로 실패 가능성을 허용하는 것이다. 반면에 '머리'로 한 의사결정은 우리가 잘못된 방향이나 잘못된 사람 또는 잘못된 행동 방법을 선택했을 경우 그러한 '용서'를 해주지 못할 것이다.

2. 경청하기

경청하는 것은 우리의 작업 집단 내부에서도 할 수 있다. 중요한 점은 우리가 서로 상대방에 대해 더 잘 들어야 한다는 것이다. 적극적으로 듣는 것은 규범과 가치를 공유하고 가치 충만하고 서로 관심을 갖는 문화를 구성하기 위한 필요조건이다. 그것은 하나의 기술이다. 그것은 더 좋고, 더 빠르고, 더 진심에서 우러난 의사결정을 하는 네 필수조건이다. 우리는 우리의 듣는 기술을 모두 개선할 수 있다. 작업 장면에서는 이들을 실행하기 위해 계속 기회들이 있다. 스테판 불룸의 의사소통 과정은 우리들에게 대단한 영향을 미쳤다. '말하는 사람과 듣는 사람의 역할'에 대한 논의는 그의 훌륭한 과정에서 따왔다.

집단에 적극적으로 경청하는 기술들을 가르칠 때 우리는 우선 말하는 사람과 듣는 사람 양자의 역할을 강조한다. 양자 모두 상대가 있다는 것을 인식하고 있어야 한다. 말하는 사람은 듣는 사람을 주의 깊게 관찰하고, 상대가 듣고 있는지 여부에 관해서 단서를 찾아야 한다. 듣는 사람은 말하는 사람을 주의 깊게 관찰하고, 의도를 표현해야 한다. 의도는 온화함, 신체적 접촉, 미소, 그리고 열정의 감정을 표현하는 것이다. 의사소통

이 말하는 사람의 역할인 반면 말의 의미를 듣는 것은 듣는 사람의 역할
이다. 말하는 사람은 자신이 준비한 특정한 메시지를 가지고 있다. 듣는
사람의 역할은 메시지를 배우고, 이해하고, 유지하며 이것은 <표 14-1>
에 보인 단서의 사용을 통해 달성되었음을 인정하는 것이다.

그러한 단서가 없다면 말하는 사람은 수정을 해야 한다. 말하는 사람은
항상 단서를 관찰해야 한다. 이것은 쉽지 않다. 질문이 없고, 눈맞춤이 부
족하다면(창 밖을 보는 것이 흔하다) 이것은 말하는 사람에게 양방적인 의
사소통이 이루어지지 않았다는 명백한 단서이다. 저조한 단서는 질문을
위한 질문을 하고 - 말하는 사람에게 선심 쓰는 체 하는 것 - 말하는 사람
을 쳐다보고는 있지만 듣지는 않는 것이다.

듣는 사람의 주요 임무는 말하는 사람이 무엇을 말하려고 하는지 이해
하고 그에게 당신이 이해했음을 알려 주는 것이 중요하다. 당신의 태도는
당신의 말보다 더 중요하다. 비언어적 응답은 때때로 말보다 더 의미 있
다. 듣는 사람으로서 당신이 ① 경청했는지, ② 말하는 사람과 상황을 수
용했는지, ③ 명료화했고 이해했는지, ④ 당신의 견해가 바뀌었는지, ⑤
고무되었는지, ⑥ 당신이 들은 것에 따라 움직이는지를 당신 스스로에게
질문해야 한다.

〈표 14-1〉 경청의 단서들

1. 듣는 사람이 당신을 쳐다보는가? 보고 있지 않은가?
2. 머리 끄덕임
3. 미소 또는 얼굴 표정
4. 노트에 적기
5. 질문-대화
6. 말로 감사하기
7. 주의를 기울이는 몸의 자세
8. 정보를 추가함

9. 당신과의 거리가 더 가깝게 앉거나 기댐
10. 앉아서 경청함
11. 외부 장애를 차단함(예 : 문을 닫는 것, 창문을 닫는 것)
12. 다른 사람들이 집단에 들어오도록 권유함
13. 듣는 사람 - 특수한 것에서 일반적인 것으로 이동한다. 즉 들은 정보를 응용하길 원한다.
14. 듣는 사람이 정각에 오고 미리 준비한다 - 욕구의 정도를 전달한다.
15. 온화함 - 의사소통하려는 의도의 일부분
16. 눈이 말하는 사람을 향하고 주목하고 있음

- 스테판 불룸, 의사소통 세미나에서

적극적으로 경청하기는 사실상 직장에서 가져야 할 중요한 기술이다. 우리는 우리가 아이였을 때는 남의 이야기를 들었다. 이것은 우리가 유아기 때처럼, 나중에 걸음마기와 어린아이들 때처럼 배웠던 법이다. 불행하게도 우리가 어른이 되었을 때 우리의 대부분은 이 중요한 기술을 잃어버렸다. 우리는 남의 말을 듣거나, 질문하지도 않고 우리 자신들이나 우리의 생각들에 대한 얘기에만 초점을 맞추었다. 스테판 불룸의 과정처럼 의사소통과 적극적으로 듣는 기술에 관한 과정들은 이들 잃어버린 기술들을 되찾는 출발점이다. 보통 직장조직 밖에 근로자들을 위한 무수히 많은 의사소통 과정들이 있다. 어느 한 과정을 선택하여 이 기술을 습득하자.

3. 집단의 종합된 지식을 사용하라

리더들은 그 집단의 종합된 지식을 사용해야 한다. 리더들은 문제 해결과 아이디어 생성에서 전체 집단을 참여시켜야 한다. 이 '집단 사고' 과정은 규범과 가치를 공유하고 가치 주도적 변화 과정을 안내하는 데 필수조건이다.

집단은 엄청난 지식 기반을 가지고 있다. 대부분 리더들은 이러한 힘의 근원을 이용하지 않는다. 당신은 당신을 괴롭히던, 그리고 직장에서 다른 개인들의 투자를 요구하는 어려운 질문을 한 적이 있는가? 이에 대한 반응은 굉장한 것일 수 있다. 이 집단 사고 과정은 모든 유형의 아이디어를 표면화시킨다. 함께 브레인스토밍을 하는 것은 강력한 도구이다. 서로 돌보는 개인들의 집단이 참여하면 성원의 아이디어는 다른 성원의 아이디어를 생성하게 한다. 집단이 질문 또는 문제를 계속 토론하면 무언가가 발생한다. 초의식적 상태에 도달하여 개인이 혼자의 생각으로는 할 수 없는 아이디어들이 생성된다. 구성원들이 그들의 생각과 아이디어를 서로 공유할 때 그들은 함께 걸작을 창조하고 만드는 것이다.

집단의 종합된 지식을 사용하는 것은 기술이다. 대부분 리더들은 집단 사고에 결코 참여하지 않는다. 대신 그들의 사무실로 도피한다. 그들은 질문에 대한 답을 모르는 것을 인정하길 두려워한다. 이것이 리더들이 근로자에게 약하고 지식이 없는 것으로 보게 하지 않았는가? 이들 리더들은 "나는 답을 모른다."라고 말하려 하지 않는다. 리더들이 모든 해결책을 갖고 있다고 가정하지 않았는가? 반대로 우리는 집단의 종합된 지식이 강력한 자원임을 주장한다. 만일 리더들이 그들의 문을 열고, 그들의 약점들을 표현하고, 그들의 집단에게 "어려운 문제를 함께 해결하자."고 말한다면 리더들은 근로자들로부터 대단한 존경과 온정을 받을 것이다.

그러면 집단 성원들은 문제와 해결의 일부를 느낄 것이다. 그들의 아이디어와 투입은 중요하고 가치 있기 때문에 그들은 그들 자신에 대해 더 좋게 느낄 것이다. 집단 성원들이 더 행복하고 더 잘 참여할 때 그들은 더 자신감을 가질 것이다. 그리고 그들의 아이디어가 집단의 성공에 중요하다는 것을 알게 된다.

4. 여론 수렴과 주인 의식을 갖고 집단에 참여하기

여론 수렴과 주인 의식은 직장 내에서 리더들에 의해 격려될 수 있다. 만일 집단원이 참여하도록 격려하고, 이들 구성원들의 집합된 지식이 구해졌다면, 리더는 여론 수렴과 주인 의식에 초점을 두어야 한다. 직장은 그들의 직장, 그들의 문제, 그리고 그들의 해결책들이 되어야 한다. 어떻게 리더가 여론을 수렴하고 주인 정신을 북돋우는가?

집단에서 문제 해결시 여론 수렴은 집단의 궁극적 목표가 되어야 한다. 그러나 집단 또는 팀은 해결책을 탐색하는 것 이상을 원한다. 집단은 행동을 찾으며 생성된 아이디어를 실행하기를 원한다. 집단 해결책을 찾는 과정에서 참여하는 바로 이 행동은 여론 수렴의 유형을 산출한다. 불행하게도 대부분의 직장에서는 이 과정에서 집단 성원들이 참여할 것을 요구하지 않는다. 직장에서 요즘 팀 제도의 강조로 다행히 이 문제가 더 널리 인식되고 있다. 리더가 "우리는 여러분의 아이디어를 원한다-해결책을 찾자."라고 말하면 여론 수렴 자체가 일어나도록 문이 열린다. 단순히 초대 자체가 여론을 수렴한다고 하는 것은 아니지만 제안 가능성을 높여 준다.

확실한 여론 수렴을 위해 리더는 근로자들에게 그들의 투입과 아이디어의 가치를 전달해야 한다. 긍정적인 피드백은 중요하다. '여론 수렴 좌담'의 형태도 중요하다. 리더들은 이런 종류의 '좌담'에 대해 아주 숙달될 필요가 있다. 이에는 다음과 같은 형태가 있을 수 있다.

나는 그 생각을 좋아한다- 그것은 문제의 일부를 이해하는 데 도움이 되었다. 이에 관련된 생각을 하는 다른 사람은 없는가? 다른 차원에서 이 문제를 이해하도록 우리를 도울 수 있는 아이디어는 무엇인가? 그 아이디어에 대한 당신의 반응은 무엇인가? 당신은 그것이 그 해결책에 도움이 된다고 생각하는가? 당신의 아이디어와 제안된 해결책을 실천하는 행동 계획을 정해야 하는가? 우리는 다음 단계에서 무엇을 해야 하는가? 집단 내 모두가 동의하는가? 그렇지 않다면, 우리의 해결안에 다른 아이디어가 있는가?

만일 리더들이 여론 수렴 좌담을 한다면 근로자들은 주인 의식을 갖게 될 것이다. 물론 이 좌담은 지원적인 행동으로 뒷받침되어야 한다. 좌담에서는 여론 수렴을 격려하지만, 집단 행동 계획을 실천하기 위한 기회를 주지 않는다면, 그 리더는 실패할 것이다. 리더들은 여론을 수렴하는 아이디어를 찾아 내고 집단에 의해 합의된 아이디어와 계획을 실행해야 한다. 이것은 '좌담을 실천하는 것'이다. 주인 의식은 리더가 '좌담을 활성화'하지 않으면 불가능하다.

표적의 중심을 화살이 맞출 때까지 활쏘기를 연습하듯이 리더는 리더십의 민첩성 또는 예술적 수완을 획득해야 한다. 연습하는 젊은 학습자는 줄을 뒤로 당기고 활을 적당한 때 멈추고, 화살을 정확한 시간과 각도에 쏘는 능력을 개발해야 한다. 리더도 정확한 시간에 상호작용을 위한 4가지 규범 또는 지침들을 정당하게 섞어야 한다. 의사결정은 진심에서 우러나고, 직관적이고, 시의적절해야 한다. 적극적인 경청이 전체 문화에 퍼져 있어야 하며 지식을 요청해야 한다. 여론 수렴과 주인 정신은 표적을 맞추기 위한 열쇠이다.

리더십 기술의 학습

아이들이 앉기, 기어다니기, 아래층으로 내려오기 등 분리된 기술들을 숙달하기 위해 배우는 방법을 관찰한다면 앉기 또는 기기를 최종적으로 성취할 때까지 각 기술과 연합된 행동을 행동적 근접을 통해서 연습하려는 것이 학습 과정임이 명료해진다. 행동을 연습하는 것이 리더십 학습이라고 생각하는 것이 필요하다. 아이들에서 보이는 노력과 시간처럼, 기술을 연습하는 데 요구되는 시간의 정도가 다르다. 대부분의 집단들은 일시적이고 시간을 두고 계속적인 연습을 할 수 있는 장면을 제공하지 않는다. 직장은 이러한 일을 하는 데 아주 적합하다. 직장에서 참여는 장기간에 걸쳐 학습하는 풍부한 기회를 제공한다.

한 문화 또는 집단의 성원이 되기 위한 방법을 학습하는 것 이외에 근로자들은 리더의 역할과 관련된 행동들을 실습할 수 있다. 리더 행동을 학습하는, 역할들을 실습하는 과정을 리더십의 학습이라고 부른다. 리더가 되는 법을 학습하는 것이 역할과 관련된 행동을 실습하는 것이라면, 작업조직은 근로자들이 모의로 리더의 역할을 수행해 보는 풍부한 기회를 제공할 것이다.

리더십에는 이떤 기술(技術)들을 포함하는가? 또는 리더가 집단 성원의 욕구와 관심을 알아 내고 인식하는 데 필요한 가장 좋은 기술은 무엇인가? 집단 성원들도 결국은 나중에 리더가 되어야 하므로 집단 안에서 그들의 지금 당장의 욕구와 장차 미래의 욕구를 잘 파악하려면 어떤 행동들을 학습해야 하는가? 6가지의 중요한 기술 분야(skill areas)는 다음과 같다.

1. 리더는 집단 성원들과 정서적으로나 직업적으로 소통해야 한다

의사소통의 기술은 정서를 나타내고 표현하거나 집단 내 타인의 정서 또는 감정과의 관여를 보여 주는 것이다. 리더가 흥분, 인정, 정직성, 동정심을 보이면 부하들은 자신들 속에서 신뢰성, 공정한 행동, 그리고 진정한 관심을 느끼게 된다. 어떤 상황에서는 의사소통은 전문기술인 지식,

능력, 규율, 그리고 조직화를 나타내는 것도 포함한다. 그러면 부하들은 이들을 다루거나 관리하는 능력과 사업과 관련된 사건들과 관계들에 대한 이해를 하게 된다.

2. 리더는 선택된 과제에 대한 책임을 져야 한다

집단 내의 활동은 할당된 과제에 대한 책임을 지는 성원들이 필요하다. 한 성원은 집단 성원을 접촉하는 임무를, 다른 성원은 정보의 제공을, 그리고 또 다른 성원은 계획하는 활동에서 쓸 자료를 조직하고 찾는 일을 하도록 맡겨질 수 있다.

리더는 특히 이들 과제를 위임하고, 전반적인 행동 상황에서의 문제들과 욕구들을 예견하며, 생길 수도 있는 '장애물'을 뚫을 책임이 있다. 자연 발생적이건 계획된 활동들이건 이들 활동들은 작업 장면에 만연되어 있고, 성원들이 책임을 지는 행동들을 실습할 수 있는 빈번한 기회들을 제공한다.

3. 리더는 비평을 수용하고 장려하는 방법을 알아야 한다

집단 안에서 성공적인 비공식적 의사소통을 하려면 어떻게 하면 집단 성원들로부터 매력을 얻고 사이 좋게 지내며 지지와 존경을 받을 수 있는지를 학습해야 한다. 성공적인 리더는 구성원 자신들이 갈등 과정을 처리하게 한다. 동시에 리더는 비판을 두려워하지 않고 받아들일 수 있는 리더십 스타일과 의사소통 기술에 대한 적절한 자신감이 있어야 한다. 개인적 안전과 자기 수용이 된 리더들은 다른 사람들을 신뢰하는 경향을 보이고 다른 사람들로 하여금 의사결정을 하고, 그들의 행동에 책임을 지게 한다.

4. 리더는 다른 사람을 어떻게 가르칠지 알아야 한다

집단 성원들은 공식적 그리고 비공식적으로 가르치는 역할을 한다. 비공식적으로, 성원들은 작업의 어떤 부분을 어떻게 다루는지, 문제를 어떻게 해결할 것인지를 다른 이들에게 말해 줄 수 있다. 토론 집단 맥락 내에서 한 성원이 어떤 주제에 대해 자신의 개인적 생각을 언급하면 비공식적으로 교육이 종종 일어나는 것이다. 모든 유형의 조직에 걸친 여러 집단에 대한 관찰 자료는 이러한 교육 활동이나 경험이 다른 사람들은 눈치채지 못하는 사이에 빈번히 일어남을 보인다. 물론 공식적 교육 기회도 집단 내에 존재한다. 이것들은 특정한 전문적 기술과 능력을 지닌 집단 성원들에게 그들의 능력과 지식을 다른 이들과 함께 공유할 수 있는 기회가 있을 때 일어난다. 발표, 내부 연수기간, 선정된 주제에 대한 시범들은 보다 공식적 교육의 예이다. 이 교육기회들을 어떻게 찾는지, 학습이 되도록 자료를 어떻게 배열하고 제시할지를 아는 것이 리더에게 중요하다.

5. 리더는 어떻게 리더십을 공유할지 알아야 한다

공동기업에 협력하거나 집단으로 책임을 지는 행위－리더십 공유－는 부하건 리더건 간에 공동 목표를 위해 함께 일하고 각 성원들의 협력을 요구하는 것이다.

집단적 책임감은 집단에 중요하다. 만약 성원들이 기여하지 않으면 집단은 성공할 수 없다. 그 결과로, 성원들은 강한 집단 유지 감정을 보인다. 예를 들어, 위원회 업무에 참여하는 것이 집단 유지 과제에 직접적으로 기여한다. 위원회 활동을 통한 참여로 경영자들이 조직하고 계획해서 일에 대한 리더십을 공유하게 한다.

6. 리더는 집단의 자원을 알고 사용할 수 있어야 한다

리더들은 리더십 과정을 통해 집단에서 부각되기 때문에 집단 성원들의 기술과 욕구를 알고 있다. 각 집단 성원의 특정한 기술과 자원을 알 뿐만 아니라, 적절한 상황이나 활동에서 필요한 성원들과 그들의 기술을 알아야 리더십은 효과적이다.

게다가 리더는 각 집단 성원의 발전 욕구를 위한 감을 잡아야 할 것이다. 이 분야의 정보를 얻는 것은 쉽지 않다. 그렇지만 리더는 개별 성원들이 하는 것처럼 친숙하게 "당신의 욕구는 무엇인가?"란 질문에 대답을 할수 있어야 한다. 만일 리더의 답이 개인들의 답과 일치한다면 집단은 그개인을 가장 만족시키기 쉽다. 각 집단 성원과 그 사람의 욕구를 알면 개인적 성장 활동을 제공하게 된다.

〈표 14-2〉 효과적인 리더가 되기 위한 작업 환경의 진단

당신의 직장에서 리더십 효율성을 측정하라. 다음에 나오는 20개의 기술적 특성을 사용하여 평가하라. 기술된 특성들이 당신의 작업 조직 혹은 집단 안에 있으면 5점, 일부 있으면 2.5점, 없으면 0점을 준다.
(100%이면 5점 ; 50%이면 2.5점 ; 0이면 0)

1. 나의 일터에 있는 모든 사람으로 하여금 새로운 아이디어와 어떤 주제(계획, 제품, 과정)에 관한 생각을 비공식적으로 말하도록 장려한다.
2. 회의나 다른 공식 모임에서 근로자들이 주제에 대해 말하고, 모든 사람과 아이디어와 생각을 표현하고, 말하고 들을 수 있는 기회를 갖도록 권장한다.
3. 우리는 좋은 의사소통 기술을 장려하고 더 효과적으로 의사소통할 수 있는 새로운 방법을 가르치려 한다.

4. 우리 조직에 있는 모든 구성원은 하나 또는 그 이상의 집단 성원들과 자신의 느낌을 이야기하도록 장려하고, 그들의 정서적 생각들을 서로 나누도록 권장한다.

5. 다른 성원들과 감정적 관여를 보이는 성원들과 동정심이나 진실한 관심을 보이는 성원들을 칭찬해 준다.

6. 나의 작업 집단 내의 모든 사람들은 책임감을 갖고 있거나, 또는 모든 사람들이 잘 이해한 과제를 갖고 있다.

7. 관리자나 숙련된 근로자는 특히 이들 과제들을 위임하는 것과 다른 과제들을 조정하는 책임을 진다.

8. 우리 집단의 모든 성원들은 자발적이거나 계획한 것 모두에서 더 많은 책임을 갖도록 장려한다.

9. 나는 집단 구성원들이 다른 집단 성원들로부터 매력을 느끼고 잘 지내며, 지지를 받으며 일이 잘 되지 않을 때는 비판을 수용하는 것을 칭찬한다.

10. 나는 집단 성원들이 어떻게 문제를 해결할 수 있는가, 어떻게 강조할 수 있는가, 어떤 주제에 대해서 어떻게 개인적 생각들을 나눌 수 있는가에 대해 배우도록 장려한다.

11. 나는 집단원과 자료들을 철저하게 조직화해서 어떤 일을 계획할 때 함께 일하도록 하거나 집단적 책임을 지도록 한다.

12. 우리 집단은 일체감을 쌓는 데 도움을 주고 팀 형성의 기회를 주는 재미있는 행사와 활동들을 질긴다.

13. 우리 집단의 모든 성원들은 각 성원들의 기술, 자원, 장점, 그리고 약점에 대해서 안다.

14. 나는 집단 성원들이 적당한 상황이나 활동에서 다른 성원들의 기술을 사용하는 것을 칭찬한다.

15. 집단 성원으로써, 나는 집단 내 각 성원들의 성장 욕구를 느끼며 "당신의 요구가 무엇이냐?"에 대해서 그 성원이 했을 것과 같은 방법으로 응답할 수 있다.

16. 나는 다른 팀 성원들이 각 집단 성원과 그들의 욕구에 대해 배우는 것을 장려한다.

17. 나는 집단 성원들과 지금과 미래의 자신들의 개인적인 목적에 대해 이야기하고, 이런 목표들을 인식하는 중요성에 대해서도 이야기한다.

18. 나는 남의 말을 잘 듣고 질문하는 새로운 근로 환경을 만들려고 애쓴다.

19. 나는 매일, 매주, 매달, 매년 갖는 집단 모임의 중요성을 인정한다.

20. 나는 집단 성원들이 실수를 저질를 수도 있다는 것을 받아들이고 모험을 추구하도록 장려한다.

채 점 표

60점 이하 건강한 환경. 그러나 가치에 근거를 둔 리더십은 이미 존재하는 강한 작업 환경을 더 든든하게 할 것이다.

40~60 문제들이 존재. 가치에 중심을 둔 리더십이 대단히 도움을 줄 것이지만, 집단 리더들이 적극적으로 가르치는 역할을 하는 것이 필요하다.

40점 이하 중지! 심사숙고하고 각 리더십 행동들을 실천할 수 있는 계획을 개발하기 시작하라.

융통성 있는 채점표

당신 직장에서 리더십을 가르치는 데 있어서 당신의 검사결과는 도움이 되지만 영구적인 것은 아니다. 단지 당신 직장에서의 점수는 리더십 교육을 얼마나 잘하고 있는가에 대한 점수판이다. 당신의 점수는 쉽게 바뀔 수도 있음을 기억하라. 당신은 당신의 근로자들에게 새로운 리더십 기술을 개발하여 당신의 조직 안에서 학습을 증가시킬 수 있다. 다른 집단 성원들에게 감정적이고, 그리고 직업적으로 의사소통하고, 선정된 과제들에 대한 책임을 지고 비판을 수용하고 다른 사람을 가르치고 리더십을 공유하고, 집단의 자원을 활용하도록 장려한다. 그리고 직장은 이러한 리더십 기술을 가르치는 교육자이다. 이들은 가치주도의 변화 과정을 촉진하고 안내할 것이다.

제15장

가치 충만한 문화의 형성

여행을 할 수 있는 계절 중 2개월 동안 잘못된 지류로 올라가서 록키 산맥까지 다시 갔거나 그 이상으로 가서 콜럼비아 근처까지 온 것을 깨닫고 되짚어서 다른 지류로 찾아 들어가는 바람에 계절이 다 지나갔을 뿐 아니라 원정대 전체의 사기를 떨어뜨리게 하였다.

1805년 6월 3일
루이스와 클라크 탐험대

만일 그들이 길을 잘못 들었다면 루이스와 클라크 탐험대에게 어떤 일이 일어났을까? 전략적 실수에도 불구하고 그들은 생존할 수 있었을까—즉, 오레곤 산길을 지나 태평양까지 도착할 수 있었을까? 또는, 그들은 실망한 나머지 원정을 즉각 중단하고, 마차의 짐을 싸서 동부 해안으로 되돌아 갔을까?

이러한 질문에 대한 응답은 그 집단이 가치 충만한 문화를 갖고 있었는지의 여부에 달렸다. 가치 충만한 문화는 집단 성원들 간의 소속감을 만들어 준다. 그것은 그들에게 정체성을 준다. 그것은 그들이 개인으로써할 수 있는 것보다 더 많은 것을 할 수 있게 해주고 서로 협력하게 해준다.

외부 세계로 전달되는 내부적인 협력이 있다. 그것은 집단이 응집력의 원천이 되게 하고 그들의 환경과 외부적으로 잘 적응되도록 도와 준다. 가치 충만한 문화는 탐험에서 탐험가들을 안내하는 나침반의 역할을 제공한다. 가치 충만한 문화가 세워지고 유지되었고 영속시켰다면 루이스와 클라크는 반대로 돌아가고 어려움을 헤쳐 나가 콜럼비아 강까지 도착할 것이다. 탐험은 성공했고 여행의 목표는 성취되었다. 그 집단의 지도자들은 가치 충만한 문화를 조성하여 그들은 의사결정에서 평등한 참여를 장려하고 모험 추구를 지지해 주며 변화에 직면하고 공동체 의식을 발달시키고 탐험의 목적에 대한 신념과 자신감을 일으키는 가치를 주입시켰다.

가치는 지속적인 신념이다. 가치들이 정착되어 있다면 '탐험'이나 눈앞에 있는 과제는 어떤 종류의 어려움도 견딜 것이다. 어떤 집단에서 높이 존중되고 소중히 여기고 가치를 믿는 확실한 정체성을 지녔다면 어떤 여행 중에 일어나는 기복으로 생긴 도전에도 대응할 수가 있다. 마찬가지로 만일 작업조직이 가치 충만한 문화를 가졌다면 그것은 어떤 방해가 있더라도 생존할 수 있을 것이다.

가장 중요한 가치의 두 가지 특성이 있다. 첫째, 가치는 우리가 취하는 행동방안을 결정하는 데 영향을 준다. 만일 집단에 공통적으로 합의된 가치가 정착되어 있다면 집단의 의사결정과 행위는 이들 가치에 의해 영향을 받게 될 것이다. 집단은 그들 자신의 집단이 여행하는 동안 '잘못된 방향'을 다룰 수 있다. 둘째, 가치를 지키는 데는 헌신과 모험 추구(risk tasking)가 모두 필요하다. 가치 충만한 조직은 그들이 중요하게 여기는 일련의 가치들에 동일시하는 사람들의 집단으로 구성된다. 그들은 이런 영속적인 신념들에 우선순위를 매기고 이들을 가치 체계 속에 조직화한다. 그들의 가치를 지키기 위해 그들에 대한 헌신이 필요하다. 그리고 가치들이 세워지고, 헌신이 강해지면 모험 추구가 가능해진다. 집단에 대한 신뢰의 근거가 있기 때문에 모험을 추구하더라도 더 편안할 수 있을 것이다.

평등이 가장 중요하다

직장에서 평등의 가치를 양육하여야 한다. 각 개인이 중요하다. 각 개인은 조직 내에서 동등한 중요성을 갖고 있다. 이 말은 모든 성원이 동일한 기술이나 재능을 가졌다고 가정하는 것이 아니다. 각자의 장점에서 큰 차이가 있다. 그러나 각자는 고유한 재능으로 집단의 힘에 기여하고 있음을 의미한다.

직장을 민주공동체로써 보아야 한다. 그러나 공동체는 가정과는 매우 다르다. 진정한 공동체에서는 구성원들은 그들의 성장, 역할, 그리고 상호간 관계에서 평등함을 공유하는 반면에 가정에서는 가장 중심적이고 위계적인 경향을 보인다. 사실 대부분의 가정은 민주적이지도 않고 평등하게 구성원들을 다루지 않기 때문에 가정을 직장처럼 묘사하는 것은 잘못이다. 대부분의 가정 장면에서는 아버지와 어머니가 권위적인 인물이거나 '지도자'인 불평등한 참가자들로 이루어진다.

우리는 가정이 훨씬 더 민주적이어야 한다고 믿는다. 많은 조직들이 민주적 공동체와 거리가 먼 권위적인 가정의 특성들을 모방한다. 의학 박사인 루돌프 드레이커스는 『아이들 : 도전』이라는 책에서 <표 15-1>에 보인 것과 같이 중요한 특성들을 목록화하였다. 아마도 당신은 그것들의 일부가 직장 혹은 당신 자신의 가정을 묘사한 것을 알게 될 것이다.

권위적인 가정이나 조직은 평등의 개념을 촉진시킬 수 없다. 가치 충만한 문화가 존재하려면 평등성이 정착되어야 한다. 하지만 우리는 가치 충만한 문화를 어떻게 형성하고 유지시킬 것인가? 이에 대한 응답은 분명히 민주적인 공동체 속에 있다.

<표 15-1> 독재적 특성 대 민주적 특성

〈 독재적 〉	〈 민주적 〉
• 권위적 인물	• 박식한 지도자
• 권력	• 영향
• 압력	• 자극
• 강요적	• 승리하는 협동
• 처벌	• 논리적 결과
• 강압	• 격려
• 부담 지우기	• 자율적인 행동 허용
• 지배	• 안내
• 지시했으니 하라.	• 경청하고 서로 존중
• 위신 중심적	• 상황 중심적

　민주사회를 세워 가는 데에는 그 집단을 위해 필요할 때 전체 집단이 해야 할 행동을 추천해 주는 총명한 리더가 필요하다고 드레이커스는 강조하고 있다. 거기에는 "네가 너에게 해야 한다고 말했기 때문에 이것을 해라."라고 억압하는 권위적인 인물은 없다. 이러한 종류의 권력과 억압은 부적절하고 비효율적이다. 이는 어느 한 사람의 요구가 다른 사람의 것보다 우선하고 지배적이 되게 한다. 대신에 리더는 다른 집단 성원들을 존중하고 경청하며, 자립심을 북돋워 주고, 협동 정신을 이끌어 낸다. 처벌보다는 '가르침'이 있는 어떤 논리적인 결과가 있다. 그 가르침이란 것은 솔직하고 현실적인 학습 상황을 제공해서 자신의 행동결과를 경험하게 하는 것이다. 격려는 성취감과 자존심을 갖게 해준다. 격려는 자기 개념을 육성한다.

　이러한 유형의 공동체의 리더는 훨씬 더 교육자와 비슷하다. 드레이커스는 "좋은 리더는 그의 부하들을 상황에 적합한 행동을 하도록 고무하고 격려한다. 이는 부모들에 있어서도 마찬가지이다. 우리의 아이들은 우리의 지도가 필요하다. 어린아이들은 자신들이 무엇을 할 것인가 결정할 수 있는 동등한 권리를 지닌 동등한 인간으로서 그들을 존중하는 것을 안다면 우리의 지도를 받아들일 것이다. 우리는 상호존중과 배려할 수 있는 분위기를 만들고 다른 사람들과 함께 편안하고 행복하게 살아가는 방법을 아이들이 배울 수 있는 기회를 마련할 수 있다. 우리는 우리 자신에 대해서나 아이들에 대한 존중이 있는 학습 상황들을 마련할 필요가 있다."고 하였다.

드레이커스는 그의 『아이들 : 도전』의 서문에서, "부모들은 자녀들과 조화되고 그들의 생활 방식에 맞추고 아이들을 억누르거나 거칠게 대하지 않고서 지도할 수 있는 방법을 배워야 한다."고 강조했다. 우리는 직장에서의 리더들에게도 비슷한 자세를 가질 것을 제안한다. 따라서, 우리는 <표 15-2>에 나타낸 것처럼, 드레이커스의 아이들을 기르는 데 도움이 되는 34가지 방법들을 조직 내에 민주적 공동체 형성 원리로 적용시키려 한다.

〈표 15-2〉 조직 내 민주적 공동체 형성을 위한 원칙

1. 근로자를 격려하라.
2. 처벌을 피하라.
3. 자연스럽고 논리적인 결과를 이용하라.
4. 억압하지 않고 확고하게 하라.
5. 근로자를 존중하게 하라.
6. 질서를 존중하게 하라.
7. 다른 사람들의 권리를 존중하게 하라.
8. 비판을 제거하고 실수를 최소화하라.
9. 일상 업무가 이어지게 하라.
10. 훈련을 할 시간을 내어 주라.

11. 승리하는 협동을 하라.
12. 부적절한 관심을 기울이지 말라.
13. 세력 다툼을 피하라.
14. 갈등 장면에서 이탈하라.
15. 말만하지 말고 행동을 보여라.
16. 잔소리만 하지 말고 행동의 변화가 있을 때까지 주목하라.
17. "노"라고 용감하게 말하라.
18. 예기치 않은 일을 하지 말라.
19. 지나친 과보호는 억제하라.
20. 독립을 장려하라.
21. 다툼을 피하라.
22. 두려움에 너무 움츠리지 말라.
23. 자신의 일만 전념하라.
24. 동정의 함정에 빠지지 말라.
25. 남의 도움을 요청시는 합리적으로 조금만 하라.
26. 일관성 있게 일을 완수하라.
27. 모든 근로자들을 공동운영체로서 동등하게 대하라.
28. 타인들의 말을 경청하라.
29. 자신의 말을 되짚어 보라.
30. 서두르지 말라.
31. '나쁜' 습관을 제거해 가라.
32. 같이 즐겁게 지내라.
33. 다른 사람에게 일방적으로 말하지 말고 함께 대화하라.
34. 공동체 협의회를 만들라.

드레이커스가 '가족협의회'라고 부른 것처럼 우리가 작업장에 응용하여 부르는 공동협의회는 직장 안의 문제들을 해결할 수단들을 제공할 수 있다. 이는 문제들을 토의하고 해결책을 만들기 위해 조직의 성원들에 의해 선출된 집단이다. 이 집단은 참석자들이 매주 또는 매달 같은 시간에 모인다. 만약 참석자들이 참여할 수 없다면, 그들은 그 집단의 결정을 따라야만 한다. 각 성원들이 그 모임에 어떤 문제라도 가져올 수 있다는 것이 중요하다는 것을 명심하라. 통합된 집단으로서 해결책은 전체 집단에 의해 합의라는 규범을 통해 결정된 행동방안인 것이다. 드레이커스는 성공의 열쇠는 "하나의 문제를 공동의 문제로써 접근하려는 모든 사회 구성원들의 의지이다. 이러한 방법은 상호존중과 상호책임감을 발전시키고 평등을 촉진시킨다."고 하였다. 의사결정을 내리는 데 있어서 동등한 참여는 집단의 성공에 중요하다. 이는 가치 충만한 문화를 만드는 데 도움을 준다.

조직 내 완전한 참여

사람들은 그들의 작업조직에 그들의 삶을 투자하므로 이들을 개인으로서 더 존중해 주어야 한다. 그들은 관여와 참여의 의식을 갖기를 원한다. 그들은 조직의 문화에 참여하고, 그것의 가치들을 공유하고, 그리고 심리적이고 정서적인 유대감을 경험하길 원한다. 이는 정도나 그리고 어떤 방법으로 참여할지는 그들이 얼마나 존중되는지로 알 수 있다. 그들은 의사결정, 주식 소유, 이익 분배에 관여하는가? 피터 오토드는 참여의 여러 유형들의 조합을 제안했다.

… 조직은 의사결정에 있어서 참여와 이익에서의 참여를 필요로 한다. 만약 이익에만 참여하고 의사결정에 참여하지 않는다면 자신들의 이익에 영향을 미치는 과정은 알 수 없을 것이다. 만약 의사결정에만 참여하고 이익에는 참여하지 않는다면 모든 이익들은 조직으로 돌아가기 때문에 그들은 불법적이라고 느낄 것이다.

만약 근로자들이 적극적으로 참여한다면 그들이 여러 직업을 전전하게 될 가능성은 적을 것이다. 오늘날 선진국에는 직업을 전전하는 사람들로 가득 차 있다. 사람들은 3달부터 1년이나 1년 반, 때로는 2년이라는 비교적 짧은 시간 동안 머물러 있는 것을 많이 볼 수 있다. 이들은 그들의 직장 안에서 존중받지도 못하고 의사결정과 이익에도 참여하도록 요구받지도 않는다. 그리고 이들에게는 즐거움이 없다. 직장은 재미있어야 하며 즐거움은 가치로 가득찬 문화를 세우는 데 도움을 준다.

일은 놀이처럼 될 수 있다

아이들은 놀이를 통하여 학습한다. 장 피아제의 잘 알려진 인지발달 단계들도 놀이를 통한 학습 이론에 기초를 둔 것이다. 성인들도 놀이를 통하여 배울 수 있다. 직장이 아주 경직되어야 한다고 가정하는 것은 우습지 않은가. 독재적이고 엄격한 감독자 유형은 과거의 공장들에서 있었고 현재는 위계적이고 관료적인 직장에 존재한다. 리더는 '위로부터' 지시를 내려 주는 것이라고 생각해 왔다. 리더들은 논다는 것은 일을 하지 않는다는 것을 뜻하기 때문에 "놀지 말아라."로 말하였다.

이러한 "놀지 말아라."는 조직들이 아직도 존재한다. 여전히 이런 조직들은 사라지지 않았다. 실제로 이들 조직이 민주적이며 재미있는 근로 장면보다 훨씬 많다. 작업을 즐기는 것은 가치가 충만한 문화를 세우는 데 도움을 준다.

가장 중요한 도전

직장에서 중요한 리더십 과제는 직장의 문화를 세우고 유지하고 영속시키는 것이다. 이는 일련의 가치들을 확립해서 할 수 있다. 이 가치 체계는 전체 조직을 위한 운전대의 역할을 한다. 이는 직장에서 리더들이 조직을 장악할 수 있게 하고 긍정적인 결과를 낳게 한다. 퀵(Quick)은 다음과 같이 말한다.

> 근로는 놀이로 바뀐다. 도전은 성취를 가져온다. 환경적인 위협은 기회가 된다. 그리고 개인적 장점들은 집합적인 힘이 된다. … 우리는 지도층의 책임 있는 행동, 문제 해결 행동을 대신하는 조직의 문화를 생각할 수 없다. 문화는 문제들과 도전들이 제기되고 정의되고 다시 구성되고 궁극적으로 해결하는 매개물이 된다. 문화적 가치들이 이와 같이 작용하지 않으면 이 가치들은 수정하거나 버려야만 한다. 문화는 목적이나 목표가 아니라 수단인 것이다.

리더들은 가치 충만한 문화를 세우는 데 초점을 맞추어야 한다. 여행의 목표가 성취되었다면 재미, 유머, 놀이, 배려하는 것들은 문화에 정말 중요한 요소들이다.

변화와 대처를 지지하기

리더들은 그들의 문화를 지속시키기 위하여 눈앞에 있는 변화에 직면해야 한다. 변화에 직면하는 것은 개인들에게 무한한 가능성을 준다. 변화는 개인들에게 참여와 책임을 맡을 수 있는 새로운 기회를 주기 때문에 조직 내 개인들의 존엄성 또는 중요성에 대한 새로운 감각을 줄 수 있다. 그들은 팀에서 함께 일하는 동안 중요한 역할을 할 수 있다. 가치 충만한 문화가 되려면 그 팀의 다양한 견해들을 격려하는 지도자들이 있어야만 하는데 대결적 토의를 권장하기까지라도 해야 한다. 이의가 나오고 말다 툼이 일어나기도 할 것이다. 서로 다른 사람들과 함께 열린 마음으로 대화하고 잔재주를 피우지 마라. 진심에서 우러나는 대로 행동하라. 어려운 결론을 내라. 갈등을 두려워하지 말아라. 조직을 재편하는 모험도 피하지 말아라. 용감하게 나가라. 작업 장면을 바꾸기 위해 대담한 변화를 주어라. 이런 자세는 가치 충만한 문화를 영속시킬 것이다. 조직들이 그들의 문화를 바꾸는 힘을 개인들에 주면 조직들은 근로자들에게 신뢰할 근거를 주는 것이다.

직장에서의 가치 충만한 문화는 또한 리더들도 약점이 있음을 알려 주어야 한다. 리더들도 전면에 나서야 하고 다른 사람들에 의해서 진실된 사람들로 보여야 한다. 리더들은 근로자들이 핵심 가치를 자극시키고, 그들의 성공을 축하하는 데 도움을 주고, 그들의 실수로부터 배워야 한다. 그렇게 함으로써 리더들은 변화를 가능하게 해준다. 그리고 이들은 직장을 더 보람 있고 의미 있는 환경으로 만든다. 이런 자세는 가치 충만한 문화를 영속시키는 데 도움을 줄 것이다.

불안전하고 방어적인 지도자들은 최악의 지도자 부류들이다. 이들은 변화 과정을 지연시키는데, 특히 이들이 잘 위임해 주지 않을 때 그렇다. 변화하는 과정에서 여러분 주위에 있어야 할 최선의 근로자들은 높은 동기를 가진 사람들이다. 즉 그 사람의 마음 속에 변화에의 욕구가 있을 때이다. 그런 내적인 동기가 있으면 무제한 에너지가 방출된다. 그러한 가능성은 무한하다.

변화 과정을 다루기

변화를 꺼려하는 것은 조기 장면 내에 큰 문제들이 생기는 원인일 수 있다. 변화는 조직들의 긍정적 특성으로 보아야 한다. 자신이 일하는 일터 밖의 세계는 변화가 끊임이 없다. 따라서, 과제가 완료되고 제품이 생산되었다고 해서 변화가 갑자기 끝나지 않는다. 이는 지속되는 과정이며 더 많은 변화가 올 것이다. 조직이 살아남고, 정체를 피하기 위해서는 조직의 변화가 필요하다. 변화는 문화가 영속되기 위한 긍정적인 기회들을 제공한다. 부단한 변화의 상태 속에서 가치들이 조직을 하나로 묶는다.

직장에서의 변화는 지도자들만이 경험하거나 해결해야 할 무엇이 아니다. 오히려 근로자들을 이런 과정에 지속적으로 불러 올 필요가 있다. 변화에의 저항을 줄이기 위해, 모든 사실을 알려 주고, 집단으로서 문제들과 새로운 도전들, 주요 현안들을 해결할 기회를 주어야 한다. 이를 현실의 공유라고 부른다. 팀이나 작업 집단은 책상 위에 정보를 펼쳐 놓고 함께 그 문제를 푼다. 그들은 무엇을 할지 결정하고, 그들의 목적이나 계획들을 함께 나누고, 그들이 일을 시작하는 데 대한 책임을 지게 된다. 가장 중요한 것은 그들의 의사결정시 가치의 공유가 안내한다는 것이다. 그래서 변화 과정은 조직의 핵심적 가치들에 의해 주도되어야만 한다.

감정의 깊이와 리더십

과거에 직장에서는 지도자들은 재정석이고 전략저인 깊이를 알면 되었다. 현재, 그리고 미래의 지도자들은 감정적인 깊이를 전달해야 한다. 리더들은 가치 주도적 변화 과정을 수립하고 이끌어야 한다. 감정적인 깊이는 리더들이 이 목표를 성취하는 데 도움을 줄 것이다.

옛날 경영자들은 자신의 감정을 표현하지 않았다. 왜냐하면 감정 표현은 자신이 약함을 뜻하기 때문이었다. 근로자들과 경영자들이 거리를 두어 오만하기까지 했다. 그러나 오늘날 리더들은 남의 마음을 끌고, 자기를 내세우지 않고, 애정을 느끼게 하고, 카리스마적인 자질이 필요하다. 그렇다. 이것들은 모두 지도자들에 의해 배워질 수 있고, 개발될 수 있고, 연습될 수 있는 특질들이다. 그 새로운 리더십의 보기는, 자기의 모든 것을 다하여 기여하고, 자신을 감정적으로 표현하고, 정열, 흥미를 보여 주며, 타인에 대한 관심을 표현하는 등 당신이 진정으로 무엇에 관심이 있는지를 표현하는 것이다. 근로자들과 경영자들이 연결되도록 관계를 맺어야 한다. 개인적인 따뜻함을 보여 주고 남의 말을 경청해 주고 질문을 해서 다른 사람을 끌어들여야 한다. 이러한 감정적인 의사소통의 형태는 조직 내에 문화적 가치를 만든다. 만약 지도층이 이런 감정적인 깊이를 가진다면, 근로조직은 가치 충만한 문화를 영속시킬 수 있다.

문화적 변형은 직장 안에서 생겨 오고 있다. 우리는 경영자들의 말에 기꺼이 순종하는 근로자들에 익숙해 왔다. 이런 경영자들은 변화에 저항하였다. 왜 그들이 변화에 저항적이었는가? 변화는 독재적인 위계적 사다리 속에 있는 그들의 위치를 위협하였기 때문이다. 그러나 근로자들은 이제 다른 요구들을 가지고 있다. 그들은 똑같이 참여하고 대우받기를 원한다. 그들은 근로 공동체를 세우고, 그들의 가치가 영속되기를 원한다.

직장에서의 문화도 근로자들의 가치, 믿음, 규범에 의해 정의되어진다. 근로자들은 신뢰의 근거를 원한다. 근로자들은 이를 위하여 애쓰고 있다. 그들은 더 이상 순종만하려고 하지 않는다. 그들은 변화 과정에 참여하기를 원한다. 가치 충만한 리더들은 그들의 감정과 관심을 말하도록 격려해야만 한다.

직업적 열정

만약 직장에서 가치를 기본으로 한 문화가 만들어지고 가치 리더십을 표현할 수 있다면 우리의 일터에 중요한 문화적 변화가 생길 것이다. 노동력의 양상을 완전히 바꿀 무엇인가 기념비적이고 전례 없는 중요한 것이 생길 것이다. 근로자들은 그들의 직업적인 열정을 표현할 수 있을 것이다.

직업적 열정은 우리가 직장에서 진정으로 하고 싶은 일을 할 수 있는 기회가 되게 한다. 이에는 이러한 자유를 허용하는 문화적 환경이 필요하다. 이것을 상상해 보자. 어떤 사람이 사려 깊은 자기 분석을 한 후에 조직 안에서 자신이 하기를 원하는 것을 찾았으나, 직장의 문화에서는 "안 돼." 라고 하는 것을 알게 되었다. 그것은 규범과 가치가 당신의 흥미, 열정, 지식까지도 표현할 수 없다고 말하는 것이다. 당신은 창조적인 일을 할 수 없다. 이러한 규제적인 문화는 모든 근로 상면에서 발견된다.

그러나, 만약 직업적 열정이 있다면 다른 요구가 제기된다. 근로자들은 그들의 직업적 욕구, 흥미, 그리고 기술들을 추구하는 자유를 경험하고 이들이 직장 내에서 겪게 되는 수많은 기회와 문제들에 적용하게 된다. 일은 창조적인 직업 표현의 하나가 된다. 문화가 억제적이지 않으므로 직업적인 순수성이 존재한다. 오늘날 직업적 열정은 드물다. 아노미가 이를 대신해 왔다.

독재적이고, 규범이 없는 직장은 직업적 열정을 파괴한다. 그러나 이 열정의 결여는 궁극적으로 이윤으로부터 사람에 이르는 모든 차원에 걸쳐 근로조직이 손해를 보는 원인이 되게 될 것이다. 개인 사업을 시작하는 사람들이 증가하는 것은 자신의 직업적인 열정을 추구하는 근로자들의 욕구를 지지하는 것이다. 기업가들은 바로 그러한 것을 하는 것이다.

그들의 직업적인 열정은 확산되고 있다. 만약 어떤 조직에서 가치 있는 문화를 세우고 가치에 토대를 둔 리더십을 육성할 수 있다면 그 직장은 직업적 열정으로 번성하게 될 것이다.

가치 충만한 문화를 세우는 데는 시간, 노력, 정력, 그리고 인내심이 있어야 될 것이다. 그러나 미래의 리더들은 이러한 '투자'를 할지 안 할지에 대해 주저하지 않을 것이다. 그들의 근로자들이 그렇게 하도록 요구할 것이기 때문이다. 우리의 근로조직은 혁명적인 발전을 계속한다.

제4부

미래 상황

제16장

다원론적 다양성

대부분의 조직들이 2020년이 되면 채택해야 할 가치의 하나는 개인과 자신의 가치에 대한 믿음과 존중이다. 개성은 그 속에 있다. 편견적 차별은 사라지고 일반 사회에서처럼 조직에서도 우리는 개인들의 다양한 가치의 차이에 대한 아량을 넓혀야 한다. 개인들을 있는 그대로 더 많이 무조건적으로 수용하지 않고서는 아노미는 사라지지 않을 것이다.

다양성 혁명은 이미 진행되고 있다는 좋은 소식이 들려온다. 오늘날 다양성이 차별적 태도와 행동으로 아직 위장되어 있기는 하지만 다양성을 위한 혁명은 살아 있고 힘을 얻고 있다. 그러나 다원론을 꽃피게 하고 조직과 사회에서 다원론이 인정되게 하려면 앞으로도 많은 노력이 필요하다. 그러나 개인 차이를 받아들이는 데 있어서는 아직도 비교적 근시안적이고 편견적이고 편협하므로 오늘날의 현대인들의 사고 방식을 변화시키는 데는 시간이 더 걸릴 것이다.

다원론(pluralism)에 대한 철저한 지지와 다양성(diversity)에 대한 신념은 미래의 조직에서 가치 구조의 토대가 될 것이다. 다원론적인 다양성은 궁극적으로 미래의 가치에 중심을 둔 리더들이 찬양하고 모든 다른 것들을 강조해야 하는 하나의 가치로 인정될 것이다.

그러므로 미래의 조직에 대한 시나리오는 수정같이 명료해진다. 2020년이 되면 리더들은 전체적으로 조직의 가치 앞에다 개성을 두어야 할 것이다. 그렇게 함으로써 다양성에 대한 지지와 다원론에 대한 수용이 꽃피게 된다. 그러면, 근로자들은 강해지고, 더 자신감을 갖고, 좀더 헌신적이고, 충성적이며, 좀더 만족하게 된다. 생산성 증가와 수행 향상이 일어나서 조직을 활성화시키고 아노미가 없는 조직이 되게 한다. 다른 가치들도 아주 중요하지만 다원적 다양성이 2020년에 가서는 가치들의 초석이 될 것이라는 것이 우리의 믿음이다.

남부 캘리포니아에 있는 케이트 사립 중학교의 교장인 피터 토프는 이를 직원들에게 보낸 편지에서 잘 요약하고 있다. 그는 21세기의 조직들이 다양한 생각을 갖는 것이 시급하다고 하였다. 그는 다음과 같이 말하였다.

나는 학교라는 곳이 많은 사람들이 함께 모이고, 학생들이 서로 배우는 장소가 되어야 한다고 본다. 나에게는 다양성은 그 자체가 목적이 아니라 어떤 목적을 위한 수단이다. 사실 우리가 다양한 배경의 사람들을 한데 모을 수 있고, 모든 시민들이 자신의 개인적 정체성은 희생하지 않으면서도 공통의 가치를 지지하는 공동체를 만들 수 있다면 우리 모두는 무언가 정말로 중요한 것을 성취한 셈이다. 특히 우리가 인생관을 놓고 서로 싸우듯이 국내적으로나 국제적으로 널리 인정된 공동체 가치들의 붕괴를 보는 세상에 우리가 살고 있기에 더욱 그렇다. 케이트 학교에서는 학생들에게 공동의 노력을 통해서만 미래에 세계가 처할 큰 환경 문제(하나만 든다면)를 해결할 수 있음을 학습하면서 차이들을 존중하는 것을 배우는 장소가 되게 하였다. 우리는 모든 사람들이 존중받아야 된다고 기대하며 어떤 학생도 자신의 배경이 다른 사람의 것보다 못하다고 느끼지 않게 하며, 의견 차이가 있을 때는 우리가 신뢰와 상호존중을 하도록 노력해 왔기 때문에 이들을 효과적으로 해결할 것이다. 그렇다면 우리의 도전은 차이 있는 것으로부터 공통적인 것을 만드는 작업이다. 나는 이것을 멋있는 도전이라고 생각한다. 우리는 21세기의 케이트 학교를 만들려고 노력할 때 다른 동료들을 즐겁게 하고 불일치가 있으면 상호존중해서 해결하고, 차이점이 있으면 이를 직접 솔직하게 말하며, 왜 우리가 여기 있는지 절대 망각하지 말자. 우리는 뛰어난 젊은이들에게 보다 나은 세계를 만들 수 있도록 해주려는 것을 잊지 말자. 이 세상에 이런 직업보다 나은 것이 어디 있으며, 이런 일보다 보람 있는 곳이 어디 있겠는가?

다양성에 대한 그의 통찰력이 웅변적으로 쓰여진 것이다. 특히, 그의 "그렇다면 우리의 도전은 차이 있는 것으로부터 공통적인 것을 만드는 일이다."라는 도전적 말은 우리가 다원적 다양성이 진정으로 이뤄지게 하는 데 핵심적인 것이다. 다원적인 다양성을 좀더 이해하기 위해서 우리는 먼저 현재의 다원론에 대한 무지 상태를 평가할 필요가 있다. 우리는 비(非)다원론의 정도를 알아봄으로써 다원론적 마음자세를 갖기 위해서는 얼마나 많은 노력이 필요한지를 깨닫는 출발점으로 삼을 수 있다.

다원론이란 무엇인가?

다원론은 개인들의 차이에 대해서 개방적이며 미리 판단하지 않음을 의미한다. 다원론은 모든 인간의 평등을 믿는 것을 의미한다. 다원론은 사람들의 신념, 특질, 혹은 외부로 지각한 공통적 특성들에 따라서 차별하거나 이름 붙이지 않는 것이다. 다원론은 성, 나이, 피부색, 혹은 성적 취향과 같이 바꿀 수 없는 것, 혹은 종교나 민족 의식과 같은 속성에 근거해서 다른 사람을 판단하거나 특징짓지 않는 것을 뜻한다.

그러나 다원론에 대한 믿음은 오늘날 우리 사회에서 많이 잊혀져 가고 있다. 대부분의 사람들은 다원론이 무엇이라는 것을 희미하게나마도 모르고 있다. 더 심각한 것은 다원론에 관한 무지가 가져오는 악영향을 거의 이해하지 못한다는 것이다. 사실, 다원론의 무지는 아노미 이상으로 우리 사회에 가장 만연된 심각한 질병을 잘 반영하는 것일 수 있다. 다원론을 모르면 다른 사람들에게 '고통을 주고' 차별을 하게 된다.

어떤 고정관념들이 여기에서 떠오른다. "나는 정말 공통적인 특성들을 가진 것만 보이는 일단의 개인들을 판단할 정보를 가지고 있는가?"라고 당신은 자신에게 자문해 본 적이 있는가? 범죄나 치명적인 전염병보다 나쁜 것은 다원론 무지가 사정없이 다른 사람들의 자기 가치와 자존심을 손상시킨다는 것이다. 그것은 거미줄과 같아서 스스로 짠 패턴과 시각 속에 오지각이 자리잡는다. 시간이 지나면, 이 패턴들은 사람들이 어떤 유형의 사람들에 대한 생각과 견해를 갖게 한다. 다원론 무지는 '여성 중역', '40이 넘은 남자', '호전적인 흑인들', '동성애 남자', 그리고 'X세대 20대'에 대한 어떤 것을 당신이 정말로 "안다"라고 잘못 믿도록 함정에 빠뜨린다. 오지각, 편파, 그리고 결과론적인 비판은 사람들에 대한 차별을 일으킨다.

모든 종류의 '소수' 집단에 대한 두려움, 의심, 혐오, 그리고 부정적인 의견은 ① 소수 집단원들의 욕구와 특성들을 이해하지 못하는 우리 자신의 무지와 ② 우리 자신에 대한 불안감의 두 가지 핵심 요소들에 의해 나온다.

중요한 점은 우리 자신을 높이고 우리 자신에 대해 더 안전하게 느끼도록 하는 한 가지 아주 효과적인 방식은 다른 사람들을 깔보는 것이라는 점이다. 다른 사람들을 과소평가함으로 실제로 자신이 아주 훌륭하다고 말할 수 있게 된다. 비다원론적 가치는 사람들의 공동체를 궁극적으로 황폐화시킬 수 있는 사고 방식을 갖게 한다. 간단하게 말해서 사람들은 개인이 통제할 수 없는 피부색, 인종, 성적 취향, 나이, 그리고 성별과 같은 것에 기반을 두어 개인들을 범주화할 수 있다. 그러나, 사람들은 노화 과정을 멈출 수 없고 마음대로 자신의 성을 바꾸거나 피부색을 바꿀 수 없고 성적 취향이나 태어난 곳을 임의로 바꿀 수도 없다.

개인들은 어떤 집단의 일부라고 느끼고 소속감을 가져야 한다. 우리는 스스로에게 다른 사람들이 우리를 거부할 것을 두려워하기 때문에 "우리는 그들과 사귀기를 원하지 않는다."고 한다. 다른 사람들을 헐뜯음으로써, 우리는 우리 자신의 불안정성을 드러내는 훤히 들여다보이는 안전 담요를 짠다. 이 개인적 불안정성과 자신감의 결여가 우리의 직장에 나타나며 여기서 배척에 대한 두려움이 생긴다.

왜 다원론 무지가 생기는가?

미국같이 다양성에 대한 신념과 정의에 대한 얼성, 그리고 모든 사람의 평등 위에 세워진 나라가 대중적인 다원론의 무지 쪽으로 뒷걸음친 이유는 무엇인가? 왜 미국인들은 그토록 빨리 차별을 하게 되었을까?

『비지니스 위크』지에 따르면 메킨지사는 총 443명의 이사(理事) 중 백인이 422명이었고, 5%는 여성이고 95%는 남성이라고 하였다. 이러한 통계치는 다양한 다원적 가치 구조가 균형을 이루지도, 비슷하지도 못하다는 것이다. 미래의 고객들은 더 큰 다양성을 요구할 것이다. 그리고 이는 기업성공의 필수요소가 될 것이다.

우리는 일상 생활에서 다원적 무지를 만난다. 저자들은 부부 모두가 박사인데 누군가 낯선 사람에게 "아무개 박사입니다." 하면 으레 남편만 쳐다보는 것이다. 사람들은 무의식중에 자동적으로 박사는 남자이겠거니 추정하는 것이다.

우리의 일상적 직업 세계에서는 다수의 훌륭하고 호의적인 사람들을 만나게 된다. 그러나 기업을 조사해 보면 직장에서 다원론과 다양성을 실제로 지지하는 징후를 많이 보지 못한다. 도리어 다원론적 무지의 지배와 공포가 만연되어 있다. 어떤 저녁 대화 중 한 동료가 "자신의 건축공사를 하는 데 값싼 임금을 주고 폴랜드인을 몇 사람 고용했다."는 말을 하였다. 이 말이 그가 우리의 성이 'Kuczmarski'로 폴랜드계라는 사실을 깜박 잊은 것인가? 아니면 그가 우리 폴랜드인들이 저렴한 노동 인력이라는 점을 점잖게 말한 것인가? 그가 동유럽 출신을 비하하려고 애쓰는 사람인가? 또는 단지 다원론의 무지 탓인가? 우리는 한 여성 컨설턴트가 고객으로부터 "왜 당신의 회사에서는 이 일을 하는 데 여자를 보냈습니까?" 하는 말에 "우리 회사에서는 3명의 남자를 보낼 여유가 없기 때문입니다."라고 응답하는 말을 들은 바 있다. 이 말이 그 고객의 입을 재빨리 막았지만, 그의 차별적인 생각은 그대로 남아 있을 것이다.

차별은 언제 끝날 것인가?

우리의 편견과 편파는 중단되어야 한다. 국가적으로 다원론에 기초한 가치 체계를 수용하여 출발하지 않는다면 우리는 직장, 사회 공동체, 그리고 가족 구조들에서 지속적인 퇴보와 침체에 빠질 것이다. 우리는 사람들을 있는 그대로 무조건 받아들이는 다원적 가치들을 수용해야 한다. 개인들의 행동들도 평가되고 판단되어져야 하지만 개인들이 어쩔 수 없거나 바꿀 수 없는 속성들을 평가하고 판단해서는 안 된다.

요약하면 우리 직장은 동료 근로자, 경영자, 그리고 중역들이 서로 존중하는 데 바탕을 둔 가치 체계를 지지하고 찬성해야만 한다. 상호 존중은 조직의 미래 경제나 생존, 성공을 위한 필수적이고 타협 불가능한 가치이다. 이는 선택이 아니라 필수이다.

다음과 같은 차별대우의 예들은 많다. 1933년에 콜럼비아 지방의 연방 항소심의 3인 합동재판부는 한 해군 사관생도가 동성애자라고 하여 해군 사관학교에서 퇴교시킨 것이 평등보호법을 위반했다고 판시하였다. 재판부는 퇴교된 생도에게 졸업장을 줄 것과 해군 장교로 임명할 것을 명령하였다. 이 문제는 긍정적으로 끝났지만, 이 사건은 전체적으로 미국 사회에 가치 퇴락이 만연되어 있음을 보여 주는 충격적인 사건이었다. 미국 사회는 전진하는 것이 아니라 후진하고 있는 것이다. 동성애 때문에 생도를 퇴교시키는 생각은 불합리하고 위험한 것이다. 군대 안에서 뻔뻔스럽고 문란하게 동성애 행위를 했기에 처벌을 가했다면 우리는 전적으로 지지하지만, 누가 어떤 사람이기 때문에, 그 사람이 어떻게 느끼기 때문에, 그리고 그가 어떤 생각을 하기에 처벌을 주는 것은 잘못된 것이다.

양성성이라는 연속선상의 중간 어디에 동성애와 이성애라는 성욕이 있다고 추정된다. 연속선에는 차이만 있을 뿐 어느 한쪽 끝이 옳으며 다른 쪽은 틀리다는 것이 아니다. 너무 많은 사람들이 근시안적으로 생각한다. 그들은 동성애는 나쁜 것으로 본다.

다원론과 다양성에 대한 믿음

직장이나 회사 내에서 다원론의 역할은 무엇인가? 모든 조직에서 채택해야 할 한 가시 중요한 가치는 다원론이다. 이러한 필수적인 신념이 없이는 근로자들과 경영자 모두가 똑같이 궁극적으로 '정치적인 교정'과 소수의 집단 배정에만 초점을 맞춘다. 겉으로 이 둘 모두는 평등 지향적 조치들로 보이지만 사실은 정반대다. 이들은 우리 조직들이 실제로 사람들을 차별대우하고 있음을 나타낸다. 결과적으로 정치적인 교정과 균등채용 조치가 필요한 것은 우리의 타고난 편파를 보여 주는 것이다. 명백히 우리에게는 일상적인 생각과 행동을 안내하는 본래적 가치를 수용하기보다 광범위하게 다양한 다른 유형의 사람들을 수용하도록 하는 규칙들이 필요한 것이다.

외관상으로 비슷한 특성에 따라 사람들을 구분할 때 딱부러지게 동질적인 집단들로 구분되지 못한다는 것이 중요하다. 오히려, 여전히 상이한 개인들의 집단으로 남는다. 우리는 일련의 오지각들을 잘못 맞추어 놓고서는 이를 움직일 수 없는 경계선이라고 부른다. 그러나 그것은 실제로는 허약한 울타리일 뿐이다.

'그들'(them)이라는 말을 피하라. 당신은 어떤 유형의 사람들을 집단적으로 가리켜 '그들'이라고 꼬리표를 달 수 없다. '그들'이라는 말은 지칭되는 사람들을 화나게 한다. "만일 그들이 군대에 들어온다면", 또는 "당신이 그들 중 몇 명을 집 근처에 임시직으로 고용한다면" 우리의 중요한 질문은 "그들은 누구인가?"이다. 우리는 특이하고 두드러지게 개성이 강한 그들을 받아들이기 시작할 필요가 있다. '그들'을 바꾸고 판단하려는 시도를 멈추고 그들의 개성을 무시하지 말자. 개개인의 천부적 특성의 차이를 잘못 지각하는 것을 멈출 때가 왔다. 우리는 사람들에게 적용되어 온 무심코 하는 꼬리표 붙이기를 중지해야 한다. 어떤 집단에 '범퍼 스티커'를 붙이는 것은 유치하고 사회적으로 무책임한 것이다. 이 스티커들은 운전자 자신의 무지와 불안을 나타낸다. 이는 다시 '수용되는 규범'에 맞지 않은 사람들을 '회피'하게 한다. 결과적으로, 조직의 위계들이 세워지고 '가진 자'(富者)와 '가지지 못한 자'(貧者)를 더 영속시킨다.

다원론의 무지를 일소하고 이러한 사회적 병폐의 암세포를 근절하기 위해서는 다음과 같은 방법이 있다. ① '그들'에 대해 적극적으로 경청하고 더 잘 이해하고, ② '그들'에 대해 잘못된 선입관의 형성을 중단하고, ③ 사람들에게 단 하나의 꼬리표인 개인들만을 붙이고, 그리고 ④ 종종 다원론적 무지의 뿌리인 두려움과 역정보를 극복하기 위해 다른 '유형들'의 사람들과 토론을 시작하는 것이다.

다원론과 다양성 혁명

산업혁명이 있었던 지난 세기 이래로 우리 사회가 지금처럼 가치 부재의 벼랑 끝에 가까이 서 있던 때가 없었다. 우리가 지난 세기에 경험하였던 사회적 변화보다 더 큰 혁명적인 변화를 겪어야 우리 사회를 변화시킬 수 있다. 이런 혁명은 이전의 사회적 변동과 달리 미국 내 모든 사회조직의 얼굴을 바꿀 것인데, 우리는 이를 다양성 혁명이라고 부른다.

결코 다시 그런 강력한 사회운동을 경험할 수 없을 것이며, 이는 크고 작은 모든 조직에 흔적을 남길 것이다. 2020년이 되면 다양성 혁명이 두드러지고 좋은 영향을 주어 실제로 다원적으로 균형잡힌 직장 환경을 만들 것이다. 무력함과 소외는 존재하지 않게 되고 실제로 아노미를 제거하게 될 것이다. 이것은 이미 진행중이고 우리의 아노미 상태를 부분적으로 해결하는 데 기여하고 있다.

조직의 다양성은 오늘날의 백인 남성이 지배하는 기업조직의 모습을 아주 다른 모습으로 바꿀 것이다. 우리는 사람들이 믿을 수 있는 가치를 다시 한 번 세우고, 두 사람이 서로 폄하하는 별명을 부르지 않고, 서로 사랑하고 존중한다고 말할 수 있도록 개방적인 의사소통을 하게 될 것이다. 다양성 혁명이 성공하면 여성, 흑인, 동성애자, 유대인, 그리고 스페인계 리더의 숫자는 적어도 지도층에 있는 백인의 수와 동등해질 것이다.

다양성 혁명은 오래 전에 시작되어 이제는 반환점을 지났다. 지난 20년 동안에 미국 사회는 몇 가지 중요한 사회적 운동들을 지지하고 육성해 왔다. 이들에는 베트남 전쟁, 평등권의 개정, 인종차별 반대, 동성연애 지지, 산아제한 찬성, 산아제한 반대, 그리고 에이즈 연구 등이 포함되었다. 다양성 혁명이 저절로 존재하고 자체의 힘을 가진 이유는 과거와 현재의 사회적 운동들이 합쳐져서 무서운 힘과 압도적 세력이 되었기 때문이다. 50년이 지나면 다양성 혁명을 지속적으로 널리 전파시키는 데 충분한 힘을 가질 것이다.

이들 사회적이고 가치명분이 누적된 힘은 다양성 혁명을 추진하는 데 필요한 힘과 에너지가 된다. 아노미가 일부 혁명의 원동력이 되고 있다. 원한에 찬 아노미의 숨소리는 대부분의 모든 조직 안에서 어슬렁거리다가 가치와 규범을 파괴하고 불안정과 불확실성을 낳는다. 이 부정적 아노미의 힘과 몇 가지 다른 운동들의 긍정적이고 친활동적 힘이 어우러져 직장 안의 다원론과 다양성을 더욱 활성화시킬 것이다.

사실상, 아노미는 궁극적으로 자기 자신을 파괴하는 힘이다. 여성, 흑인, 동성애자, 노인, 스페인계들의 자기 지각 형성 노력들이 결국은 성공할 것이다. 과거 20년에서 50년 간 힘든 노력을 통해서 사람들이 자신들을 개인들로서 받아들이게 될 것이다. 우리는 앞으로 몇 십 년 동안 다양성 혁명이 빠른 속도로 계속될 것이며 궁극적으로는 문화적 변화에 영향을 끼칠 것으로 본다.

다양성 혁명이 있은 후에는 조직들은 현재 그들이 하고 있는 방식과 전혀 다르게 믿고, 행동하고, 느끼게 될 것이다. 『포천』지에 나오는 500대 기업을 이끄는 사람들의 50% 이상을 남성이 아니고 백인이 아닌 사람들이 차지하는 것 이외에도 공유된 리더십으로 다양성이 지속되어야 한다.

더구나 다원론은 더 이상 의문시되거나 토의되고 반박되지 않는 기본적인 가치가 될 것이다. 사람들은 더 이상 나이, 성별, 성적 취향, 출생지, 민족, 종교 때문에 차별을 받지 않을 것이다. 2020년 조직들에 있는 사람들은 편견적인 것들에 의해서가 아니라 수행에만 근거하여 타인들을 평가하게 될 것이다.

세계화 사회에서의 다양성 자세

우리는 다원론의 본질이 우리 사회와 우리 조직의 골수 속에 모두 자리잡아야 한다고 믿는다. 에모리 대학교의 '흑인 연구'의 설립자인 알드리지는 다음과 같이 말하였다.

> 다양성은 세계적인 현실이다. 세계의 리더로서 미국의 지위와 다음 세기의 경쟁력은 다양성에의 도전에 대한 대응에 의해 결정될 것이다. 용광로 신화에 대한 대중적 신념과 반대로 미국 문화와 제도는 다양성을 잘 다루고 있지 못하다. 세계화를 위해 리더를 준비한다는 것은 다양성을 첫번째로 놓는다는 뜻이다.

이 예리한 논평은 앞에서 말한 우리의 주장을 간결하게 지지한다. 즉 우리의 세계화된 사회는 다양성이 수용되고 다원론이 찬양되도록 해야만 한다는 것이다. 미국인들은 미국인만의 지역적이고 편견적인 가리개를 치우고, 다른 문화, 국가, 그리고 배경을 가진 사람들의 다양한 혼합체를 있는 그대로 바라보아야 한다. 국제적 기업들은 나라에 따라 다른 상품과 서비스를 개발하고 판매할 필요성을 이미 인식해 왔듯이, 리더들도 그들이 경영하는 다양성과 채용관행에서의 다원론을 수용하고 지지할 필요성을 깨달아야 한다.

다양성 혁명은 이미 진척이 이뤄진 조짐들을 보인다. 점차 백인들은 전체 노동력의 ½ 이하로 내려가고 있다. 1983년에서 1993년에 백인 남성 전문직과 관리직의 비율은 55%에서 47%로 떨어졌다. 이러한 현상은 1994년 1월 『비지니스 위크』지의 기사에서 확인된다.

회사들이 여성과 소수 집단을 채용하고 승진시킴에 따라 백인 남성들은 좌절하고 분노하며 무엇보다도 불안을 느낀다. 능력이 중시되는 바람에 많은 백인 남성들은 더욱 능력을 가진 근로자들에게 자리를 내어주게 될 것이다.

우리는 이러한 염려가 근거 없는 것이라고 믿는다. 실제로는 다양성이 이미 존재하며, 바람직하고 세계를 통해 살아 숨쉬고 있다는 것이다. 많은 미국의 리더들이 국제 사회가 시작되었다는 것을 아직까지 이해하고 있지 못하고 있으나, 다양성이 경쟁적 우위와 같은 이익을 주리라고 보기 때문에 미래의 효과적인 리더들은 직장에 다양성이 스며들게 할 것이다. 다양한 노동력을 활용하는 것은 세계시장에서 더욱 성공적으로 경쟁하는 회사가 되게 할 수 있다. 간단히 말해, 승리하는 기업은 성별, 백인 남성, 인종, 그리고 민족성에 대해 초점을 두지 않는 대신에 독특하게 다양한 개인들의 재능을 인정해 줄 것이다.

아마 지금으로부터 약 50년 안에 세계적 리더가 나오게 될 것이다. 세계적 리더는 전 세계를 관리하고 돌보는 사람이다. 유엔을 이끄는 유엔대사들이 다양성과 다원론을 지지하는 데 큰 진전을 이룬 것으로 생각할 수 있으나, 실제로는 유엔이 거의 인정을 받지 못하고 있다. 근시안적으로 그들 자신의 국내 문제에 초점을 둔 미국인들은, 다른 나라에 대해서는 거의 무관심하다.

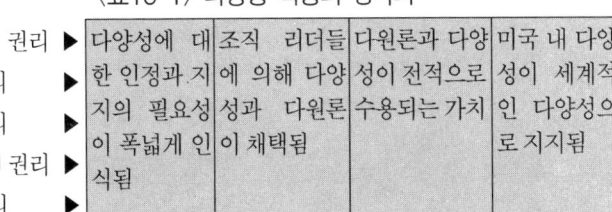

〈표16-1〉다양성 혁명의 영속화

동성애자의 권리 ▶	다양성에 대한 인정과 지지의 필요성이 폭넓게 인식됨	조직 리더들에 의해 다양성과 다원론이 채택됨	다원론과 다양성이 전적으로 수용되는 가치	미국 내 다양성이 세계적인 다양성으로 지지됨
여성의 권리 ▶				
흑인의 권리 ▶				
스페인계의 권리 ▶				
남성의 권리 ▶				

점진적 근절

2000　　　2010　　　2020　　　2030

이러한 국수주의적이고 주권 지향적인 사고는 한 가지 큰 문제를 야기한다. 지리적 경계, 기류, 해양에는 경계선이 없다. 결국, 우리는 모두 단지 한 가지 경계인 중력만이 있음을 깨달아야 할 것이다. 국가, 영토 등 모든 다른 경계들은 피상적이다. 2030년에 이를 때쯤, 미국인들이 2개 국어 이상을 구사해야 하며, 여러 인종 집단과 종교 집단의 사람들과 접촉해야 할 것으로 예상된다. 이질성이 살아남고, 동질성 집단은 소멸할 것이다.

미래의 조직은 외국인들과 미국인들이 다 함께 섞이게 되고, 사업 장면에서 서로 성적 취향에는 초점을 두지 않고 동성애자와 이성애자들이 서로 이야기해야 한다. 흑인 최고 경영자가 있는 조직을 소수인종이나 흑인 기업이라고 부르지 않게 될 것이다. '흑인이 소유하고 있고 경영하는 기업'이란 말은 편견적이며 차별적인 것이다.

우리의 차이에 대한 인정과 다원론과 다양성이 지닌 힘에 대한 찬양은 2030년이 되면 보편적인 가치가 될 것이다. 아노미라는 말은 과거에 조직들이 겪었던 문제를 묘사하는 단어가 될 것이다.

제17장
●
고객에게 가치 판매

고객들도 근로자들처럼 똑같은 규범과 가치의 결핍과 싸운다. 고객들은 사회적 아노미를 경험하고 본능적으로 그들의 삶에 의미를 주는 가치를 찾는다. 그들은 그들의 가치 공백을 채울 수 있는 대용물들을 추구한다. 결과적으로 더욱더 많은 고객들이 가치와 연관될 수 있는 생산품과 서비스를 구매하기 시작하고 있다. 고객들이 쇼핑할 때 가격, 품질, 신뢰성, 그리고 수행이 계속해서 구매결정 요인이겠지만 가치가 없는 사회에서 생산품에 의해 전달되는 가치와 이 제품을 생산하는 회사들이 점점 더 중요해질 것이다. 간단하게 말하면, 고객들은 그들이 찾고 있는 가치들을 전달하는 생산품과 서비스를 사려고 노력할 것이다.

'가치들'을 구입하는 것이 여러분이나 나에게 있어 왔다. 당신이 쇼핑하러 갔을 때, 설명할 수 없는 가치의 '매력'을 느껴 본 적이 있는지 자신에게 반문해 보라. 식기세척 세정제가 가득 찬 선반을 보았을 때 이띤 일이 일어났는가? 당신의 눈 앞에 홍수처럼 많은 상표명이 아른거릴 것이다. 이들은 모두 새롭고 향상된 것이라고 주장한다. 이들의 가격 차이는 아주 적다. 어떤 제품들은 박스에 칠한 색들도 비슷하다. 당신은 바쁘고,

또 각 유형의 식기세척 세정제들간의 미세한 차이를 비교할 시간이 없다. 그러나 잠깐, 당신이 성장할 때 가장 최고라고 알려졌었고 당신의 어머니가 수년 동안 사용해 온 상표가 있다고 하자. 당신은 마음 속에 확실한 느낌을 갖게 될 것이다. 당신은 실제로 이 제품에 대해 어떤 희미한 편안함을 느낌과 동시에 선반에서 그 제품을 꺼내서는 수퍼마켓 통로를 빠져 나오게 될 것이다.

전통적인 가치들이 우리의 일상 생활에서 사라질 때, 낯익은 제품들이 그러한 빈틈을 채우는 데 도움이 될 대용물이 될 수 있다.

예를 들어, Ben & Jerry사는 Cookie Dough 아이스크림을 팔기 시작했을 때 그러한 개념과 연관된 향수의 느낌을 이용하였다. Cookie Dough는 우리들이 어린 시절에 어머니가 빵을 만들 때 먹었던 것들이었다. 혹은 어릴 때 즐기던 시리얼을 사라는 핵심 메시지를 쓴 켈로그의 판매전략을 들 수 있다.

가치 마케팅은 아이보리 비누와 같은 전통적 제품의 인기를 설명하는 데 도움을 준다. 베이비붐으로 태어난 사람들은 방과후 전맥 크래커와 우유를 즐겼던 행복한 기억을 갖고 있는데 이제는 그들의 아이들에게 같은 것들을 먹이고 있다. 그리고, 그들 자신들도 여전히 전맥 크래커를 먹고 있다.

이러한 마케팅 담당자가 노리는 것은 바로, 소비자들의 뿌리 부재 상태 혹은 공유된 규범과 가치의 결여를 공략한 것이다. 처음 보기에 이러한 것이 잔머리 쓰는 상술로 보지만 실제적으로는 우리의 제도적인 사회가 만든 고객의 공백을 채우는 것이다.

확실히 고객들은 우리의 환경보호를 시작해야 할 필요성을 인식해 왔다. '녹색' 제품은 1993년에 1,210억 불의 매출액을 보였고, 1997년에는 1,500억 불을 넘을 것으로 기대된다. 미국에서의 환경에 대한 인식은 강하며 증가되는 추세에 있다. 한 조사 기관인 로퍼사의 제4차 '녹색 표준' 보고서에 따르면 1990년대에는 미국인의 절반 이하였던 것이 상승되어 55%가 자신을 친환경 활동가로 본다고 나왔다.

그러나, 가치 마케팅은 향수병 이상의 것이다. 건강을 말하고 "당신 건강에 좋은"을 시사해 주는 Nabisco에서 생산된 SnackWells 쿠키같이 때로 생산품 자체는 가치를 전달한다. 우리 자신에 대한 관심을 기울이는 가치가 이 제품 속에 스며 있다는 것이다. 다른 경우에는 Celestial Seasonings 차(茶)와 같이, 포장지나 상자가 가치를 전달한다. 상자에 인쇄된 문구는 정부 부채의 불길한 징조를 담은 것이다. 이것은 확실히 대부분의 납세자와 관련된 하나의 가치이다. 그리고 종종 가치들은 광고를 통해서 전달되고 만들어진다. 볼보 차(車)는 안정성의 가치를 명확히 광고한다. 그들의 TV 광고는 벽으로 충돌하는 가시적인 효과를 보이는 동시에 기억에 남을 가치 진술들을 보여 수고 있다. 누가 가족을 위해 안전한 차를 원하지 않겠는가?

다른 생산품들은 '가족' 가치에 호소하고, 소비자의 마음 속에 가족 가치의 결여를 대신할 수도 있다. Quaker Oatmeal이나 Campbell사의 비누 같은 생산품들은 아마도 무규범적인 소비자의 가족 가치를 대신하거나 강화하는 방안으로 구입할지도 모른다.

가치 마케팅은 고객들의 깊은 정감을 끌어 내고, 그들의 내적 가치감 속으로 파고들고, 생산품을 구입하면 기분이 좋아지게 한다. 사람들은 궁극적으로 회사의 가치와 생산품을 구입한다. 소비자들은 이러한 방향으로 가고 있으므로 제조업자들과 서비스 제공자들은 이 점을 포착할 필요가 있다. 우리가 소비자의 인구학적 분석에서 소비자의 심리 분석으로 관심을 옮기기는 했지만 미래에 성공적인 마케팅을 하려면 소비자의 가치 분석 쪽으로 더 나가야 한다. 이것은 시장 조사자가 여러 계층 별로 내재된 고객의 가치를 확인해 내는 새로운 초석이 될 것이다. 이것은 신상품을 개발하고 가치 마케팅을 투자할 방안의 기초 자료를 만들도록 가치 세분화를 할 수 있다. 가치도법(value graphics)은 경영자에게 제품과 서비스의 의사결정과 구매의도에 영향을 주는 고객 가치를 이해할 수 있게 할 것이다.

미래의 고객들은 점점 더 그들의 가치 만족 욕구들을 만족시키는 욕구에 기초하여 소비하게 될 것이다. 그리고, 가치 마케팅은 홀륭한 사업감각을 만든다. 이는 경쟁력 있는 차별화의 견고한 기반을 조성하고, 근로자의 헌신, 그리고 조직에 충성을 강화시킨다. 가치 마케팅은 효력을 발휘하고 있다.

왜 가치 마케팅을 하는가?

'상품'으로서의 제품과 서비스를 구별짓기가 더욱 어려워지고 있다. 많은 회사들이 이용하는 타사의 모방된 생산품으로부터 자사의 상품을 보호하기 위한 한 가지 방법은 제품 또는 서비스와 연결된 '가치 이미지'를 만드는 것이다. 소비자의 마음 속에 특정한 가치와 특별한 제품이나 서비스를 연결시켜서 소비자들이 차별화되지 않는 여러 대안 중의 하나를 선택하지 않고 가치에 근거한 특정 제품을 사도록 할 수 있다.

예를 들면, 만일 사람들이 펩시 같은 제품에 하나의 가치로서 젊음을 연관시킨다면, 특히 사람들이 다시 젊어지는 느낌을 원할 때 다른 콜라를 사는 것보다 펩시를 선택하기 쉬울 것이다.

그러나 가치 마케팅은 또한 흔히 명분 마케팅으로 알려진 개념도 포함한다. 우리는 이 접근 방법을 가치 마케팅의 실질적인 하위 집합 또는 조기 실현이라고 본다. 명분(名分) 마케팅 전문가들은 그들의 소비자에 대한 사회적 책임에 호소하는 힘을 인식하고 있고, 이들 공약들을 이용한 프로그램과 제품들의 개발을 전략적으로 추구한다.

몇 년 전 Ryka, The Body Shop, 또는 Ben & Jerry's와 같은 회사에 관한 기사가 다뤄졌을 때 전형적인 경영자들은, "일부 회사들이 가치의 중요성을 인식하는 것은 좋은 일이다."라고 응답하였다. 명분 마케팅은 마케터들이 소비자에게 자신의 '상품'을 파는 기본 방법을 재구성하기 시작하는 중요한 새 방향을 나타낸다. 이러한 예들은 다른 회사들 수의 증가와 함께 기업들이 빈곤, 환경, 인권과 같은 사회적 명분에 관여하고 있음을 대담하게 주장하는 것이다.

이것이 의미하는 것은 무엇인가? 명분 마케팅은 어떤 서비스나 제품의 구입이 많은 개인적 가치의 차이를 수반할 수 있다는 것을 인정하는 것이다. 명분 마케터들은 사회적 명분이 소비자의 외식결정에 영향을 끼칠 수 있음을 이해한다. 더군다나 구입 의도는 개인적 규범과 가치들과 직접 연결될 수 있다.

오늘날의 아노미 사회에서는 사람들이 고립감, 소외감을 느끼는 무규범 상태에 있는데, 소비자들은 그들의 삶에서 뿌리가 될 대체물을 찾고 있으며, 명분 마케팅은 바로 그러한 것을 목표로 하고 있는 것이다.

가치 마케팅을 시작하는 방법

가치 마케팅을 하면 회사는 높은 가격, 마진, 그리고 이익을 실현할 수 있을까? 틀림없이 할 수 있다. 왜냐하면 누군가 소비자를 착취하기 때문이 아니라 진정한 필요, 즉 가치가 맞아떨어지기 때문이다. 가치 마케팅

운동을 시작하기 위한 방법의 하나는 광고와 통신 매체를 통해서이다. 1994년 초에 제너럴 모터스는 인쇄 광고를 선전하는 아주 인상적인 가치 마케팅을 시작하였다. 신문의 전면광고로는 그들의 차의 고급스런 외장, 속도, 또는 4륜 구동의 장점을 말해 줄 수 없었다. 오히려 그들은 어떤 기능적 수행으로 얻을 이익보다 잠재적 구매가치에 더욱 깊이 파고들 핵심적인 가치들을 광고하였다. 다음에 제시된 두 개의 광고문안에서는 강한 가치가 분명하게 전달된다. 광고의 명확한 목적은 더 많은 차를 파는 데 있지만 근로자들이 자신들의 가치 선언서를 만드는 것을 보여 주어 회사 내부 문화를 분명하게 보여 주려고 하였다. 당연히 이들 가치 선언서는 GM이 의도하는 가치를 인상적으로 전달해 주었다.

제너럴 모터스의 캐딜락 디자인팀의 한 구성원인 리즈 웨첼은 그녀의 생각에 대한 소비자들의 반응에 귀를 기울이기 위해 상당한 시간을 소비한다. 이렇게 하는 것이 항상 재미있지만은 않다. 인간이란 원래 자신의 의견과 맞지 않는 의견은 본능적으로 과소평가하려고 한다. 때로 소비자의 의견에 반응하는 것은 소중한 생각을 버려야 함을 의미하기도 한다. 그것은 생산에서 값비싼 재정비 또는 지연을 의미한다. 요즘 제너럴 모터스에서 소비자들은 단지 어떤 의견을 가진 누구가 아니라 바로 상당한 영향력을 주는 동료인 것이다.

이 광고는 제너럴 모터스가 소비자들을 진실로 존중해 준다고 믿게 할 것이다. 제너럴 모터스는 소비자가 그들과 함께하는 동반자이며 가족이나 집단의 한 성원이나 일부로 느끼길 원하는 것이다. 이 광고가 더 많은 차를 필았는지는 두고 보아야 한다. 그러나 많은 사람들에게 차가 얼마나 개인적인 것인지를 고려한다면 이 광고가 소비자의 정서에 상당한 설득력을 두고 가치 선언문이 GM 차의 품질과 배려에 얼마나 영향을 주는지

깨닫게 할 수 있다. 가치에 기초한 GM 광고의 또 다른 예이다.

당신이 GM사의 한 부서를 운영하고 있고 중요한 모델이 출시될 예정으로 있으나 만반의 준비가 되지 못했다면 어떻게 하겠는가? 일부 사소한 고장이 있다고 해서 모든 차들이 출고되지 못하는 것은 아니다. 당신은 어떻게 하는가? 짐 퍼킨스와 그의 팀은 출시를 뒤로 미루고 "우리가 완벽하다고 생각할 때 우리는 그 차를 출고할 것이다."라고 말한다. 그날 밤 짐 퍼킨스는 해야 할 일을 마저 하고서야 편안한 잠을 잔다.

이 광고는 아주 개인적이고 현실적이라는 것을 저절로 말해 준다. 가치에 기초한 소비자에게 뜻있는 가치를 찾아 내고 이를 만들어진 제품과 전달되는 메시지와 짝짓는 것은 가치에 기반을 둔 마케터의 고전적 사례이다. 물론 가치 마케팅에서의 주요한 도전은 전달할 가치를 전달하는 데 있다. 소비자가 제품의 작동이나 제공된 서비스가 신뢰롭지 못하며 선전에 나온 가치가 지켜지지 못하여 자신이 속았다고 느끼면 그들은 나중에 다시는 같은 회사의 제품을 사지 않을 것이다.

가치 마케팅의 가장 좋은 예들 중의 하나가 애니타 로딕의 색다른 바디 샵(body shop)이다. 그녀의 피부와 머리를 가꾸는 제품을 다루는 연쇄점들은 비약적으로 성장해서 큰 이익을 내고 있으면서도 길가에서 흔히 볼 수 있는 화장품 가게와는 달랐다. 바디 샵은 제품이 아니라 가치들을 팔았던 것이다. 그들은 공동체 보호, 인권, 환경보호, 사회변화, 그리고 개인 속의 신념을 팔았다. 바디 샵의 특이성은 전형적인 소매상들과 비교해서 아주 놀라운 것이었다. 이 연쇄점들은 광고를 하지 않았다. 판매상들은 판매를 하는 것보다는 오히려 가게에 온 소비자들을 교육하도록 훈련되었다. 근로자들은 높은 동기 부여를 받았다. 그들은 그들이 하는 일에 대해 좋은 느낌을 가졌다. 이들은 마치 그들이 소비자들의 열정과 그들에 대한 느낌들을 향상시키는 집단에 속해 있는 것처럼 느끼게 되었다. 그들은 봉사, 책임감, 그리고 공동체 의식을 전달하는 마음을 갖게 되었다. 그들은 소비자들에 가치를 제공하였던 것이다. 그 바디 샵은 근로자들과 고객들에게 신뢰할 근거를 주어 결국은 열정을 분출하게 되었다.

애니타 로딕은 1993년 8월 인터뷰에서 "열정은 지적인 논쟁이나 전략적 계획보다 더 많은 설득력을 갖는다. 만약 우리의 열정이 당신 자신이 아닌 다른 어떤 것에 기여한다면 성공할 것이다."라고 하였다. 사회적 변화를 강력히 옹호하는 로딕은 이윤 추구는 기업의 최고의 목표가 되어서는 안 된다고 하였다. 할렘 지역의 바디 샵은 수익의 50퍼센트를 지역사회 사업에 기부한다. 이러한 '원조가 아닌 거래' 프로그램은 제3세계 국가들에게 바디 샵에 의해 고용 대가로 원료 생산이나 완성품 생산을 장려하게 한다. 그리고 로딕 그녀 자신은 "회사들은 주주들뿐만 아니라 공동체에 무언가를 되돌려 줄 책임을 가지고 있는 것을 강력하게 느낀다."고 하였다.

이것이 가치 충만한 문화로부터 가치 마케팅을 하는 가치에 근거한 리더의 훌륭한 예라는 데 의문이 있는가? 그녀는 "당신이 이익에 얽매이지 않으면 상상이 떠오른다."고 하였다. 우리는 사회적 변화의 전도사로서 우리의 제품들을 쓰려고 한다. 우리는 인본주의와 거래를 어떻게 구분할지 모르기 때문에 직장에 정치적 권리와 인권을 가져온다. 이 여성은 2020년이 되면 규범이 될 가치에 근거한 리더를 대표한다. 그러나 대다수의 조직들이 이러한 생각을 받아들이려면 앞으로도 수십 년이 더 필요하다. 바디 샵의 조직 서약서는 가치 충만한 문화의 훌륭한 한 예이지만 소비자들에게 가는 제품 정보로 인쇄되므로 이들을 가치 마케팅으로도 쓸 수 있다. <표 17-1>과 같이 4개의 핵심 가치인 고객, 환경, 공동체, 그리고 생명을 가치 기술문으로 보일 수 있다. 따라서 바디 샵은 적어도 20년을 앞서 간 2020년의 가치 마케팅의 하나의 훌륭한 예이다.

〈표 17-1〉 바디 샵의 가치 기술서

우리는 여러 종류의 크기를 만들고 포장은 최소화해서 소비자들을 존중한다. 그래서 소비자들이 원하는 만큼만 가격을 지불하게 한다. 그리고 값비싼 광고 대신에, 우리는 건강과 복지를 강조하는 비착취적 방법을 선택해 왔다.

우리는 모든 제조 공정 단계에서 우리가 할 수 있는 모든 방법들을 써서 어떠한 환경 손상도 없도록 하여 환경을 존중한다. 우리는 가능한 한 자연적이며 자원 성분에 접근하도록 제조한다. 우리는 가능할 때는 언제나 재활용한다. 대부분 국가들에서 일부 병제품에 대해서는 고객들에게 내용물만 보충하는 서비스도 해준다. 이는 낭비를 줄이고 가격 경쟁력을 높이기 위한 것이다.

우리는 우리와 관련된 국내외 지역 공동체를 존중한다. 바디 샵은 전 세계의 모든 사람들의 근로 조건들과 생활 조건의 향상을 위해 손에 손을 잡고 일한다는 원리를 추구한다.

가장 기본적으로 우리는 생명을 존중한다. 바디 샵은 화장품 개발 목적으로 하는 동물 실험을 반대한다. 우리는 동물 실험은 잔인하며 불필요한 행위라고 본다. 우리는 다른 동물을 쓰지 않는 안전한 검사나 자원자들에 대한 장기적 연구를 한다. 게다가 우리가 쓰는 성분들은 대부분 수천 년 동안 사람들에 의해 안전하게 사용되어 온 것들이다.

바디 샵은 보호 정책의 기초에 의해 효과 있는 제품들을 소비자에게 제공하겠다는 지속적인 약속이다. 만약 우리에 대해 더 알고자 한다면 바디 샵 지점에 직접 문의하거나 편지 등으로 연락 바라며 많은 제안들을 듣고자 한다.

가치 마케팅의 효과

1994년 3월 『포천』지는 로퍼사가 조사한 사회적 책임에 관한 여론조사 결과를 인용하였다. "소비자들은 좋은 명분을 지지하는 회사를 좋아한다. 가격과 질이 같은 상품들 중에 선택을 하게 한다면 78%의 응답자가 의료 연구나 교육 등에 기여하는 회사의 상품을 구입할 것이다."라고 응답하였다. 소비자들의 3분의 2는 가치 있다고 생각하는 명분을 지지하기 시작하는 제조업자의 상품으로 바꿀 것이라고 응답하였다. 이러한 통계치들은 가치 마케팅에 대해 놀랄 만한 지지를 보여 주며 고객들은 더 많은 가치들을 지각하고 있는 것을 알 수 있다. 상당한 정도 가치들이 점점 더 강하게 요구되는 것은 우리 사회에 만연되고 스며든 아노미 때문이다. 요점은 ① 소비자들의 구매결정 과정이 좀더 현명하고 좀더 세련되어지고 있다. ② 가치가 소비자들에 의해 추구되고 있으며, 만약 소비자가 어떤 상품이나 서비스를 받는 데 있어서 가치 만족을 느꼈다면, 이는 그들의 구매 선택에 영향을 줄 것이다. ③ 소비자의 제품과 서비스의 구매에 대한 의사결정 과정은 회사 가치, 제품과 서비스로 나타난 가치와 전달된 가치 메시지에 의해 점차적으로 결정될 것이다.

　1994년 『포천』지에서는 "조사자의 ⅓은 그 회사의 광고보다는 그 회사의 사회적 활동에 의해 더 영향을 받는다고 말한다."고 하였다. 이제 그것은 가치 마케팅을 실질적으로 지지하는 또 다른 중요한 조사 결과이다. 소비자들은 동물들이 이야기하거나 포도 나무 덩굴이 춤을 추는 TV에 수백만 불의 광고비를 쓰기보다는 환경보호나 범죄예방, 지역사회 증진 등에 쓰기를 바란다. 오늘날 하고 있는 TV 광고는 돈의 낭비이다. 코카 콜라와 펩시는 매년 1억 달러 이상을 매체 광고에 소모하고 있다. 만약 이러한 돈들이 우리 미국 사회와 인류를 증진시키는 데 도움이 되는 가치를 광고하고 계획하는 데에 쓰여진다면 어떨까? 여러분은 1억 달러가 무규범을 가치와 규범으로 교체하는 데 필요한 사회적 인식을 증가시키는 효과를 상상할 수 있는가? 단지 두 회사만으로도 우리 사회의 가치 구조에 큰 영향을 미칠 수 있다. 많은 사람들이 가치결핍 문제를 어렴풋이 지각하고 있으나 그 문제를 조직화하는 데는 더 많은 사람들이 요구된다. 광고 자금을 가치의 명분에 집중하면 상품 마케팅보다 가치 마케팅을 선택하는 회사에 앞으로 더 많은 이익을 가져다 줄 것이다.

소비자에게 가치를 마케팅함으로써 미래 가치에 기반을 둔 경영자들에게는 다음의 4가지 중요한 이익들이 생길 것이다. ① 전달된 내재적 가치나 지각된 가치에 근거하여 제품과 서비스가 경쟁사들로부터 더 차별화될 수 있다. ② 소비자들은 특히 정서적 만족과 관련지을 수 있는 제품을 더 많이 구매한다. ③ 고객이 가치 충족의 이익을 받으므로써 제품이나 회사에 대한 신뢰가 증가될 것이다. ④ 근로자들은 소비자들이 좋다고 느끼는 가치에 기초한 제품을 만들고 파는 데 더욱 동기화될 것이고 더 좋게 느낄 것이다.

한 회사의 시각으로부터 우리 연구에서는 가치 마케팅을 활성화할 수 있는 다음의 3가지 접근 방법을 제시한다. 3가지 접근 방법은, ① 명분과 사회적 인식, 그리고 행동 프로그램에 투자하고 촉진하라. ② 제품과 서비스 속에 가치를 설계하고 전달하라. ③ 소비자들이 가치 충만한 집단에 정서적인 유대나 소속감을 갖두록 자극해서 이 집단과 관련을 삼거나 농일시킬 수 있는 가치를 전달하라. 마지막 접근 방법은 두 가지 다른 유형의 가치군들을 연결한다. 하나는 아동기, 어릴 때 가족 가치와 경험, 성장, 향수, 학교 가치 등에 관련된 가치이다. 다른 하나는 개인의 주체성, 자존심, 자부심을 받쳐 주는 가치들과 관련된 것이다. 사실상, 이러한 가치들은 소비자들로 하여금 가치 충만한 집단의 일부로서 느낄 수 있게 해 줄 수 있다.

가치에 기초한 제품, 서비스, 그리고 전달 프로그램들은 소비자들의 일상 생활에서 사라진 가치들을 제공해 줄 것이다. 더구나 이는 근로자들에게 새로운 의미와 자기 만족감을 주게 될 것이다. 이는 조직이 전달하려는 외적 가치들을 확인하는 것만큼 근로자들을 동기화시키기 위한 내적 가치를 찾아 내는 것이 중요하다는 것이다. 가치로 충만한 문화는 조직의 내적 가치와 조직이 외부로 제공하는 제품과 서비스를 연결시킨다. 이것은 가치에 중심을 둔 리더십에 아주 중요한 부분이다. 사무실에서 이 가치들을 지키는 것으로 충분치 않다. 이 가치들은 그 회사에서 만들고 파는 제품과 서비스들로 전환되어야 한다. 당신은 과거 언젠가 '불량품' 차를 구입한 것을 기억할 수 있는가? 아마도 당신은 다시는 같은 제조업자가 만든 차를 결코 사지 않았을 것이다. 회사들은 그들이 원하는 모든 가치들을 강매할 수도 있다. 그러나, 어떤 조직에 의해 생산된 제품이나 제공된 서비스에 연결될 때까지 그 가치들은 진정한 의미가 없다.

가치 마케팅은 앞으로의 10년 이내에 옳은 기업 결정이 되도록 하는 분위기를 조성하고 있다. 고객들이 가치로 충만한 회사를 인정하고, 평가하고, 제품을 살 것이기 때문에 가치 마케팅은 진정으로 제품과 서비스를 팔 것이다. 명분, 신념, 그리고 가치에 돈을 쓰는 회사를 본 소비자들은 그 회사의 제품에 더 애착을 갖고 사고자 할 것이다.

상품 행상인보다는 사회적인 옹호자가 되는 마케터가 현명한 기업을 운영할 것이다. 소비자들은 소수 집단, 교육, 연구, 환경 및 사회 문제에 도움을 줄 선의의 계획들과 명분 지지를 인정한다. 회사들은 가치로 충만해지고 소비자가 만족할 만한 가치를 제공할 수 있다. 그러면 소비자는 가치 마케팅은 보람 없고 필요 없다고 생각하는 경쟁자들을 제치고 소비자들의 서비스와 상품에 호의적으로 응답하고 이들이 만든 제품들을 살 것이다. 가치 마케팅은 미래에 성공을 위한 주춧돌이 될 것이다.

제18장

2020년대의 조직을 향하여

우리는 항상 자신을 변화시키고, 새롭게 하고, 활력을 되찾게 해야 한다, 그렇지 않으면 우리는 무감각해진다.　　　　　　　- 괴테

느리게 성장하는 것을 두려워할 것이 아니라, 제자리에 멈춰 선 것을 두려워해야 한다.　　　　　　　　　　　　- 중국 속담

우리는 변해야만 한다. 다음 20여 년 동안 우리의 조직과 사회는 혁명적인 변화를 겪을 것이 틀림없다. 왜냐면 변화가 여러 측면에 깊숙히 침투할 것이기 때문이다. 그것은 대부분 사람들이 자신들에 대하여 느끼는 방식을 극적으로 바꿀 수 있다. 대부분의 사람들은 다시 한 번 자신들의 잠재력을 믿게 되고 자기 가치를 느끼게 되고, 확실하게 동기화될 수 있다. 근로자들은 다시 한 번 아침에 직장에 출근하는 것에 대해 흥분될 수 있으며 그들 모두가 자신들과 다른 사람들에게서 신뢰할 근거를 발견할 수 있다.

만약 조직들이 아노미의 해로운 효과를 인식하고 우리의 직장 생활에서 규범과 가치를 주입하려고 한다면 20여 년 뒤인 2020년에는 더 건강하고 더욱 생산적인 시대가 될 것이다. 과거의 아노미는 옆으로 밀려날 것

이고 직장 가득히 새로운 감각이 확산될 것이다. 개인 가치가 회복되고 관계가 제대로 확립되며 사회는 옳고 그름에 대한 새 감각을 가질 것이다. 사람들은 더욱 행복하고 자신감을 가질 것이다.

이 책을 통해서 우리는 조직과 개인들이 겪는 아노미의 위협을 강조해 왔다. 1890년대 중반 아노미가 인식되었고, 100년 후인 1990년대 중반에도 다시 한 번 문제로 떠올랐다. 만약 조직들이 효과적으로 아노미를 줄일 수 있다면 개인의 성공과 성장이 있는 대단히 성공적인 가치에 기반을 둔 2020년의 조직들이 될 가능성이 있을 것이다.

가치에 기반을 둔 상태에 이르기 전에 조직들은 극적인 변화를 경험하고 공격적인 목표를 정하고, 규범과 가치들을 정립하여야 할 것이다.

다시 찾아온 아노미 - 1895~2020

2020년은 에밀 뒤르켐이 아노미란 용어를 처음 쓴 지 125년이 지난 해이다. 19세기 후반에 고도로 전문화된 직장에서 근로자들의 고립감은 증대되고 공동체 의식이 실종되었다. 공동된 집단에 소속되어 생기는 의존감과 자극감도 상실했으며 개인들은 흩어졌다. 1895년에는 다른 형태의 분리가 생겨났다. 그러한 분리는 각 개인 안에서 개인적으로, 사회적 관계의 분열로, 사회적으로, 그리고 전문화된 과제로 인한 고립이 조직적으로 나타났다.

개인적 분리는 집단의 욕구와 관심이 개인들의 것과 일치되지 않을 때 발생할 수 있다. 뒤르켐은 인간성의 이중성으로 기술할 수 있는 우리 속에 있는 두 가지 의식들을 구분하였다. 그 첫번째 의식은 우리의 개인적인 욕구와 관심이다. 우리가 자신의 이해 때문에 행동할 때 우리의 활동과 행위는 개인 욕구를 말해 준다. 두 번째 의식은 보다 큰 집단에서의 우리의 소속감에 대한 것이다. 우리가 큰 조직에 관심을 갖고 행동할 때는 성원들의 이해를 고려해서 행동한다.

사회적 분리는 또한 1895년에 사회적 관계가 붕괴되었기 때문에 발생했다. 고립감이 생기고 개인들이 서로 상호작용하고 공동체 안에서 통합되는 것이 더욱 어려워졌으며, 그들의 행동을 이끌어 줄 공유된 규범도 없었다. 아노미적인 사람은 사회적 주류들로부터 분리되고 소외되고 단절되었다.

뒤르켐은 또한 아노미적 노동분업도 확인하였다. 그들의 전문화된 과제 수행으로 고립성이 증대된 개인들은 더 큰 전체의 필수 부분이라는 의식을 상실하였다. 조직의 부분들이 분리되기 시작하고 집단에 의해 억제하는 규범이 생기면 아노미가 생긴다.

조직 규범들은 조직 내 사회적 접착을 위한 토대이다. 규범들은 특별한 방식으로 생각하고, 느끼고, 행동하게 하는 지침들이다. 만약 전체 조직의 개인들이 규범들을 공유한다면 이들 집단 규범들은 집단 합의 또는 공유된 기대의 기초가 된다.

오늘날 우리의 직장들에는 이러한 접착력이 없다. 기업과 다른 조직 지도자들은 아노미에 맞서기 위해 이러한 힘들을 이해하고 직장 내에서 새로운 노력을 적용해야 한다. 분명한 규범의 부재가 고립감의 원인이다. 개인적 행동을 이끌어 줄 규범이 별로 없다면 조직은 와해될 것이며, 무규범 상태는 개별 근로자의 정서 상태에 영향을 줄 것이다. 규범들이 다른 사람과 공유되지 않거나 애매하거나 작업장 내에서 일관성이 없거나 공유된 가치가 없으면 민연된 문제가 있게 된다.

100년 뒤 - 1995

1995년의 미국의 조직들은 근로자들의 포부와 행위를 이끌 만한 명확한 규범과 가치관이 결여되어 있었다. 사회와 그 조직들은 아노미로 특징지어졌다. 1백 년이 지난 오늘날 우리는 그 조직이 작든지, 비영리 단체이든지, 소규모 회사이든지, 대규모 회사이든, 정부대행기관, 아니면 학교이든지 간에 조직 내의 현재 상태를 설명하기 위해 아노미라는 개념을 사용한다. 직장 안에서 근로자들의 개인적 방향감각 상실을 이해하는 데 아노미가 도움을 준다. 개인들은 어떤 응집력 있는 집단이나 또는 공동체에의 소속감이 없다. 다시 한 번 1세기가 지난 지금에도 대다수의 사람들은 그들의 개인적, 사회적, 그리고 작업 집단들에서 압도적인 고립감을 느낀다. 이들에게는 이들과 관련 맺고 형성할 규범과 가치들이 필요하다.

만일 우리가 미리 2020년으로 가 본다면, 아마도 우리는 비영리적 조직의 대표이사인 워싱톤 존스와 함께 일하는 행정보좌관인 마이클 토마슨과 같은 근로자를 보게 될 것이다. 마이클은 2014년 이래로 지금까지 6년 동안 '그의 보스'와 관련 맺어 왔으며, 그들은 온화하고, 배려 깊고, 풍성한 직업적 관계를 발전시켜 왔다. 마이클은 직관적인 감각이 있으며, 워싱톤이 요청할 때 말을 끝내기도 전에 의도를 알아차릴 만큼 밀착된 관계를 갖고 있다.

마이클과 워싱톤은 서로 믿는다. 그들은 함께 훌륭히 일한다. 그들은 항상 서로에게 개방적이고 정직하며 서로의 개성을 존중한다는 두 가지 기본 원칙을 지킨다. 아무튼 이 단순한 규범과 가치의 진술서는 그들 사이를 밀착시켜 주는 강한 관계를 갖게 하였다. 이것은 이들 두 사람이 모두 번창할 수 있게 하였다. 워싱톤은 '빠른 성장'을 해왔고, 마이클은 워싱톤의 경력이 좀더 발전하도록 진심으로 돕고 있다. 마이클은 그로부터 개인적인 만족을 얻는다.

비록 마이클이 '막후'에서 일을 한다고 할지라도, 워싱톤 때문에 그는 항상 자신의 일에 대해 만족한다. 이것은 워싱톤이 마이클의 팀에서는 없어서는 안 될 부분이라는 느낌을 항상 갖게 해주기 때문이다. 마이클은 그의 직업동료일 뿐만이 아니라 믿을 수 있는 조언자이고 막연한 친구도 된다.

마이클은 자신의 직업을 다른 친구에게 이렇게 말하곤 한다. "내가 기억하는 한, 워싱톤은 언제나 나에게 친절하고, 존중해 주며, 배려해 주었다. 그는 거의 매일 나의 제안을 높이 평가해 주고 자주 칭찬을 해준다. 그는 나 자신에 대해 좀더 기분좋게 느끼도록 해준다. 단지 그와 가까이만 있어도, 나는 내적인 자신감을 느낀다. 설명하기 어렵지만 워싱톤은 진정으로 나를 알고 이해해 주는 사람이다."

2020년 조직의 리더들

2020년의 조직은 직장에 대한 새로운 비전을 향유할 것이다. 우리의 비전은 근로자들의 개인적인 믿음에서 생긴 개인적인 가치관에 기반을 둔 조직의 가치가 자리잡은 것이다. 마찬가지로, 개인의 태도에서 비롯된 집단의 합의들이나 규범들이 존재한다. 과감한 변혁들이 직장 내에서 있어왔는데 이러한 근원적 변화의 기반은 개인적인 가치와 규범에 대한 인정과 존중일 것이다. 가치 수용 과정과 규범 행동 계획은 전체적으로 조직의 가치와 규범으로 개반하는 데 쓰여질 것이다. 조직과 개인들의 서약서는 이러한 노력의 가시적인 표시가 될 것이다. 근로자들은 재생적 삼투, 집단 작업, 사회화, 조언하기, 그리고 신중한 신입사원 채용 등을 통해 직장의 일부로서 통합되어질 것이다. 개인들은 이들 각각의 통합적 기제들을 통해 직장의 문화 속에 포함될 것이다. 공동체적 감정이나 정서적 유대감은 아노미의 감소를 가져온다. 나아가 직장은 개인의 성장과 자기 만족을 위한 하나의 통로가 될 것이다.

2020년의 조직에서 리더들은 가치를 주도할 것이다. 리더들은 개인적인 관계를 만들고, 집단 성원 각각의 개인적 목표를 알고, 집단 성원으로서의 느낌을 갖게 하고, 집단의 갈등을 허용하고, 학습을 관리하고, 책임을 공유하고, 효율적으로 의사소통하고, 내부 문화와 외부 수행을 연결하고, 열정을 표시하고, 다양성을 지지하는 데 있어서 효과적이도록 하기 위해 다양성을 장려할 것이다. 내부로부터의 통솔을 통하여 리더들은 각 집단의 감정을 파악하고, 근로자들이 성공을 경험할 수 있도록 도우며, 의사소통 기술을 발전시키는 데 초점을 맞추고, 개인적인 성장과 자기 인식을 촉진시킬 것이다. 덧붙여 리더들은 보다 신속하고 진심에서 우러난 의사결정, 주의 깊은 경청, 집단의 총체적인 지식을 활용하고, 주인 의식을 갖도록 할 것이다.

집단의 요구를 인정하고 강조하는 리더들은 6가지 기술에 숙달되어 왔을 것이다. 특히, 리더들은 집단 성원들과 열정적이고 정서적으로 대화하고, 선정된 과제에 대해서는 책임을 지고, 리더십을 공유하고, 비평을 허용하고 인정하는 방법을 알고, 타인을 가르치는 방법을 알고, 집단의 자원을 사용하는 법을 알게 될 것이다.

더 나아가, 가치 충만한 문화는 조직 내에서의 참여와 평등을 장려하고 문화를 창조해 왔을 것이다. 유머와 흥미도 보편화되어질 것이다. 근로자들은 그들의 직업적 열정을 표시할 것이다. 2020년의 문화에 이러한 특성들이 내재하는 동안 가치에 기반을 둔 조직은 또한 외부로도 가치들을 전달할 것이다. 가치들이 고객을 인도하고 가치 주도의 2020년 조직들의 마케팅 전략에 영향을 줄 것이다.

2020년 리더의 일과

존 하워드는 과제를 수행하는 데 1,500만 불의 자금 증액을 요구하려고 하기 때문에 오늘 오후에 예정된 공동지도부(Shared Leadership Team)에 발표를 하는 것을 걱정하고 있다. 물론 그는 걱정하지 않아도 되는 것을 안다. 2015년에 회사에 입사한 이래 5억 불의 서비스 사업에서 정말 재미있게 일을 했다. 그는 마케팅 리더로서 시장점유 공유와 판매수익금에 초점을 두어 왔고 이 목표들을 달성해 오고 있다.

존은 두 가지 핵심 보고서들이 이미 완성되었고 공동지도부의 각 성원들이 검토를 완료한 것도 알고 있다. 이 보고서들은 개인적 신념 및 약속 보고서와 사업분석 보고서이다. 이 두 가지 보고서는 고위 지도층에서 검토하도록 하여 이미 작성된 바 있다. 개인적 신념 및 약속 보고서는 존이 이 과제에 대한 개인적 약속, 왜 그 과제가 가치 있는지에 대한 이유, 소비자에게 줄 이익 등이 상술되어 있다. 더구나 이 보고서에는 새로운 서비스가 제공할 고유의 가치, 새 서비스가 이익을 볼 수 있는 모험 투자로 성장시킬 최선의 방안, 가치 마케팅 주제, 그리고 이 새로운 서비스가 사회에 긍정적인 영향을 줄 수 있는 방안에 대한 존의 생각 등이 들어 있다. 물론 개인적 신념 및 약속 보고서는 여러 기능들로 구성된 프로젝트 팀의 여러 성원들이 함께 작성하고 검토되어 온 것이다. 이들은 또한 과제 수행에 필요한 자금 요정에 동의하도록 사전 홍보도 하고 있는 상태이다.

이 팀은 그들의 과제의 가치와 집단의 규범을 이미 개발 완료하였다. 존은 규범들이 집단에 의하여 합의된 후에 이 과제 팀이 일을 함께 잘 해

나간 것에 대해 계속 감명을 받고 있다. 이들은 이전의 회사와 전혀 다르게 정말로 집단의 상호작용과 전반적인 효과를 촉진한다. 비록 전에 다니던 회사가 근로자들로부터 작성되어 온 조직과 개인적 서약들을 갖고는 있었으나 그들의 리더들이 현재의 회사만큼 소집단 규범들을 강화해 주지는 못했다.

사업분석 보고서는 긍정적 투자에 대한 회수, 낮은 경쟁적 장벽, 소비자에게 이 새로운 서비스의 높은 수요를 명확히 보여 준다. 개인적 신념 및 약속 보고서에서 정의된 서비스의 핵심적 가치는 광고에 초석으로 사용되는데, 여기서는 휴가중 학습 센터(Vacation Learning Center)를 주요 표적으로 삼는다. 이 휴가중 학습 센터는 훌륭한 연사, 상호작용할 수 있는 학습의 훈련, 그리고 학습훈련을 보완하는 개인적 자기 개발을 하는 호화 휴양지에 있다. 현명한 사업가는 많은 프로그램에서처럼 상호적 반응이 가능하도록 컴퓨터에 연결된 3차원상 상호작용하는 텔레비전보다 휴가중 학습 센터를 광고하면 사람들이 더 개방적이고 이해가 용이하다고 알고 있다.

존의 행정 보조용 자동호출기가 15분 후인 오후 1시에 회의가 있음을 알려준다. 존은 그의 집에 있는 입체회의실로 들어가 테이블에 앉아 천장부터 바닥을 비추어 자신을 모두 보여 주는 7개의 비디오 스크린을 맞춘다. 그가 공동지도부 회의실에 맞추자 마자 공동지도부가 좋아하는 이탈리아 커피 끓는 냄새를 맡을 수 있다. 몇 분 후에 공동지도부 위원들이 들어와서 앉은 후에 존의 회의 참석을 환영한다. 각 위원들이 존에게 어떤 특별한 문제나 과제에 대해서 묻고 그들 중 두어 사람은 존에게 자상한 칭찬도 해준다. 존이 회의를 시작하고 먼저 개인적 신념 및 약속 보고서의 내용을 논의할 것을 제안한다. 회의가 시작되고 존은 위원들이 이미 그의 과제를 마음 속으로 지지함을 느낄 수 있다. 그의 직관적인 센스는 물론 옳았다. 사업분석 보고서를 놓고 20분 간 토의한 후에 공동지도부는 그 과제의 추진을 전적으로 지원하기로 하였다.

몇 초 이내에 존은 팀원들에게 전화를 하여 좋은 뉴스를 전해 주고 이를 축하하기 위해 만찬 약속을 제안했다. 2020년의 직장 생활은 즐겁다.

2020년의 조직

2020년이 되면 오늘날 우리가 알고 있는 경영자들은 사라질 것이다. 조직에 기념비적인 한 가지 주요한 변화는 공동지도부의 활성화와 경영자들의 단계적인 제거이다. 경영자는 한 사람이 우월하고 나머지는 종속적임을 시사한다. 이러한 낡은 조직적 접근은 근로자들과 리더들이 함께 조직의 목표 달성을 위해 대등한 동반자로서 어깨를 나란히 하고 일을 배우는 것으로 바뀔 것이다.

집단 가치나 신념, 그리고 상호작용을 위한 규범이나 지침들은 개인들이 조직에 '소속'되도록 도와 준다. 오늘날 우리가 보는 것처럼 경영자는 개인들을 그들의 직장에 소속되고 통합되도록 하지 못한다. 솔직히 말해서 지금의 경영자들은 우리들의 전형적인 직장 조직에서 전형적으로 '나쁜 사람들'이다. 그들은 내적으로, 정서적으로 충전된 직관적 에너지를 갖고 있지 않다. 이들이 행동할 때 이들은 경영자 대 근로자의 게임에서 근로자들에 대항해서 싸우는 경향을 보인다. 이렇게 되면 경영자들은 근로자들의 가치를 중요하게 보지 않는다. 우리는 직관적인 에너지, 신선한 시각, 그리고 창의성을 직장에 주입시킬 수 있는 조직의 리더들이 필요하다. 경영자들은 직관력 있고 감정이 풍부하고 감각적인 능력으로 가득 찬 리더들이 되어야 한다. 이런 중요한 기술들이 없다면 이들은 2020년에는 도태되어야 한다. 우리는 비전, 신념, 그리고 초점을 가진 가치에 기본을 둔 리더들이 필요하다.

우리가 일하는 곳에 에너지, 통찰력, 기상이 주입되어야 한다. 이런 것을 성취하기 위해서는 내부 깊은 곳으로부터 자생적인 성장을 해야 한다. 분자들이 그들의 세포벽에 달라붙듯이 조직이 성장하기 위해서는 근로자들은 조직에 대한 애착심이 있어야 한다.

근로자들이 번영하고 성장하는 데 직장에 어떤 일이 있어야 하는가? 근로자들은 가능한 한 책임 있는 리더들과 조직에 애착심을 가져야 한다. 근로자들은 마치 어린아이가 부모가 그들에게 하는 것처럼 리더들이 근로자들을 염려하고 있으며, 리더들이 자신들을 위해 있음을 인식할 필요가 있다. 이런 리더와 근로자 간의 기본적 안정 관계는 2020년까지는 정착될 것이다.

리더에게 애착하지 않거나 불안정한 애착을 갖는 근로자는 개인적으로나 재정적으로 조직에 낭비가 될 것이다. 그들은 자신들에 대해서 좋은 감정을 갖지 못하고 집단 내 타인들에 대한 신뢰도 없이 조직을 떠날 것이다.

리더는 근로자들이 필요시 호응해 주는 것이 가장 중요하다. 아동 심리학자들은 '자격 있는 부모'(good enough parent)란 말을 사용한다. 이것은 부모들이 재치 있고, 재미있고, 스포츠를 잘하고, 부자이고, 여러 가지 재능을 가지고 있어야 한다는 것은 아니다. 오히려 부모들이 감정적으로나 신체적으로 옆에 있어서 아이들이 부모의 사랑을 느낄 수 있어야 하는 것인데, 그렇다면 이 부모는 자격이 있는 것이다. '자격 있는 부모'란 말과 마찬가지로 '자격 있는 리더'는 정서적으로 신체적으로 멀리 있지 않고 필요시 옆에 있어서 도움을 줄 수 있어야 한다.

근로자들이 리더에게 애착심을 느끼게 될 때, 근로자들은 더 강해지고 직장에서 더 참여적인 성원이 된다. 얄궂게도 근로자들이 '더 애착이 될 수록' 더 안정적이고 독립적이고 자유로운 사색가가 된다. 애착되지 못한 근로자들은 술책만 부리면서 시간을 보내고 조직 위계 속에서 불안정에 빠지기 쉽다. 2020년에는 강한 사회적 결속과 긍정적인 관계를 지닌 근로 자들이 요구된다. 이들은 애착되어짐으로 인한 이익인 것이다. 가치에 토 대를 둔 리더십은 2020년에 조직을 만드는 데 열쇠가 될 것이다.

2020년에 들어가면 조직들은 영적인 차원에 주목하기 시작한다. 직장 에서 개인들이 자신들의 영적인 삶을 규정하도록 개인적인 자원을 활용 하도록 도와 줘야 한다. 새로운 세기로 접어들면 우리는 왜 우리가 살아가 고 우리들 속에 영적인 상황이 어떻게 돌아가고 있는지에 초점을 두어야 한다. 직장에서 이런 것을 할 수 있도록 도울 수 있다. 오랫동안 사람들은 물질과 경제적 부를 이루기 위해서만 일해 왔다. 우리가 일하는 곳은 영적 인 성장과 진보를 이룰 수 있도록 비약적인 성장을 하는 곳이 되어야 한다.

발전된 기술은 근로자들이 그들의 조직에 통합되도록 도움을 주는 데 쓰여야 한다. 그러나 재택근무와 원격회의는 일시적으로 문제를 악화시 킨다. 재택근무는 모든 최신 기술적 장비를 갖춘 자택에서 근로자가 일하 게 하는 것이다. 가정용 컴퓨터, 팩스, **CD ROM**, 모뎀, 음성 메일, 그리고 궁극적으로는 전면 비디오 통신(실제로 자신이 회의에 참석한 것처럼 현장감 을 주는)을 갖추고 일주일에 며칠 또는 매일 일한다. 몇 킬로미터나 떨어 진 사람과 상호작용시 보고 느낄 수 있게 될 것이다.

그러나 동료들과의 비디오 접촉이 근로자의 고립감을 극복시킬 수 있 을까? 직장에서 멀리 떨어져 있으면 정기적으로 근로자들간의 접촉이나 상호작용을 촉진시키지 못한다. 오히려 1895년 뒤르켐이 말한 시나리오 의 위험한 재판(再版)이 원격통신 장비의 대중화로 반복될 수 있다. 개인 이 고립되면 그들의 행동을 인도할 규범과 그들의 신념을 확인해 주는 가치가 수용되지 않을 수 있다. 개인들이 또다시 분리되면서 아노미가 생겨나고 악화될 수 있다.

기술적인 발전 때문에 혼자 일할 수 있게 되더라도 근로자들은 조직에의 애착을 유지하기 위하여 동료 근로자와 함께 상호작용을 계속해야 할 것이다. 모든 근로자들이 애착심을 느끼게 하는 가치 충만한 기제들이 있다. 집에 사무실을 갖고 일을 하게 되면, 정기적으로 다른 동료 근로자들과 친교를 맺을 수 있는 기회들이 있을 것이다. 정기적인 소식지(뉴스레터)와 전자 메일도 개인적인 정보를 보내는 것이 중요한데, 이를 통해서 자신 주변의 이야기, 출산 문제 등을 주고받을 수 있다.

'정보 초고속도로'는 이런 개인적인 통신을 촉진시킬 것이다. 21세기에는 우리의 거실은 물론 직장에 정보들이 홍수처럼 쏟아질 것이다. 차나 트럭을 나르는 대신에 영화, 소리, 그림을 사용한 정보들이 초고속도로를 지날 것이다. 이 새로운 전자 네트워크는 지금도 형성되고 있는 중이다. 몇 대의 차만이 오래된 도로를 따라 여행하듯 오직 전화와 케이블 TV로만 통신이 이뤄져 왔다. 미래에는 구형의 구리선이나 이차선의 도로가 수백 개의 신호를 동시에 전달할 수 있는 정보 초고속도로로 대체될 것이다. 미래의 일터에서는 이런 초고속 네트워크를 써서 고립감을 줄이고 개인간 의사 통신을 향상시킬 것이다.

기술로 야기된 고립을 직장에서 제거하는 전략 이외에 경영자들은 또다른 전문 영역을 추가해야 한다. 그들은 직장 내에 물리적으로 존재하지 않는 근로자들을 이끌고 관리해야만 한다. 이 일은 정말 어려운 일일 것이다. 그러나 규범 행동 계획과 가치 수용 과정이 개발된다면 가능할 것이다. 근로자들의 지리적인 위치에 상관없이 모든 근로자들을 연결해 주는 방법인 공통의 목적을 둘러싼 규범, 가치, 새로운 지도력 기술개발에 초점을 맞춰야 한다.

2020년 조직들의 목표

업무가 과거와 같은 방식일 필요는 없다. 이들 2020년의 목표들은 모든 조직들에서 필요한 변화를 반영하며 주도할 것이다.

2020년의 우리의 첫번째 목표는 직장을 다원화하는 일이다. 모든 사람은 다르며 직장의 문화는 이들 차이들을 육성하고 격려해야 한다.

두 번째 목표는 리더들이 근로자를 위한 가치 중개인과 옹호자의 역할을 하게 해야 한다는 것이다. 이는 리더들이 근로자들이 일할 때 기분좋은 곳을 찾고, 개인적 가치들을 표현하고, 가치 충만한 문화를 만들도록 돕는 것을 뜻한다.

세 번째 목표는 리더들이 학습을 촉진하고 문답식의 교사 역할을 하게 하는 것이다. 리더들은 근로자들이 자기 나름의 목표를 세우게 하고, 자상한 칭찬을 해주고, 성공을 했으면 이를 직장 내 다른 영역으로 확산되도록 장려해야 한다.

네 번째 목표는 리더들이 근로자들로 하여금 자신감, 자기 만족, 그리고 안정감을 갖는 데 초점을 두도록 해야 한다.

다섯 번째 목표는 리더들이 근로자들에게 공통적인 사명, 가치, 헌신, 그리고 초점을 갖게 하여 근로자들간이 연결되도록 해야 한다.

이렇게 하여 우리는 2020년 조직에 대한 우리의 비전을 갖고 있다. 지금 우리는 그것에 초점을 두어야만 한다. 근로자와 리더가 서로 믿음을 갖게 된다. 기적이 일어날 수 있다! 비전에 대한 언약을 하고 그것에 집중하라. 아노미에 찌든 조직들에서 벗어나 가치에 토대를 둔 리더십 쪽으로 초점을 두라. 초점의 무한한 힘은 아무리 강조해도 지나치지 않는다.

사실상 혼자서 3년에 3억 불의 컨설팅 사업을 시작하고 주도한 IBM의 중역인 밥 하우는 다음과 같이 권고한다. 리더들은 비전을 갖고, 자제력이 있으며, 집중하는 능력을 갖고 있어야 한다. 이들은 그들 자신에 대한 믿음을 갖고 있어야 한다. 이들은 자신의 사명에 대한 믿음도 필요하다. 이들에게는 자신들이 승리할 수 있다는 믿음이 필요하다. 실제로 비전, 진정한 신념, 내적인 확신이 자제력과 집중으로 합쳐지면 어떤 조직이든 지 성공하도록 이끄는 강력한 추진력을 갖게 된다.

2O2O년의 직장에 대한 예언

2020년이 되면 '가치 중심의 리더십'이 직장 안에 그 뿌리를 내리게 될 것이다. 10가지 상황들은 아노미의 끝을 알리는 신호가 될 것이다.

① 같은 조직 안에 있는 근로자들의 가치와 경영자들의 가치 사이에 차이 가 없다. 오히려 양자 사이에는 가치들에 대하여 의견일치가 있을 뿐 이다.

② 조직들 안에서 육성되어지고 개발되어진 규범과 가치는 긍정적이다. 이들은 직장 내의 스트레스와 긴장을 줄여 준다. 이들이 기본적 신념, 공동체 의식, 평등 의식, 그리고 참여 의식을 만든다.

③ 근로자들에게 어떻게 수행했는지를 알려 주고, 피드백, 자상한 칭찬, 수행에 근거를 둔 금전적인 인정을 통해서 각 근로자들의 기여를 인 정해 주어 지도층은 훌륭한 일을 수행한다.

④ 직장안에서 가치에 바탕을 둔 리더십은 규범 행동 계획과 가치 수용 과정을 이끌어 낸다.

⑤ 개인들은 더 많은 존경을 받고 책임이 증가되며 그리고 더 많은 자유 를 누리게 될 것이다. 그 결과로 개인들은 직장에서 더 행복하고 더 충 성하며, 더 협조적인 성원이 될 것이다.

⑥ 리더들은 직장에서 개별화된 학습을 마련할 것이다. 이들은 학습 공동

체를 만들고 안으로부터의 통솔을 할 것이다.

⑦ 규범과 가치들에 관한 지식을 전달하고 피드백과 직무 만족을 증가시키는 조언이 장려될 것이다.

⑧ 시간이 지나면 가치들을 재검토하고 종합된 개인적 가치들이 되도록 수정할 것이다.

⑨ 근로자들은 그들의 개인적인 목표를 직장과 연관시킬 것이고 '서로 돌보는 공동체' 의식을 함양해서 장기적인 유대 관계를 만들게 될 것이다.

⑩ 근로자들은 직업적으로 성장하고, 그들 자신의 재능을 발전시키며 그들의 직업적인 열정을 표현할 수 있게 될 것이다.

이 열 가지 조건들은 오늘날 직장에서는 명백히 존재하지는 않는다. 오히려 대부분의 직장 환경에서는 근로자의 개인 발달에 적게 또는 전혀 관심이 없다. 근로자들의 개인적이고 직업적인 성장은 단지 오늘날 조직에서 높은 우선순위에 있지 않을 뿐 아니라, 규범과 가치도 근로자에 의해 만들어지지 못한다. 공동체 의식을 찾기 힘든 것이다.

그러나 우리는 지금의 아노미 상태를 역전시킬 수 있다고 낙관적으로 본다. 근로자들이 통제를 공유하면 직장의 규범과 가치들이 매우 개인적인 것으로 바뀔 수 있음을 강조해 왔다. 20년이 지난 후 우리는 우리의 직장조직에서 가치에 기본을 둔 리더십을 발휘해야 한다. 직장에 공유된 규범과 가치가 회복되고 학습을 촉진하고, 내부로부터 통솔하는 새로운 유형의 리더가 출현하는 것이 꼭 필요하다. 근로자를 근로 조직에 통합시키는 데는 조언해 주기가 중요한 수단이 된다. 가치 중심의 리더십은 어떻게 시작할 것인지를 말해 준다. 우리는 직장에 새로운 비전, 신념, 그리고 초점을 불어넣어야 할 것이라고 믿는다.

찾아보기

옮긴이의 글

오늘날 우리 나라는 오랫동안의 경기 침체에 이어 국제통화기금의 지원을 받고 실업자수가 150만 명에 이르고 있다. 정부수립 이후 가장 힘든 시기의 하나로서 평가되고 있으며 매일 뉴스에는 새로운 경제 관련 시책들이 쏟아져 나오고 있다. 지금 우리는 한 달 앞, 일 년 앞의 경제에 대해서 그 누구도 자신있게 전망해 주지를 못하는 불확실한 시기를 맞이하고 있다.

이러한 시기에 역자는 우리보다 훨씬 전에 경기 침체와 이에 따른 구조 조정을 겪고 사회적 아노미 현상을 보인 미국의 기업이나 조직의 문제점을 제시하고 이에 대한 처방을 내린 쿠즈마스키 부부가 쓴 『가치 중심의 리더십』(Value Based Lidership)을 접하게 되었다. 처음에는 단순히 여러 리더십 관련 교재의 하나로써 참고하려고 하였으나 저자들의 특이한 배경과 주장이 우리말로 옮기고자 하는 의욕을 불러일으켰다. 저자들은 폴란드 출신으로서 전형적인 미국인들과 배경이 달랐다. 또 다른 리더십 관련 토의들이 이론적이거나 현장 중심 등 어느 한쪽에 치우친 것인 데 비하여 이들의 경력은 아주 다양하였다. 역자는 이들의 이러한 다양한 경력과 출신이 이제는 우리가 밖으로 문을 열고 그들의 머리와 돈을 빌리려는 시점에 참고가 될 수 있다고 보았다.

종래의 리더십 교재들에서는 고작해야 현재 상황이나 향후 몇 년을 내다본 비교적 짧은 시간 조망을 갖고 대안들을 내놓았으나 저자들은 2020년까지의 미래를 조망하여 이 시점에서의 사회 발전을 내다보고 이 시기에 적합한 리더십 유형을 제시한 점이 특색이라고 할 수 있다. 이들이 제시한 가치와 규범의 중시나 리더십 공유 등은 많은 다른 사람들도 주장한 바 있으나 구체적으로 이들을 실천하려면 무엇을 어떻게 해야 하는지에 대한 친절한 설명은 없었던 차에 저자들의 제안은 비교적 실천 가능한 것이라고 할 수 있다.

저자들이 이 책을 쓴 것은 1995년이니까 지금 현재의 미국 상황과는 다소 거리가 있을 것이지만 우리의 상황과는 보다 가까운 시점에 와있다고 할 수 있다. 그리하여 계속되는 구조 조정, 평생직장 개념의 변화 등이 낯설지 않을 것이다. 저자들은 규범과 가치에 입각한 리더십의 공유가 미국 기업의 경쟁력을 제고시킬 수 있다고 하였으나 우리 실정에도 적합한 처방이라고 생각된다.

우리 실정에 참고가 될 수 있고 적절한 미래 리더십 제안서라는 점은 자부하지만 미국 문화에 익숙지 않은 관계로 세부적인 내용에 있어서 오역이 있으리라 생각된다. 독자 제현들의 너그러운 이해가 있기를 바란다.

졸고가 나오기까지 무더위에 원고 교정을 도맡아 준 김주한, 성창훈 군과 학지사에서 애써 준 서영의 님께도 깊은 감사를 드린다.

1999. 8.

옮긴이 홍기원

Susan Kuczmarski

교육자로서 교수연수 및 집단상담, 리더십 훈련 등을 담당했다. 그녀는 남편이 창업한 Kuczmarski & Associates의 부사장을 맡고 있기도 하다. Susan 박사는 콜로라도 대학에서 학사를 한 후 컬럼비아 대학에서 사회학과 교육학으로 석사 및 박사 학위를 취득하고 컬럼비아 대학, 노스웨스턴 대학, 일리노이 대학 등에서도 강의한 바 있다. 그녀는 국제사회의 규범과 가치가 필요하다는 인식에 따라 유엔회원국들로부터 새로운 내표단에 대한 교육도 담당한 바 있다. 그녀의 전문 영역으로는 혁신적 교육방법, 집단과정 및 상호작용, 그리고 리더십 공유 등이고 다양한 기업들을 위한 리더십 훈련 프로그램을 개발 운용해 오고 있다.

Thomas Kuczmarski

시카고에 위치한 Kuczmarski & Associates라는 컨설팅 회사의 사장으로 있으면서 이 회사를 100대 경영자문사의 하나로 발전시켜 왔다. 그는 기술혁신, 경영, 성장전략, 그리고 신제품 개발 등에서 미국 내 최고 전문가 중의 하나로서 『월스트리트 저널』, 『포천』, 『뉴스위크』, 『유에스에이 투데이』 등 신문과 잡지에 자주 인용되고 있다. Thomas가 성공적인 컨설팅 회사를 설립하기 전에는 컬럼비아 대학에서 경영 및 국제관계학으로 석사를 취득하고, 노스웨스턴 대학 등에서 강의를 담당하고, 중역 등을 역임한 바 있다.

역자소개

홍기원

서울대학교 심리학과(문학사)를 졸업하고, 동 대학원 심리학과에서 문학석사와 문학박사를 이수하였다. 현재 호서대학교 산업심리학과 교수로 재직중이다. 역서로는 『집단의 심리』(공역)와 『환경심리학』(공역)이 있고, 저서로는 『심리학』(공저)이 있다.

저자와의
협의하에
인지생략

가치 중심의 리더십

1999년 8월 25일 1판 1쇄 인쇄
2000년 2월 30일 1판 2쇄 발행

지은이 • Susan S. Kuczmarski · Thomas D. Kuczmarski
지은이 • 홍 기 원
펴낸이 • 김 진 환
펴낸곳 • **학 지 사**
120-193 서울시 서대문구 북아현3동 187-10 혜전빌딩 201호
전화 • 363-1333(대) / 팩스 • 365-1333
등록 • 1992년 2월 19일 제2-1329호
http://www.hakjisa.co.kr

ISBN 89-7548-349-5 93180

정가 8,000원

잘못된 책은 바꾸어 드립니다.

낙관주의자가 건강한가
건강한 사람이 낙관주의자인가

이현수 저 · 1999년 · 신국판 · 반양장 · 238면 · 8,000원 · ISBN 89-7548-278-0 03180

심리학자들은 효과적인 질병치료와 건강증진에 있어서 성격 변인에 큰 비중을 두었다. 이것이 건강심리학자가 낙관주의에 관심을 기울이게 된 계기이다. 이 책은 건강심리학의 관점에서 낙관주의의 실체, 그것이 건강과 질병에 어떻게 관계되는지를 밝힌다. 또한 일상생활 속에서 낙관주의를 어떻게 적용할 수 있는지를 소개하고 있다.

명상과 자기치유(상, 하)

존 카밧진 저 · 장현갑, 김교현 공역 · 1998년 · 신국판 · 반양장 · 각 8,000원 ·
ISBN 89-7548-275-7(세트) 03180

고대 명상기법을 현대의 삶에 어떻게 적용할 수 있는가를 명료하고 쉽게 가르쳐주는 자기치유서로, 고난을 회피하지 않고 의미있게 대처하는 방법을 가르친다. 호흡과 정좌명상을 어떻게 시작하며, 이러한 명상을 통증, 일, 사람, 시간 압박감 등의 스트레스를 다루는 데 어떻게 적용할지를 알기 쉽게 설명한다.

생각있는 디자인

도날드 노먼 저 · 인지공학심리회 역 · 1998년 · 신국판 · 반양장 · 360면 · 8,000원 ·
ISBN 89-7548-252-4 03180

〈디자인과 인간심리〉의 저자 도날드 노먼이 문명에 보내는 또다른 메시지. 미래에는 인간의 생각을 기계에 맞춘 디자인은 살아남을 수 없다. 인간의 마음에 맞춘 디자인만이 살아남는다. 인간의 사고와 이것이 만들어낸 기술과의 복잡한 상호작용의 흥미로운 탐색.

사회극을 통한 우리들의 만남
〈소시오 드라마〉

조성희 김광운 공역 · 1999년 · 신국판 · 반양장 · 340면 · 8,000원 · ISBN 89-7548-270-7 03180

사회극의 창시자인 모레노는 즉흥극장을 통해 서로의 입장을 바꿔보고 일방적이 아닌 상호간의 주관성 속으로 들어가 각자 진실되게 서로를 경험해 보는 장을 마련한다. 이 책은 이렇게 탄생된 사회극이 어떻게, 왜 그토록 강력하게 작용하는가를 다룬다. 1부에서는 사회극의 역사적 이론적 토대를 탐구하고, 2부에서는 다양한 영역에서 사회극을 활용하는 방법에 초점을 맞춘다.

상담 및 심리치료 관련 도서

이상심리학 시리즈

거식증이니 폭식증이니 하는 용어는 이제 단순한 학문 차원에서 논의되는 이야기가 아니다. 공황장애, 광장공포증, 자폐증 등 주위에서 한 번쯤은 들어보는 이상장애. 어디까지가 정상이고 어디까지가 이상인가? 이상심리학 시리즈는 다양한 정신장애를 일반인들이 이해하기 쉽고 재미있게 구성한 것으로, 현대인의 심리에 관심이 있는 독자들의 욕구를 충족시켜 줄 것이다.

〈집필진〉

원호택 이장호 권석만 이훈진 조성호 조용래 박현순 김은정 신현균 정남운 민병배 송종용 이용승 도상금 김은정 신희천 김정욱 신은향 김진숙 이정희 이정원 이한주 김 환 한수정 김지훈 박현주 이명원

① 이상심리학: 정신장애의 이해
② 우울증
③ 조울증-양극성장애
④ 범불안장애
⑤ 공황장애
⑥ 강박증
⑦ 공포증-대인공포증과 특수 공포증
⑧ 외상후 스트레스 장애
⑨ 정신분열증 1: 증상과 원인
⑩ 정신분열증 2: 치료와 재활
⑪ 반사회성 성격장애
⑫ 연극성 성격장애
⑬ 경계선 성격장애
⑭ 자기애성 성격장애
⑮ 편집성 성격장애
⑯ 분열성 및 분열형 성격장애
⑰ 강박성 성격장애
⑱ 의존성 성격장애 및 회피성 성격장애
⑲ 신체형 장애
⑳ 해리장애
㉑ 섭식장애
㉒ 수면장애-불면증
㉓ 성기능 장애
㉔ 성도착증 및 성정체감 장애
㉕ 알코올 중독
㉖ 마약중독
㉗ 자폐증
㉘ 주의력결핍-과잉행동장애
㉙ 학습장애
㉚ 노인성 정신장애